三越伊勢丹の

最新 儀式110番

こんなときどうする？ 冠婚葬祭

㈱三越伊勢丹ホールディングス

結納《ゆいのう》を交わす（納める）

関東式結納品《ゆいのうひん》

すべての結納品を一つまたは複数の台にのせます。一つひとつの結納品が縦長に作られ、水引も平面的で、どちらかといえばシンプルです。男女双方で結納品を交換することから、関東では「結納を交わす」といいます。

① 長熨斗《ながのし》　② 目録《もくろく》　③ 金包《かねつつみ》（金宝包《きんぽうづつみ》）

④ 勝男武士《かつおぶし》（勝男節《かつおぶし》）　⑤ 寿留女《するめ》　⑥ 子生婦《こんぶ》

⑦ 友志良賀《ともしらが》（友白髪《ともしらが》）　⑧ 末広《すえひろ》　⑨ 家内喜多留《やなぎだる》

関西式結納品《ゆいのうひん》

一品を一つの台にのせるのが基本で、水引も立体的で豪華なものが多く、結納品の後ろに、松、竹、梅、鶴、亀というおめでたい飾りが付くのが関西式の特徴です。男性側からのみ贈ることから、関西では「結納を納める」といいます。

① 末広《すえひろ》・亀	② 高砂《たかさご》	③ 熨斗《のし》・鶴
④ 松魚料《まつうおりょう》・梅	⑤ 柳樽料《やなぎだるりょう》・竹	⑥ 帯地料《おびじりょう》・松
⑦ 寿留女《するめ》	⑧ 結美和《ゆびわ》	⑨ 子生婦《こんぶ》

※結納品の構成、並べ方、呼び名などは地域、時代、解釈の違い、そして販売店などによってさまざまです。

金額別祝儀袋《しゅうぎぶくろ》の選び方

結婚祝いを贈る祝儀袋の水引は、一度結んだらほどけることのないま結びかあわび結びのものを使います。これは、人生の中で一度限りという意味からです。祝儀袋は贈る金額に合わせて選ぶようにしましょう。少額を贈るのに豪華な祝儀袋を使ったり、また高額を贈るのに簡素な祝儀袋を使ったりするのはおすすめできません。

10万円未満の場合

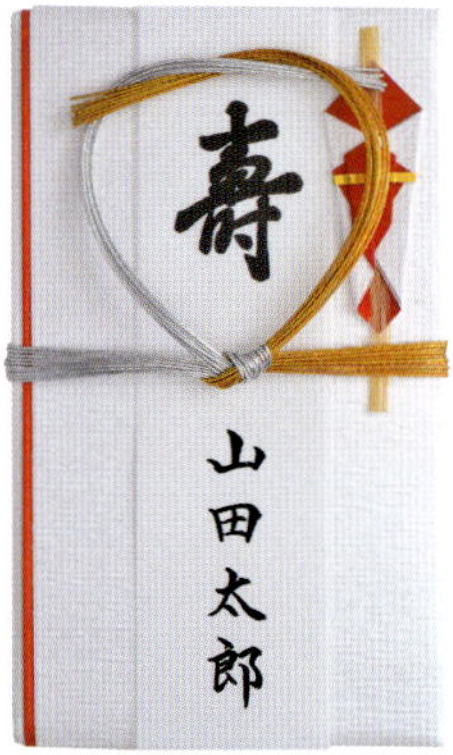

10万円以上の場合

高額の場合は、表面に波状のしぼのある檀紙《だんし》で包みます。サイズもほかに比べ一回り大きくなります。

外包みと内包み

一般的に祝儀袋は外包みと内包みに分かれています。内包みにお札を入れ、外包みで包みます。外包みには表書きと姓名以外は書きません。

［▶内包みの書き方 — 6ページ参照］

名入れの例

表書きは「壽」や「御結婚祝」などとして、濃い墨でなるべく毛筆(または筆ペン)を使って書きます。

一人の場合

一人に限らず姓名は、表書きよりやや小さめに書きます。

夫婦の場合

夫の姓名を中心に書き、妻の名前を並べて書きます。

3人の場合

目上の方の姓名を中心に右から順に書きます。姓名の天地や大きさを揃えます。

外《ほか》一同の場合

3名以上になった場合は、代表者の姓名のみを中心に書き、外一同と小さく入れます。

部一同の場合

職場で贈るときは「○○部一同」や「○○部有志一同」と書きます。別紙に各人の姓名を書き、同封することもあります。

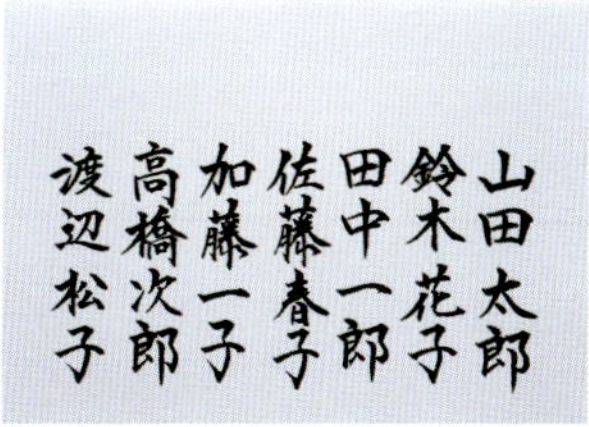

複数名で贈る場合には

別紙に書く場合、代表者以外の姓名(部一同の場合は全員の姓名)を半紙か奉書紙《ほうしょがみ》などに書き、内包みに入れます。目上の方の姓名を右から順に書きます。

内包みの書き方

内包みの表には金額と姓名、裏には住所を書き入れます。金額は間違いを防ぐためにも旧字体の漢数字を使い、“円”も旧字体にするとよいでしょう。
例:壹(一)、貳(二)、参(三)、伍(五)、拾(十)、阡(千)、萬(万)、圓(円)

表

文字は同じ大きさで書きます。金額の上に「金」下に「也」などはつけません。

裏

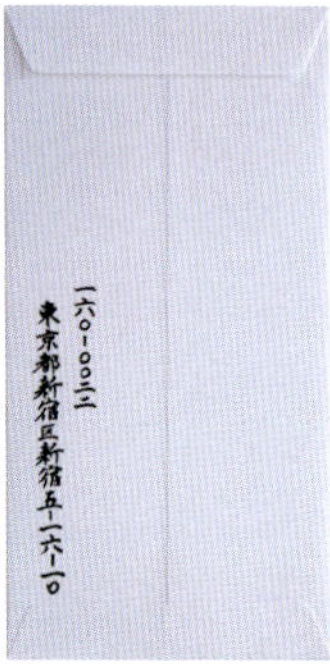

住所に加えて郵便番号を書いておくとよいでしょう。

祝儀袋《しゅうぎぶくろ》へのお札の入れ方

何気なく祝儀袋に紙幣《しへい》を入れてしまいがちですが、内包みに入れる紙幣の向きには決まりがあります。

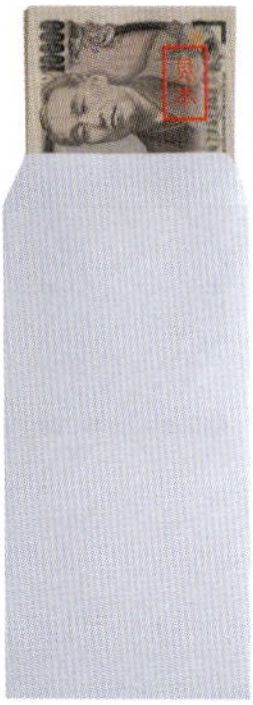

紙幣が正面を向くように、つまり人物の顔が上で正面を向くようにして内包みに入れ、それを同じ向きのまま外包みに入れます。よって、紙幣、内包み、外包みがすべて正面を向きます。

豆知識

紙幣が入った内包みを外包みに入れるとき、水引を外してしまうと外包みにしわが寄り、形が崩れてしまいがちです。そのようなときには、水引は外さずに裏側の上の折りを伸ばし、上の口から内包みの出し入れをするとよいでしょう。

ふくさの使い方(式場へ持参する場合)

祝儀袋《しゅうぎぶくろ》をふくさに包んで持参することは大人としてのマナーです。「ふくさに包んでお持ちする」ということは、単にお金を運んでいるわけではなく、相手の方に対するこころ遣いの表れです。

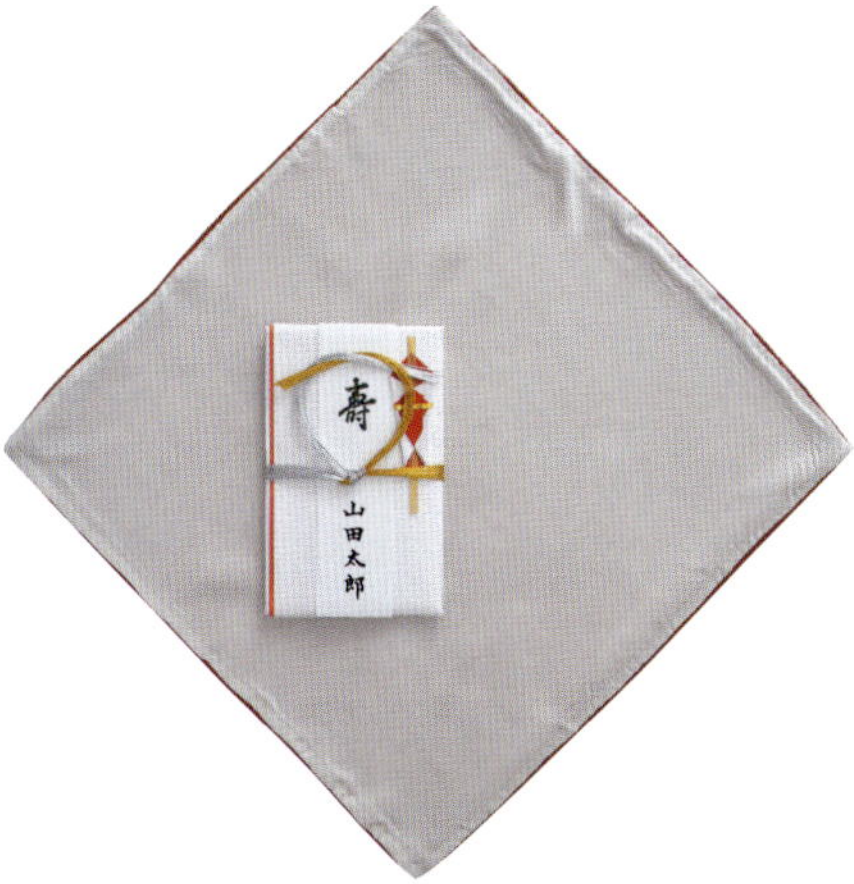

1 左よりに祝儀袋を置く

2 左側を折る

3 上側を折る

4 下側を折る

5 右側をかぶせる

※上側、下側、左側、右側の順で包むこともあります。

ふくさの使い方（先方のお宅へ持参する場合）

最近は、お祝いを式場に持参することが通例になっていますが、本来、お祝いは先方のお宅にお届けするものです。金子《きんす》を贈る場合も切手盆と掛けふくさを使って、こころを込めてお届けします。

1 祝儀袋《しゅうぎぶくろ》を切手盆にのせる

2 掛けふくさをかける

3 内包みふろしきで包む

4 外包みふろしきで包む

※上側、下側、左側、右側の順で包むこともあります。

5 家紋の位置などを確認する

結婚式でお世話になった方々へのお礼

結婚式ではさまざまな方にお世話になります。予期せぬことも多いため、御祝《ごしゅう》儀《ぎ》は少し多めに準備しておきます。

仲人《なこうど》への御礼

表書きは「御礼」とし、紅白または金銀のま結びかあわび結びの祝儀袋を使用します。名入れは両家の姓にします。

参列者への御車代

表書きは「御車代」とし、紅白または金銀のま結びかあわび結びの祝儀袋を使用します。名入れは両家の姓、またはそれぞれの姓にします。

受付担当者への御礼

表書きは「御礼」とし、紅白のま結びかあわび結びの祝儀袋を使用します。名入れは両家の姓、またはそれぞれの姓を入れます。

式場関係者へのお礼

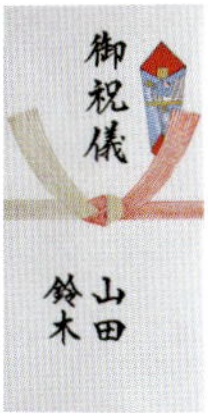

美容師さんや着付けの担当者、車の運転手さんなどお世話になった方にお渡しします。名入れは双方でお世話になった場合は両家の姓、美容師さんなど別々でお世話になった場合はそれぞれの姓を入れます。

会場の責任者、司会者、カメラマンなどへのお礼に使います。感謝の気持ちを強く表したいときには「御礼」とします。

式場へのお礼

宗教などによって表書きや祝儀袋の種類が変わります。挙式料とは別にお礼をします。

神社へ

表書きは「御初穂料」とし、白無地袋を用います。

寺院へ

表書きは「寿」とし、金銀または紅白のま結びかあわび結びの祝儀袋を用います。

教会へ

表書きは「献金」とし、白無地袋を用います。

表書きの例

出産祝いから始まって長寿のお祝いまで、人生にはさまざまなお祝いがあります。この何度あってもよいお祝いには、水引は一般的に端を引くと結び目がほどけ、また結び直すことの出来るもろわな結びにします。

※初節供、七五三、御成人、長寿のお祝いなどは「人生の中で二度とない節目のひとつ」との考えのもと、ま結びやあわび結びを用いることもあります。
※表書きに"御"を付ける場合、「御入学祝」のように差しあげる目的の語につけるのが望ましいですが、「七五三御祝」や「金婚式御祝」のように単語によっては「祝」の前につける場合もあります。

出産

お七夜《しちや》からお宮参りまでの間、つまり生後7日目から一カ月目頃までに贈ります。

初節供

男児は5月5日の端午《たんご》の節供に、女児は3月3日の上《じょう》巳《し》の節供にお祝いします。誕生後初めての節供を初節供といいます。

七五三

11月15日前後に子どもの健康と成長を願う儀式です。ごく親しい身内でお祝いします。

入学

遅くても入学式の一週間前までには贈ります。

成人

満20歳を迎えた男女の方へ1月の第2月曜日の「成人の日」にお祝いを贈ります。

就職

新たに社会に出ていく若者を祝して、卒業してから就職する前の3月末までにお祝いを贈ります。

昇進

親戚、友人や同僚などの昇進を祝います。

新築

新築祝いは完成後、半月頃までに贈ります。マンションや中古住宅の場合は「御新居祝」にします。

結婚記念

25年目、50年目など年数を重ねた夫婦を、子どもや孫、親戚などが祝うことが多いです。

長寿

お祝いは正月や誕生日、または9月の第3月曜日の敬老の日に行うことが多いようです。

お宮参り、七五三での神社へのお礼

「御初穂料」として5千円～1万円が多いです。あらかじめ、金額が決められている神社もありますので、問い合わせをしておくと安心です。名入れは子どもの姓名になります。

表書きの例

普段の生活の中で、ちょっとした感謝の気持ちを表したいことがよくあります。しかし、表書きが適切でないと、こころを届けるどころか、先さまに不快な思いをさせてしまうので注意が必要です。

感謝

まさに感謝の気持ちをお伝えしたいときに用います。

御礼

最も一般的な感謝を表す言葉です。軽い気持ちを表したいときには「お礼」とします。

薄謝

わずかな謝礼という意味で、立場や年齢が下の方へお礼の気持ちを表わすときに用います。

寸志《すんし》

立場や年齢が下の方へお礼の気持ちを表すときに使います。すべての人に使うには「御礼」「謝礼」とします。

御挨拶

引っ越しのあいさつなど、季節にかかわらず、広く"あいさつの印"として用います。

御餞別《おせんべつ》

転勤、退職など、人を見送るときに使います。通常、目上の方には用いません。

御贐《おはなむけ》

目上の方が退職されるときなど、「御餞別」では失礼であったり、さみしい印象になってしまうときに用いるとよい、温かみのある言葉です。

松の葉

松の葉ほど“わずか”の気持ちを表す言葉です。ま結びで引出物に使う地域もあります。

こころばかり

「わずかなものですが」という気持ちを表したいときに使います。また、相手に負担を感じさせたくないときに用いるとよい言葉です。

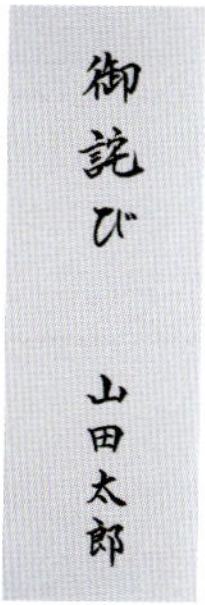

御詫び

お詫びをするのに紅白の水引が適さない場合は、無地の短冊を用います。

表書きの例

お見舞いには病気や災害にあわれた方を見舞うものと、陣中《じんちゅう》見舞いや楽屋見舞いとして激励《げきれい》するものがあります。

〈病気見舞いの場合〉

目上の方のお見舞いのときは、「御見舞」より敬意を込めた「御伺《おうかがい》」の方が適しています。

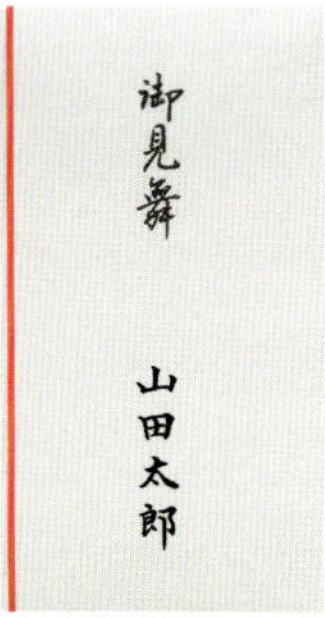

病気のお見舞いには、紅白ま結びの袋で、のしは付けません。または袋の左側に赤い線の入ったものや、白のみの袋を用います。

豆知識

水引きの“赤”の意味

本来、水引の赤には厄を払い、悪いものを相手に渡さないという意味が込められています。ただし、紅白には“おめでたい”イメージもありますので、相手の状態や金額、応援したい気持ちなどをかんがみて選びましょう。

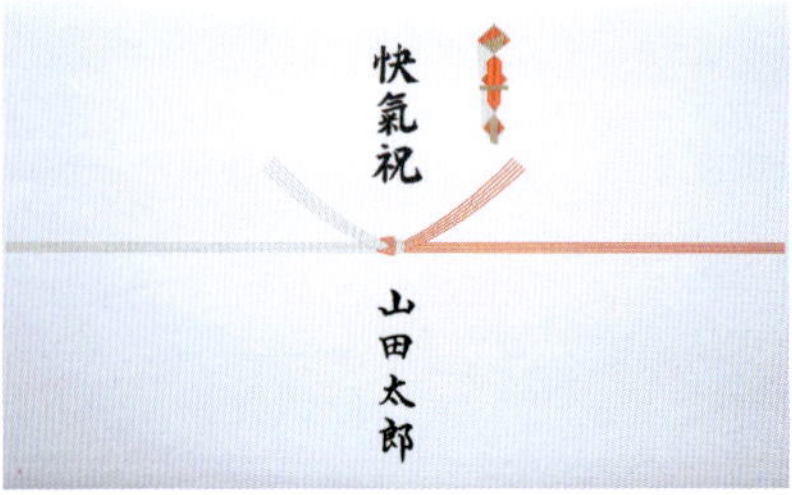

病気見舞いのお返しに

病気見舞いのお返しに使います。二度と繰り返したくないという気持ちから、水引はま結びにします。

〈災害のお見舞いの場合〉

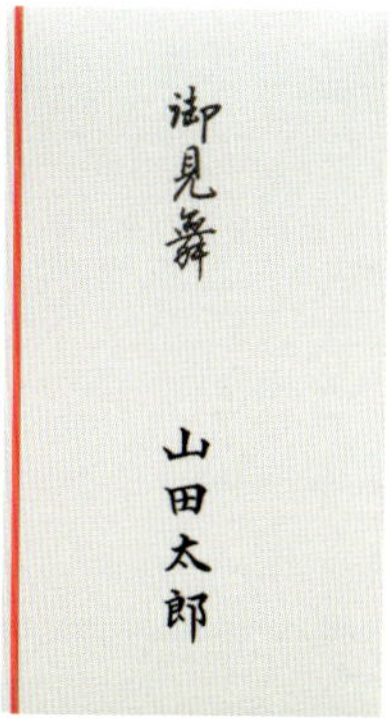

「災害御見舞」というように災害という文字を使った表書きは配慮に欠けるため、「御見舞」だけにします。紅白ま結びの袋で、のしは付けません。または袋の左側に赤い線の入ったものや、白のみの袋を用います。

〈応援や激励《げきれい》の場合〉

スポーツの合宿などに、激励、差入れの意味を込めて贈ります。紅白のもろわな結びを用います。

発表会などに出られる方への励ましとお祝いの意味を込めて贈ります。紅白のもろわな結びを用います。

表書きの例

故人《こじん》の宗教によって表書きも不祝儀袋《ぶしゅうぎぶくろ》も変わります。弔事《ちょうじ》では二度とないことを願って、水引はま結びかあわび結びとし、のしは付けません。

御香典

仏式のお悔やみの際に用います。「御香典」は「御香料」のことで、本来は高額の金子《きんす》を包むものです。実際には「御霊前」の表書きを使用する場合が多いようです。

御霊前

仏式の葬儀以外に、故人の宗教が分からないときに「御《み》霊前《たまえ》」として用いることが出来ます。この場合、不祝儀袋は蓮《はす》の模様のないものを選びます。

御佛前（関西）

関西などでは黄色と白の水引を用います。

御佛前（関東）

仏式で四十九《しじゅうく》日の法要以降にお香典を持参するときに用います。また、浄土真宗では通夜・告別式から「御佛前」を用います。

お花料

キリスト教式の葬儀に弔慰金《ちょういきん》を持参するときに用います。市販で十字架や花の模様が入った不祝儀袋もあります。

御玉串料《おんたまぐしりょう》

神式の葬儀に弔慰金を持参するときに用います。蓮の模様のない不祝儀袋を選びます。

※市販の不祝儀袋には表書きが濃い墨で印刷されたものもあります。

内包みの書き方

内包みの表には金額と姓名、裏には住所を書き入れます。市販の不祝儀袋《ぶしゅうぎぶくろ》では、あらかじめ記入欄が印刷されているものもありますので、その場合はそちらに書きます。

表

文字は同じ大きさで書きます。基本は金額の上に「金」、下に「也」などはつけません。

裏

住所に加えて郵便番号を書いておくとよいでしょう。

不祝儀袋のお札の入れ方

何気なく不祝儀袋に紙幣を入れてしまいがちですが、内包みに入れる紙幣の向きには決まりがあります。

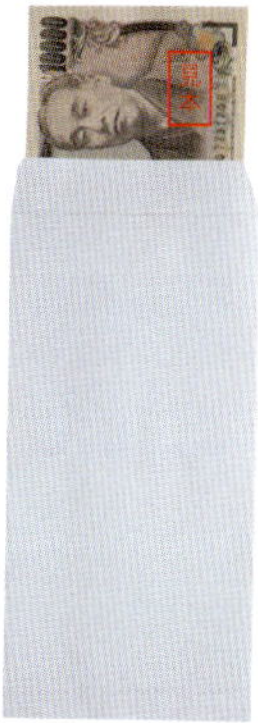

紙幣が正面を向くように、つまり人物の顔が上で正面を向くようにして内包みに入れ、それを同じ向きのまま外包みに入れます。よって、紙幣、内包み、外包みがすべて正面を向きます。慶弔《けいちょう》で入れ方に違いはありません。

ふくさの使い方（会場へ持参する場合）

通《つ》夜《や》・告別式などで、不祝儀袋《ぶしゅうぎぶくろ》を購入したときのビニール袋やバッグから直接取り出している方を見かけますが、これはマナー違反です。お悔《く》やみの気持ちを込め、ふくさにきちんと包んで持参します。

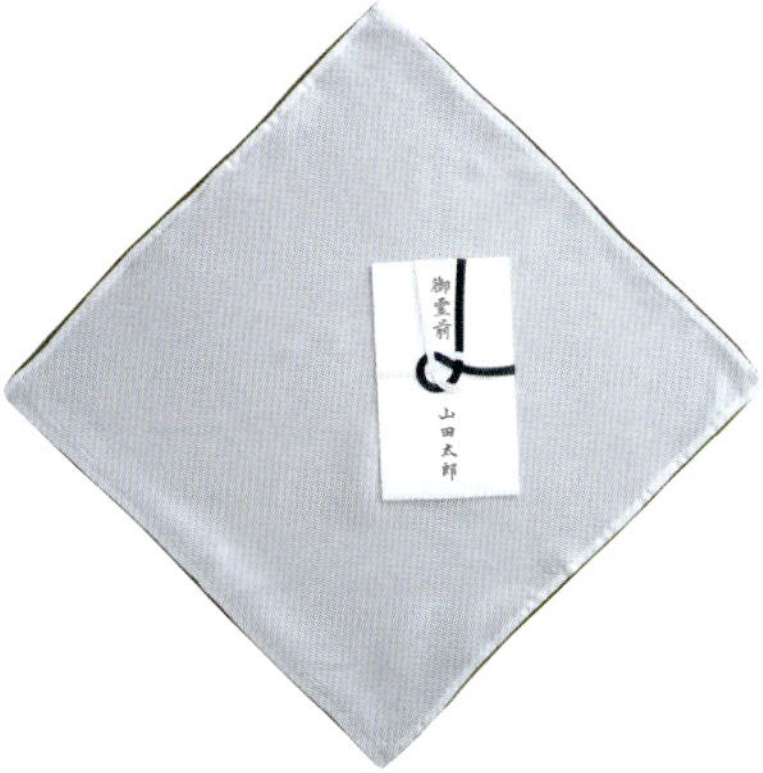

1 右寄りに不祝儀袋を置く

2 右側を折る

3 下側から折る

4 上側を折る

5 左側をかぶせる

※下側、上側、左側、右側の順で包むこともあります。

数珠《じゅず》の使い方

仏式の通夜《つや》・告別式、法要などに会葬、参列する際に数珠を持参することは、敬意を表すことにつながります。故人《こじん》、仏様と強くつながるとともに、身を守るとも言われています。

男性用

女性用

数珠はガラス製、高価な黒《こく》檀《たん》、白檀《びゃくだん》、水晶、珊瑚《さんご》、ひすいなど、素材も価格もさまざまです。

持ち歩くとき

通常は房が真下に来るように左手にかけて持ちます。

合掌するとき

両手の親指と人差し指の間にかけ、親指で軽くおさえる。

※数珠の持ち方は宗派によってさまざまです。

豆知識

数珠の持つ意味

数珠は、お経《きょう》や念仏を唱《とな》える際、その回数を数えるために使われたことから念珠《ねんじゅ》とも呼ばれます。正式な数珠の玉の数は108個で、これは人の煩悩《ぼんのう》の数を表しています。仏様に合掌礼拝《がっしょうれいはい》しながら、穢《けが》れを払うものです。

焼香《しょうこう》の作法

作法は宗派の数だけあります。大切なことは、かたちにこだわりすぎることなく、故人《こじん》に対する深いお悔《く》やみのこころで伺《うかが》うことです。

1 順番がきたら一歩前に出て遺族や僧侶の方に一礼してから、焼香台に進みます。

2 焼香台より数歩手前で、霊前に一礼。前に進んで遺影《いえい》に向かって合掌礼《がっしょうれい》をします。指を揃え、手には丸みをもたせます。

3 右手の親指、人さし指、中指で抹香《まっこう》を一つまみとります。左手を添えます。

4 左手で受けて、目の高さに押しいただいて念じます。

5 抹香を静かに香炉《こうろ》に落とします。

6 合掌したのちそのまま数歩下がって遺族、僧侶の方に一礼して下がります。

※焼香、線香の際の数珠の持ち方は宗派によってさまざまなため、省いています。

線香の作法

喪家《そうか》に伺《うかが》い、お線香をあげさせていただくことはめずらしいことではありません。基本の心得は焼香と同様です。

1 遺族、僧侶の方に一礼し、線香台の数歩手前で合掌したのち、線香を右手で一本取り、ろうそくの火を移します。

2 線香を左手に持ち替え、右手で軽くあおいで火を消します。息を吹きかけたりしてはいけません。

3 そのあと再び線香を右手に持ち替え、線香台に立てたあと、合掌礼をします(焼香の2番に同じ)。遺族、僧侶の方に一礼します。

献花《けんか》の作法

キリスト教式の葬儀は参列する機会が少ないかもしれませんが、霊前に菊や百合《ゆり》などの白い花を捧げます。献花は西欧にはない日本独自の儀式です。

1 花が左、茎が右を向くように花を右手で一本取って左手を添え、遺影に一礼し、霊前に進みます。

2 時計回りに二回に分けて花の向きを180度変えます。

3 花を霊前に向けて献花台に静かに置き、遺影に一礼をして下がります。

※献花の方法は、宗派や慣習などによってさまざまです。

玉串奉奠《たまぐしほうてん》の作法

神式の葬儀では神式の焼香《しょうこう》にあたる玉串奉奠を行います。玉串は神木《しんぼく》である榊《さかき》の枝に木綿《ゆう》や紙垂《しで》を付けたものです。斎主《いわいぬし》が霊前に玉串を捧げたのちに、喪主《もしゅ》から順に霊前に玉串を捧げます。

1 玉串を胸の高さに捧げて、霊前に進みます。

2 玉串を押しいただいて一礼します。

3 右手で玉串の枝元を持ち、左手で支えます。

4 時計回りに回して枝元を自分に向けます。

5 左手を枝元におろします。

6 右手で上部を持ちます。

7 枝元が霊前に向くよう、時計回りに180度回します。

8 玉串をゆっくりと置き、左、右の順に手を引きます。

9 二礼二拍手（忍び手で音をたてない）一礼をして、下がります。

遺族からお世話になった方々へのお礼

通夜《つや》、葬儀・告別式でお世話になった方々には、喪主《もしゅ》としてこころを込めてお礼を差しあげます。

手伝ってくださった方々へ

さまざまな業務を手伝ってくださった方には不祝儀袋《ぶしゅうぎぶくろ》、白無地袋、あるいはポチ袋などでお礼を差しあげます。

お香典のお返し

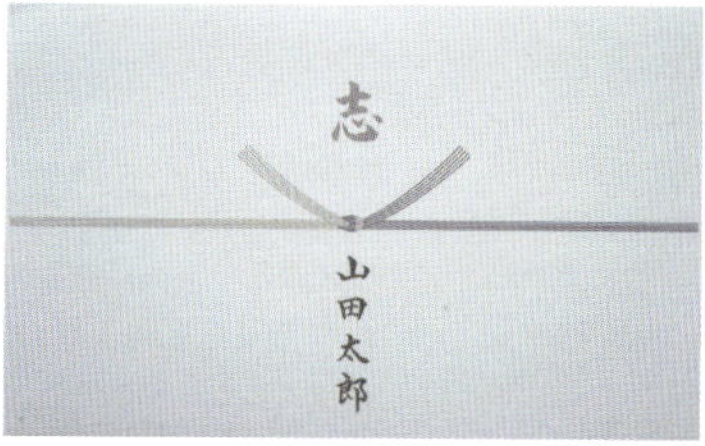

通夜、葬儀・告別式でお香典などをいただいた方々にこころばかりの品物を贈り、忌明《きあ》けの報告をします。

寺院、神社、キリスト教式教会へのお礼

寺院（僧侶の方）へ

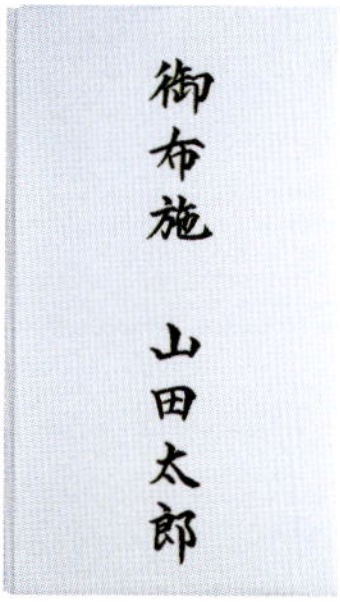

表書きは「御布施《おふせ》」として、白無地袋を用います。

神社（神官の方）へ

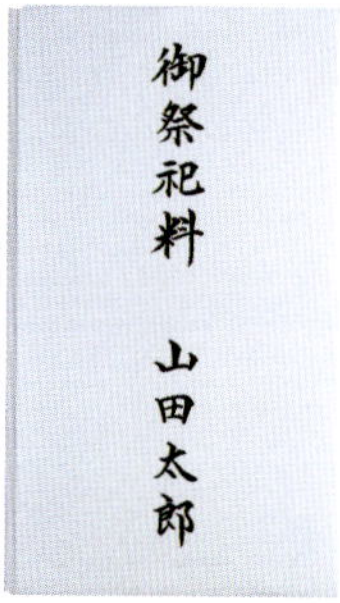

表書きは「御祭祀料《おんさいしりょう》」として、白無地袋を用います。

キリスト教式教会へ

教会自体へのお礼は、表書きを「献金」として、白無地袋を用います。神父・牧師の方へお渡しする場合は「御礼」とします。

表書きの例

季節ごとに、先さまを思いやる気持ちを込め、贈りものをします。

御年賀

一般には、松《まつ》の内《うち》までに贈ります。企業においては三が日以降、1月15日頃までに贈ります。

寒中御伺

松の内が過ぎてから2月4日頃の立春の前日までに贈ります。

御中元

7月の初めから15日まで、または8月1日から15日までに贈ります。時期は地域によって異なります。

暑中御伺

7月16日から8月7日頃の立秋の前日までに贈ります。御中元が間に合わなかった場合にも用います。

残暑御伺

8月7日頃の立秋から8月末頃までに贈ります。

御歳暮

12月初旬から12月25日頃までに贈ります。最近は、11月下旬から贈る人も多くなりました。

お盆（供養《くよう》に伺《うかが》う）

新暦の7月13日から16日、またはその一カ月遅れで8月に行うことが一般的です。

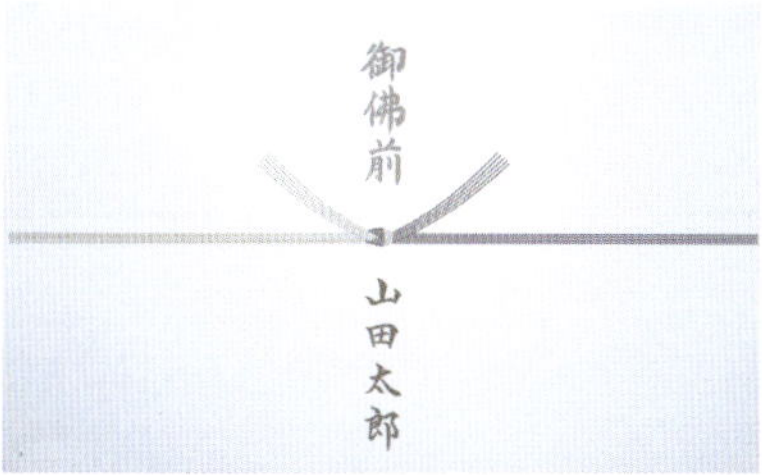

お彼岸（供養に伺う）

春分の日と秋分の日をはさんで、前後3日ずつ、合計7日間がお彼岸の時期です。

結婚のお祝いの場合

単位：円

自分の立場 例：自分が新婦のいとこだったら、「いとこ」の欄を見る		披露宴に出席	披露宴を欠席または招待されていない
両親		10万	10万
祖父母	一人	5万	5万
	夫婦	7万〜10万	
兄弟姉妹	一人	5万〜10万	3万〜10万
	夫婦	7万〜10万	
伯父・伯母 叔父・叔母	一人	5万	3万〜10万
	夫婦	10万	
いとこ	一人	3万	1万
	夫婦	7万〜8万	
友人・知人	一人	3万	1万
	夫婦	7万〜8万	
会社	上司	3万〜5万	5千〜1万
	同僚	3万	
	取引先	3万	

豆知識

「娘の夫の妹が結婚します。お祝いを贈ったほうがよいですか?」という質問が増えています。自分が新郎新婦の義理の兄弟姉妹の親の場合、披露宴出席時はお一人3万〜5万、ご夫婦で7万〜10万。欠席または招待されていない場合は、1万〜3万が目安です。

葬儀と法要の場合

単位：円

お付き合いの内容		葬儀		法要		
自分の立場 例：自分が故人《こじん》のいとこだったら、「いとこ」の欄を見る		香典	供花	参列 法要に参列の場合は、立場に関係なく少なくとも1人1万円は包むケースが多い		法要を欠席または呼ばれていない
				四十九日法要	その他の法要	
親		10万	○	5万	1万～5万	1万～5万
子ども	一人	10万	○	3万～5万	1万～3万	1万～5万
	夫婦				2万～5万	
孫	一人	1万～3万	○	1万～3万	1万～	1万
	夫婦			2万～3万	2万～3万	
兄弟姉妹	一人	5万～	○	3万～5万	1万～3万	1万～5万
	夫婦				2万～5万	
伯父・伯母 叔父・叔母	一人	1万～3万	△	1万～3万	1万～3万	5千～1万
	夫婦			2万～3万	2万～3万	
甥・姪	一人	1万～3万	△	1万～3万	1万	5千～1万
	夫婦			2万～3万	2万～3万	
いとこ	一人	1万～3万	△	1万～3万	1万～	5千～1万
	夫婦			2万～3万	2万～3万	
子どもの配偶者の親	一人	3万～5万	△	1万～3万	1万～3万	1万～3万
	夫婦			2万～3万	2万～3万	
友人・知人		5千～1万	―	―	―	5千～1万
会社	上司	5千～1万	―	―	―	5千～1万
	同僚	5千～1万	―	―	―	
	取引先	5千～1万	―	―	―	

※金額は三越伊勢丹の店頭にて、数多くのご相談を受けてアドバイスしてきた金額です。ただしあくまでも目安です。お付き合いの度合いや、地域によっても変わってきます。判断に迷ったときは、少し多めの金額にするとよいでしょう。逆に、年齢などにより金額が少なくなる場合もあります。

単位：円

長寿	栄転・昇進	受章・入賞	開店・開業	定年退職	新築	病気・けが見舞い	災害見舞い 災害の程度・付き合いの深さにより変わる
1万〜	1万〜	1万〜	1万〜	1万〜	3万〜	1万〜	3万〜
1万〜	―	1万〜	―	1万〜	―	1万〜	3万〜
―	1万〜	1万〜	1万〜	―	1万〜	1万〜	1万〜
1万〜	1万〜	1万〜	1万〜	1万〜	1万〜	1万〜	1万〜
1万〜	1万〜	1万〜	1万〜	1万〜	1万〜	1万〜	1万〜
5千〜	5千〜	5千〜	5千〜	5千〜	5千〜	1万〜	1万〜
5千〜	5千〜	5千〜	5千〜	5千〜	5千〜	1万〜	1万〜
5千〜	5千〜	5千〜	5千〜	5千〜	5千〜	1万〜	1万〜
5千〜	5千〜	5千〜	5千〜	5千〜	5千〜	5千〜	1万〜
5千〜	5千〜	5千〜	5千〜	5千〜	5千〜	5千〜	1万〜
―	―	―	―	―	5千〜	5千〜	1万〜
―	5千〜	―	―	1万〜	5千〜	5千〜	1万〜
―	5千〜	―	―	5千〜	5千〜	5千〜	1万〜
―	5千〜	―	―	5千〜	5千〜	5千〜	1万〜
―	5千〜	―	―	―	―	―	―

その他のお祝いの場合

自分の立場（お付き合いの内容） 例：自分がいとこだったら、「いとこ」の欄を見る		初節供	七五三	入学	卒業・就職	成人式
両親		—	—	—	—	—
子ども		—	—	—	—	—
祖父母		5万〜10万 人形代を含む場合は10万〜30万	3万〜10万	小学校 3万〜10万 中学校以降 1万〜5万	1万〜10万	1万〜10万
兄弟姉妹		—	—	—	—	—
伯父・伯母 叔父・叔母		1万〜	1万〜	1万〜	1万〜	1万〜
おい・めい		—	—	—	—	—
いとこ		—	—	—	—	—
その他親類		5千〜	5千〜	5千〜	5千〜	5千〜
本人の友人・知人		—	—	—	—	—
親の友人・知人		5千〜	5千〜	5千〜	5千〜	5千〜
隣近所		—	—	—	—	—
会社	上司	—	—	—	—	—
	同僚	—	—	—	—	—
	部下	—	—	—	—	—
	取引先	—	—	—	—	—

※金額は三越伊勢丹の店頭にて、数多くのご相談を受けてアドバイスしてきた金額です。ただしあくまでも目安です。お付き合いの度合いや、地域によっても変わってきます。判断に迷ったときは、少し多めの金額にするとよいでしょう。逆に、年齢などにより金額が少なくなる場合もあります。

出産のお祝いの場合

このページでは、生まれた赤ちゃんの両親（父母）との間柄を図にしています。たとえば、以下の表にある「①両親」とは、赤ちゃんにとっては祖父母にあたる方々のことです。

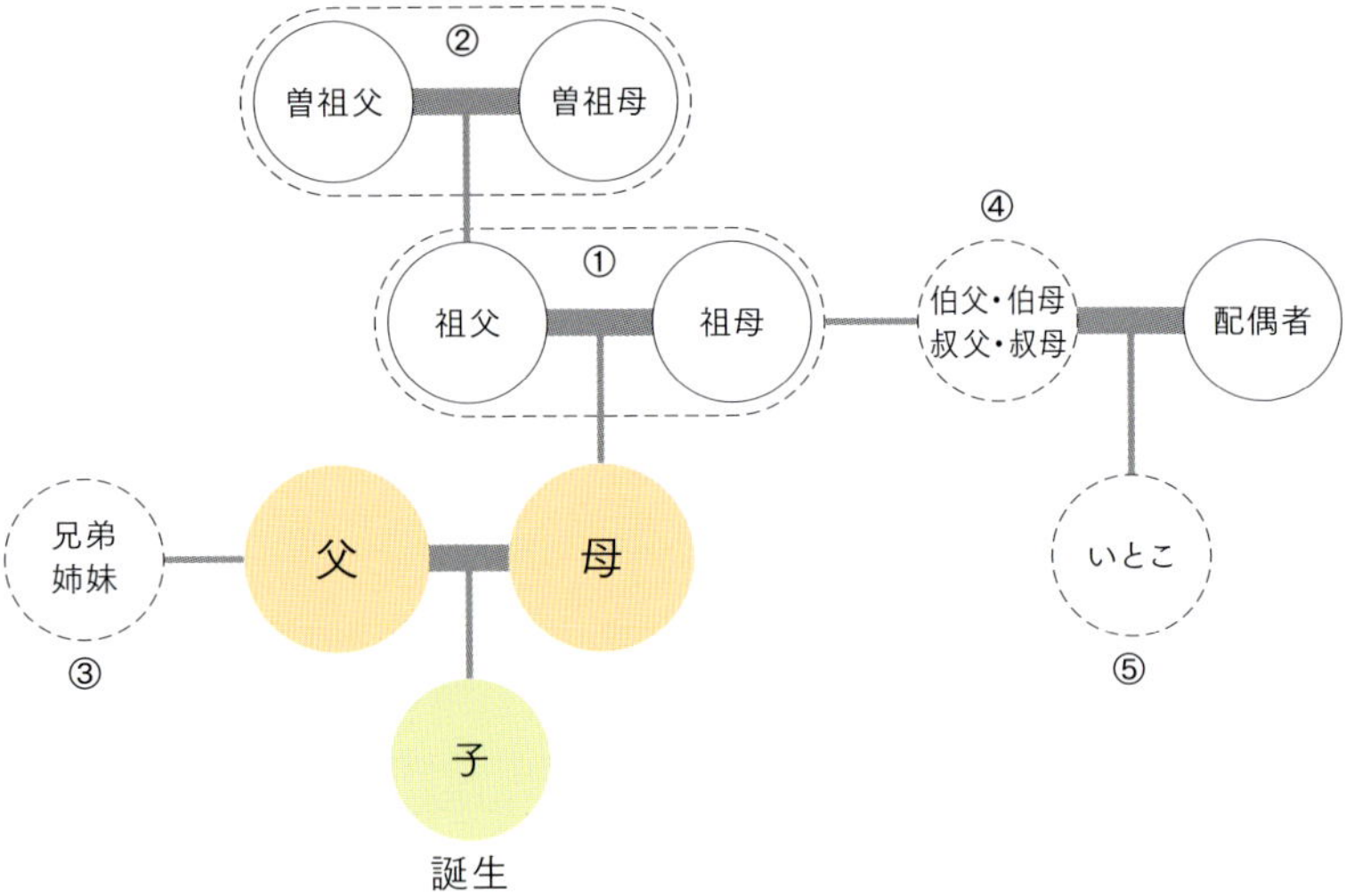

単位：円

①	両親	10万
②	祖父母	1万～3万
③	兄弟 姉妹	1万～
④	伯父・伯母 叔父・叔母	1万～3万
⑤	いとこ	5千～

その他の親類		5千～
本人（赤ちゃんの父母）の友人・知人		5千～
親（赤ちゃんの祖父母）の友人・知人		5千～
隣近所		5千～
会社	上司	1万～
	同僚	5千～
	部下	5千～
	取引先	5千～

月	4月 卯月《うづき》	3月 弥生《やよい》	2月 如月《きさらぎ》	1月 睦月《むつき》
季節	春	春	春	冬
二十四節気	**清明**《せいめい》 5日頃 草木の緑が芽吹く頃。	**啓蟄**《けいちつ》 5日頃 地中で眠っている虫などが目覚め、地上に出てくる頃といわれる。	**立春**《りっしゅん》 4日頃 春が始まるといわれる。	**小寒**《しょうかん》 6日頃 寒の入り。寒さが厳しくなる。
二十四節気	**穀雨**《こくう》 20日頃 春の雨が作物を潤すころとされ、種まきの季節となる。	**春分**《しゅんぶん》 20日頃 春彼岸の中日。昼夜の長さが同じ日で、徐々に昼が長くなる。	**雨水**《うすい》 19日頃 雪や氷が解けるといわれる。実際にはまだまだ寒い。	**大寒**《だいかん》 20日頃 1年の中でもっとも寒い頃。
雑節	土用の入り 18日頃	彼岸の入り 18日頃 社日（しゃにち） 春分に近い戊《つちのえ》の日	節分 3日頃	土用の入り 18日頃
行事	エイプリルフール—1日 花まつり—8日 十三参り—13日 イースター（復活祭）—3月下旬～4月上旬 昭和の日—29日	上巳《じょうし》（桃）の節供—3日 ひな祭り—3日 お水取り—13日 ホワイトデー—14日 春分の日—20日頃	初午—6日頃 針供養—8日 建国記念日—11日 バレンタインデー—14日 天皇誕生日—23日	元日—1日 事始め・書き初め—2日 人日《じんじつ》（七草）の節供—7日 初釜—10日頃 鏡開き—11日 成人の日—第2月曜日 小正月—15日
	誕生石 ダイヤモンド 誕生花 サクラ サクラソウ	誕生石 アクアマリン 誕生花 ワスレナグサ チューリップ	誕生石 アメジスト 誕生花 ウメ フリージア	誕生石 ガーネット 誕生花 スイセン シンビジューム

二十四節気《にじゅうしせっき》

二十四節気は節分を基準に一年を四つの季節に分け、さらに季節ごとに六つに分けて、季節にちなんだ名前を付けたものです。雑節《ざっせつ》は二十四節気以外の季節を表したもので、主に農作業の目安として使われてきました。二十四節気は、その年によって一日程度前後することがあります。

※イースターの日付は毎年変わります。春分の日のあと、最初の満月のあとの日曜日を指します。

8月 葉月《はづき》	7月 文月《ふみづき》	6月 水無月《みなづき》	5月 皐月《さつき》
秋	夏	夏	夏
立秋《りっしゅう》 8日頃 この日から秋が始まるといわれる。	**小暑**《しょうしょ》 8日頃 だんだん暑くなってくる頃。	**芒種**《ぼうしゅ》 6日頃 稲や麦などの種まきをする。	**立夏**《りっか》 6日頃 この日から夏が始まる。
処暑《しょしょ》 23日頃 暑さが和らいで朝夕が過ごしやすくなり、作物もたわわに実る頃。	**大暑**《たいしょ》 23日頃 1年でもっとも暑さが厳しくなる。	**夏至**《げし》 21日頃 昼の時間がもっとも長く、夜の時間がもっとも短い日。	**小満**《しょうまん》 21日頃 立夏から15日。植物がほぼ満足に成長する頃。
	半夏生（はんげしょう） 2日頃 土用の入り 20日頃	入梅 11日頃	八十八夜 2日頃
広島原爆の日 ― 6日 長崎原爆の日 ― 9日 山の日 ― 11日 終戦記念日 ― 15日 月遅れ盆 ― 15日 送り火・精霊流し ― 16日	山開き・海開き ― 1日 七夕《しちせき》（笹）の節供 ― 7日 七夕《たなばた》祭り ― 7日 お中元 ― 初旬 盂蘭盆会《うらぼんえ》 ― 15日 海の日 ― 第3月曜日 暑中見舞い ― 16日頃から	衣替え ― 1日 父の日 ― 第3日曜日	メーデー ― 1日 憲法記念日 ― 3日 みどりの日 ― 4日 端午《たんご》（菖蒲《しょうぶ》）の節供 ― 5日 子どもの日 ― 5日 母の日 ― 第2日曜日
誕生石 ペリドット 誕生花 ヒマワリ アンスリウム	誕生石 ルビー 誕生花 ユリ トルコキキョウ	誕生石 ムーンストーン 誕生花 バラ グラジオラス	誕生石 エメラルド 誕生花 スズラン カーネーション

12月 師走 しわす	11月 霜月 しもつき	10月 神無月 かんなづき	9月 長月 ながつき
冬	冬	秋	秋
大雪 たいせつ 7日頃 大雪が降るようになり、本格的な冬になる。	**立冬** りっとう 7日頃 冬が始まる。	**寒露** かんろ 8日頃 紅葉が始まり、冷たい露がさす頃。	**白露** はくろ 8日頃 風がひんやりとし、秋の気配を感じる頃。
冬至 とうじ 22日頃 昼の時間がもっとも短く、夜の時間がもっとも長い日。	**小雪** しょうせつ 22日頃 山に雪が積もるようになり、寒くなる頃。	**霜降** そうこう 23日頃 寒い地方や山などで霜が降りはじめる。	**秋分** しゅうぶん 23日頃 彼岸の中日。 昼と夜の長さが同じ日で、徐々に夜が長くなる。
		土用の入り 18日頃	**彼岸の入り** 20日頃 **二百十日**（にひゃくとうか） 1日頃 **二百二十日**（にひゃくはつか） 11日頃 **社日** 秋分に近い戊《つちのえ》の日
お歳暮 ― 初旬 **針供養** ― 8日 **正月事始め** ― 13日 **歳の市** ― 中旬から **クリスマス** ― 25日 **大みそか** ― 31日	**文化の日** ― 3日 **酉《とり》の市** ― 酉の日（年により異なる） **七五三** ― 15日 **新嘗祭《にいなめさい》・勤労感謝の日** ― 23日	**衣替え** ― 1日 **体育の日** ― 第2月曜日 **菊供養** ― 18日頃 **二十日えびす** ― 20日頃 **ハロウィン** ― 31日	**防災の日** ― 1日 **重陽《ちょうよう》（菊）の節供** ― 9日 **中秋の名月** ― 9日頃（年により異なる） **敬老の日** ― 第3月曜日 **秋分の日** ― 23日頃
誕生石 トルコ石 **誕生花** カトレア シクラメン	**誕生石** トパーズ **誕生花** ブバルディア	**誕生石** オパール **誕生花** キク コスモス	**誕生石** サファイア **誕生花** ダリア リンドウ

まえがき

二〇一五年に三越伊勢丹グループは「this is japan.」を企業メッセージとして掲《かか》げ、日本の文化を知り、現代の生活に取り入れ次世代へと継承していくことを宣言しました。

この書籍『儀式１１０番』を三越伊勢丹版として改定するにあたり、小笠原《おがさわら》流《りゅう》礼法《れいほう》宗家《そうけ》 小笠原敬承斎《けいしょうさい》さんにアドバイスをお願いし、そもそもの由来を紐解くことからはじめました。

現在では儀礼や儀式と思われがちなことも、由来をたどっていくと、日本人に脈々と受け継がれている「他者を気づかうこころ」そのものであることがわかります。次世代へと継承していくためには、このこころを伝えていくことがいかに重要であるかを、先人から教えていただいた気がします。

三越伊勢丹のギフトサロンにある儀式110番のカウンターには、一九九三年の開設以来、五〇万件にのぼるお問い合わせが寄せられています。

本書では、カウンターに寄せられた多くのご質問の中から、特にお問い合わせが多い内容を中心にまとめさせていただきました。また、そこに込められた「他者を気遣うこころ」もあわせてお伝えできればと思い、儀礼や儀式の由来などもコラムとして記載させていただきました。

実用の書として、また先人の思いを知る手がかりとして、お手元に置いてお役立ていただければ幸いです。

株式会社　三越伊勢丹ホールディングス

三越伊勢丹の最新「儀式110番」 目次

第二章　誕生から長寿まで

第三章　結婚から結婚後の挨拶回りまで

第四章　通夜から法要の引き物まで

第六章　その他のできごと

いたのですが、お返しはどうしたらいいですか？…511／病気が完治して、しばらくたってからお祝いをいただいたのですが、返礼の体裁はどうすればよいですか？…511／お見舞いをいただいたのですが、退院まではしばらくかかりそうです。とりあえずお返しをしておきたいのですが、どうしたらよいですか？…511／お見舞いをいただいたものの、本人が亡くなってしまったとき、お礼はどうしたらよいですか？…512／お見舞いのお礼と香典返しを一緒に贈ってもよいですか？…513／病院の先生や看護師にお礼をしたいときはどうしたらよいですか？…514

災害見舞い …… 515

地震の被災地にお見舞い金やお見舞い品を送るにはどうしたらよいですか？…515／災害のお見舞い品を選ぶポイントは何ですか？…516／災害見舞いのお礼はどうしたらよいですか？…516／火元になってしまったときのあいさつの方法を教えてください。…517

発表会・個展 …… 518

楽屋に差し入れする品物の体裁はどうするのですか？…518／舞台に出られる先生に、お花を贈るときの立て札の書き方はどうなりますか？…519／踊りの発表会に来ていただき、お祝いを頂戴した方へのお返しの体裁はどうなりますか？…520／絵画や写真の個展を開催する方へ差しあげるお祝いの品とその体裁はどうなりますか？…521／地元のお祭りにお金を寄付したい場合、どうしたらよいですか？…522／着物の着付け教室で師範となった方へお祝いをしますが、表書きはどうなりますか？…523／お茶会に来てくださった方へのお礼の品物の表書きはどうすればよいですか？…524／お茶会に招かれたとき、金子包みの表書きはどうなりますか？…525／趣味でコーラスの教室に入りますが、入会金を払う場合の表書きはどうなりますか？…526／友人が三味線の名取りになりました。お祝いの表書きはどうなりますか？…527

※本文中で「寿」「内祝」のように赤文字で表記したものは、すべて表書きの名称です。
※この本に記載されている内容は、地域、時代、慣習、商品によって異なる場合があります。

第一章

贈りもののマナー

贈りもののこころ

何を贈ったらいいのか、迷ってしまいました。

ある日、新築祝いを探しているお客さまが売り場にいらっしゃいました。そのお客さまは真剣な表情でお品物選びをされており、とても声をおかけできない雰囲気でした。そこからさらに迷われて、お品物をじっと見つめ、あれこれ考えをめぐらせているようでした。その様子を見て、「こんなにも心を込めて選んでもらえる先さまは、本当に幸せだ」と思いました。「あなたさまのことを想って、お品物を真剣に選んでいらっしゃいましたよ」と、メッセージカードに書いてお伝えしたいくらいの出来事でした。

誰かに贈りものをするときは、「何を贈ったらよいかを考え、相手の方を想う時間」があります。そういった時間もまた、立派な贈りものです。

贈りものの基本は、「相手の方に喜んでい

豆知識

贈答品のルーツ

農耕民族である日本人にとって、天候の変化がもたらす災害や凶作は、生命にかかわる大問題でした。天災を少しでも避けたいと願う気持ちから、神にご加護《かご》を祈り、供物《くもつ》を捧《ささ》げたことが、贈答のルーツだと考えられています。

神様にささげる供物は神饌《しんせん》と呼ばれますが、収穫された穀物や果実、それをもとにしてつくった酒などが供されました。ささげたあと、座にいた人たちで神饌をわけあって飲食し、神様のご加護《かご》を願うことを「神人共食《しんじんきょうしょく》」と呼びます。これは、神様と人間が同じものを食べることでつながりが強くなる、という考えから始まったといわれています。

ただけるものを贈る」ことです。相手の方が欲しいと思っているもの、自分も欲しいと思うもの、自分で買うには少し贅沢なもの、重なっても重宝なもの、相手の方が関心のあるもの（趣味に関係するものなど）、お好きな食べもの……。そのようなものを贈るようにしましょう。親しい仲の相手の方なら、何がよいかを伺《うかが》ってもよいでしょう。

逆に、贈っていけないものは、縁起の悪いもの、あまりにも肌に近いもの、相手を軽視したもの、高価すぎて必要以上に気を使わせてしまうもの、身分不相応なものなどです。

〝ものを贈る〟とは〝こころを贈る〟ことでもあります。相手を祝福したり、慰めたり、贈る側の誠意が感じられる品物を贈りたいものです。お返しの場合も同様です。

お祝いを手渡しする際に、ふろしきやふくさは、どう使うのですか？

贈りものを持参するときには、ふろしきやふくさを用います。大きさや柄は、進物盆《しんもつぼん》や贈答目的に応じて選びます。進物盆には広蓋《ひろぶた》や祝儀盆《しゅうぎぼん》（切手盆《きってぼん》）などがあり、贈答品に高さがある場合は広蓋、金封《きんぷう》のような薄いものの場合は祝儀盆を用いるのが一般的です。

たとえば先方の自宅に持参するときには、金子包み《きんす》（祝儀袋《しゅうぎぶくろ》）を祝儀盆（切手盆）にのせて、掛けふくさをかけます。さらにふろしきなどで包んで持参すると丁寧です。差しあげるときには、包みをほどき、そのままの状態で祝儀盆を差し出します。［▼ふくさ・ふろしきの使い方―7～8ページ参照］

受け取る側は金子包みをいただき、おうつり（おため）を祝儀盆にのせます。家紋《かもん》付きの絵柄のあるふくさがかかっている場合は、家紋を大切に扱う意味で家紋を上に、あるいは「豪華な絵柄を拝見しました」という意味で絵柄を上にして、お礼のあいさつとともにお返しする場合もあります。式場などへ金子包みを持参する場合も台付きふくさ、またはふくさに包んで持参します。［▼ふくさの使い方―7ページ参照］

お渡しするときにはふくさから出し、先方に金子包みが正面になるように時計回しにして差し出し、金子包みのみ受け取っていただきます。台付きふくさのときは、四方を開きふくさを裏へたたみ、金子包みを取りやすい状態にしてから差し出します。

そもそもふくさには、「贈答品を塵《ちり》から守り傷《いた》まないようにしてお贈りする」という意味があります。式場などへ金子包みを持参する場合、「バッグに入れておけば塵から守れるので、ふくさは必要ない」と考える方も少なくありません。しかし、祝儀袋をバッグにそのまま入れて持参するのと、ふくさに包んで持参するのとでは、「お祝いする」気持ちの持ち方が違ってくるものです。「ふくさに包んで贈る」ということは、単にお金を運んでいるわけではなく、相手の方に対するこころ遣《づか》いからなるものなのです。

豆知識

″おうつり″と″おため″

お祝いなどを届けてくださった方への心づけを、″おうつり″ということがあります。この言葉には、贈答品をいただくだけでなく、今後も縁が切れることなくお付き合いが長く続くようにという想いが込められています。

最近はあまり見られなくなりましたが、いただきものをしたら、その器にこころばかりのものを入れてお返しする風習が日本にはあります。そのとき、お返しとしてよく使われる懐紙《かいし》（半紙）やつけ木を″おうつり″と呼びます。つけ木は、火をつけ移すときに用いる木片のことで、昔、竈《かまど》を焚《た》くときに利用されていました。どの家庭でも使われるささいな生活必需品だったことが、おうつりによく使われた理由だといわれています。

ちなみに、おうつりのことは、関西などでは″おため″と呼ばれています。また、地域によっては交通費の意味合いで、いただいた金品の一割程度を包んで、お渡しすることもあります。

祝儀《しゅうぎ》・不祝儀袋《ぶしゅうぎぶくろ》のマナー

祝儀袋《しゅうぎぶくろ》へのお札の入れ方を教えてください。

祝儀袋や不祝儀袋には、内包み（中袋）にお札を入れてから包みます。市販されている袋であれば、一般的に内包み（中袋）がついています。ついていない場合は、半紙や奉書紙《ほうしょがみ》などを使って、お札を包むようにしましょう。お札の包み方は、人物の顔が上になるように包みます。

また、心づけなどに用いる小型の袋（ポチ袋）を用いる場合には、新札の印刷された顔の重ねが右上になるように、左から三つ折りにして入れます。いたしかたなく、使われたお札ですでに折り目がある場合には、四つ折りでもいいでしょう。

■ お札の入れ方

お札を表にして印刷されている人物の顔が上になるように入れる

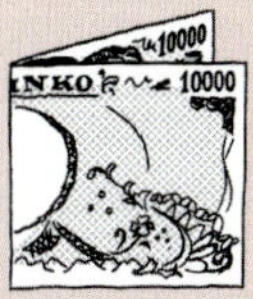

新札の扱い方

新札の場合、不祝儀のときは一度二つ折りにして折り目をつけてから入れる

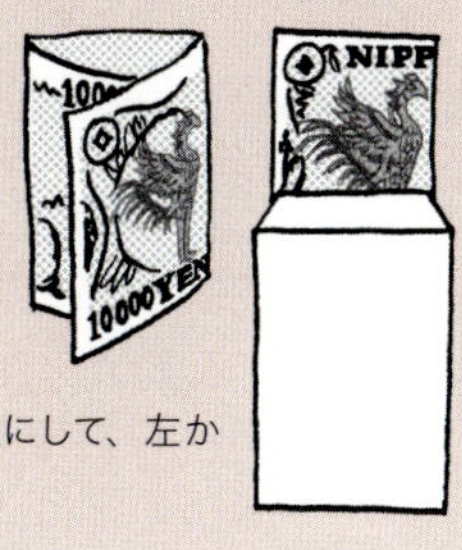

ポチ袋に入れる場合

ポチ袋の場合、人物を上にして、左から三つ折りにして入れる

祝儀袋《しゅうぎぶくろ》や不祝儀袋《ぶしゅうぎぶくろ》には、新札と古札のどちらを入れるのがよいですか?

慶事のときには、祝儀袋に事前に用意した新札(まだ使われていないお札)を包んで、お祝いの心を表しましょう。

一方、通夜《つや》や葬儀など弔事《ちょうじ》のときには、新札をそのまま使うのは好ましくありません。通夜や葬儀は突然のことで、事前に準備するものではないからです。だからといって、使い古したお札を使うのも考えものです。以前から準備していたという印象をつくらないよう、新札を一度半分に折り、それから包むとよいでしょう。

お金の包み方で右開きと左開きの違いを教えてください。

市販の祝儀袋《しゅうぎぶくろ》、不祝儀袋《ぶしゅうぎぶくろ》は、現在はほとんどの袋が右開きになっています。弔事《ちょうじ》は日常と異なることを意味するため、以前は慶事《けいじ》と弔事では逆にすることが基本でした。こうした考えのもと、慶事は右開き(重ねは右側が上)にたたみ、弔事は逆に左開き(重ねは左が上)にたたみました。また、祝儀袋、不祝儀袋を持参するときに使うふくさの重ねは、内側の重ねも同様です。しかし最近では、慶弔をあからさまに表現するのは強い印象をつくってしまうことから、どちらも右開きにしています。

ご祝儀《しゅうぎ》などを包むときに奇数がよいとされるのはなぜですか？

昔からの行事や祝いごとに関する数字には、奇数が用いられています。七五三の祝い、三三九度、一月一日（正月）、三月三日（上巳《じょうし》の節供）、五月五日（端午《たんご》の節供）など、いずれも奇数にちなんだものです。なぜなら、奇数は陽、偶数は陰と考えるからです。こうしたことから、慶事のご祝儀にも、奇数の金額を包むのが一般的です［▼豆知識参照］。

ただし、慶事でも、現代では二万円の場合も多く、八万円も末広がりでよいとされ、贈られることもあります。たとえば予算を二万円とした場合には、一万円札を一枚と五千円札を二枚包み、奇数の枚数で贈ってもよいでしょう。

豆知識　お祝いごとには奇数が使われる

祝いごとにどうして奇数が使われてきたのでしょうか。これは、中国の陰陽思想《いんようしそう》にもとづくもので、単数字の一、三、五、七、九の奇数は、陽、天、日、上、動、明、表などを表現する、おめでたい数字と考えられてきました。このため、お祝いには奇数が使われるようになりました。

とはいえ、偶数が悪いわけではありません。そもそも陰陽思想には、陰と陽が互いに存在することによってそれぞれが成り立つとする〝陰陽互根《いんようごこん》〟という考えがあります。この考えにもとづけば、陽の数である奇数、陰の数である偶数、ともにその存在は必要なものといえます。

祝儀袋《しゅうぎぶくろ》・不祝儀袋《ぶしゅうぎぶくろ》の裏側の折り方は、上下《うえした》どちらが正式ですか？

祝儀袋と不祝儀袋は、外包みの上下の端を裏へ折ります。その裏側の折り方の上下については、一般に「慶事《けいじ》は上向き」「弔事《ちょうじ》は下向き」といわれ、慶事は下側を上にかぶせ、弔事は上側を下にかぶせます。慶事は「喜びごとが天を向くように」と喜びを受け止める意味が、弔事は「悲しみにうつむくように」と悲しみで頭を伏せている意味が込められています。

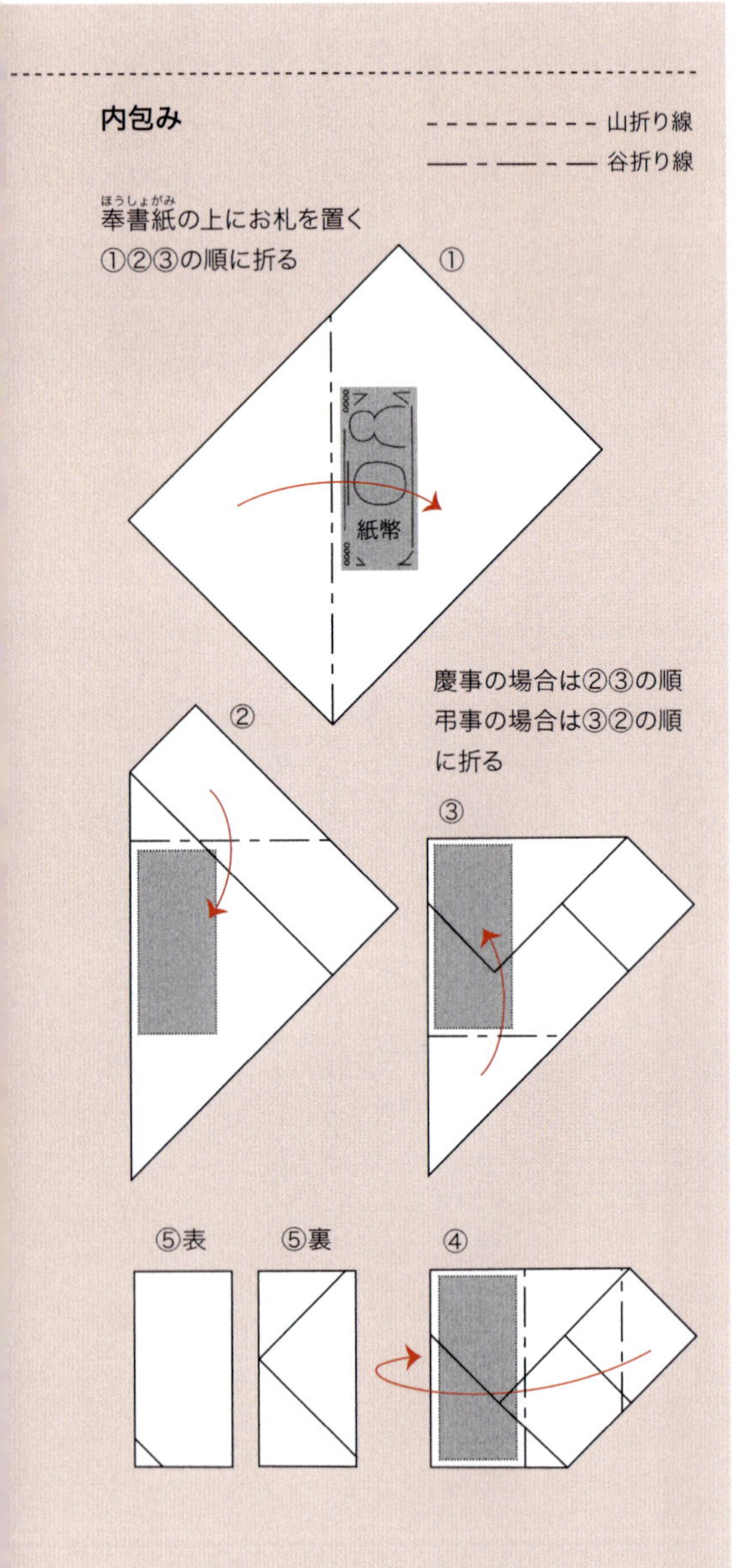

■ 祝儀《しゅうぎ》・不祝儀袋《ぶしゅうぎぶくろ》の包み方

外包み（慶事）

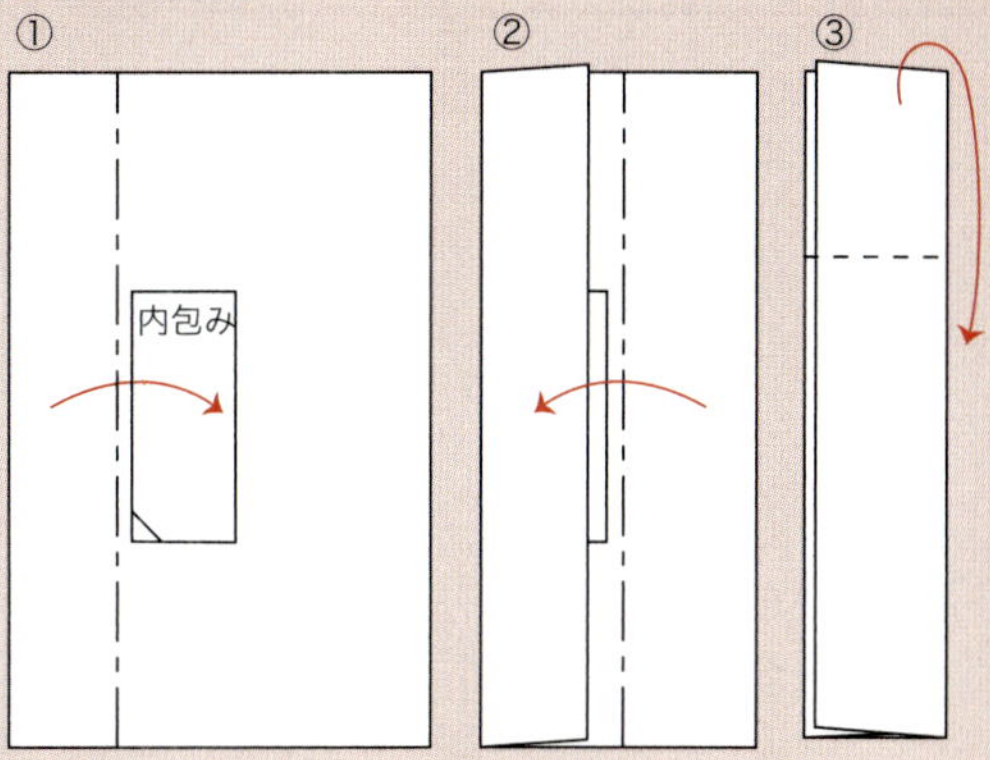

上から折り、
下から折り重ねる

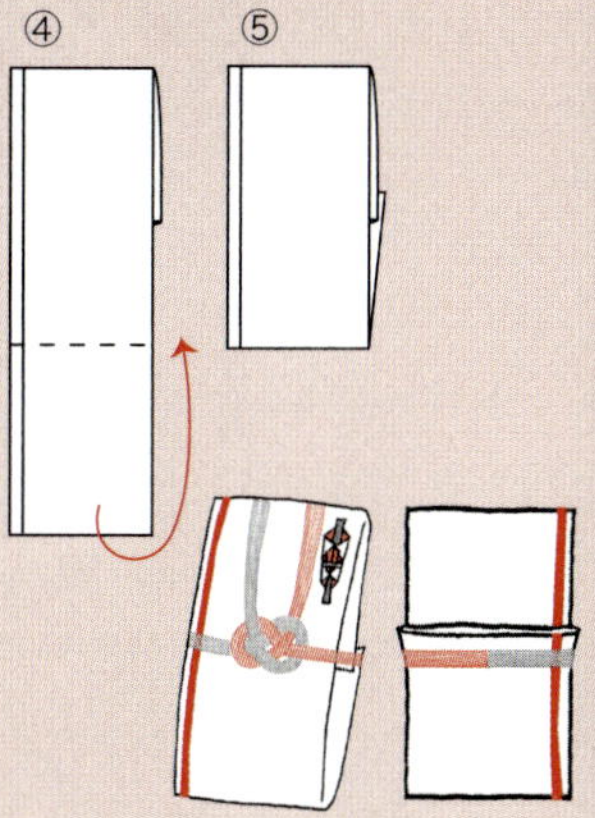

内包み（中袋）の方向に注意して、
奉書紙《ほうしょがみ》の中央に置く、左から折りたたむ

外包み（弔事）

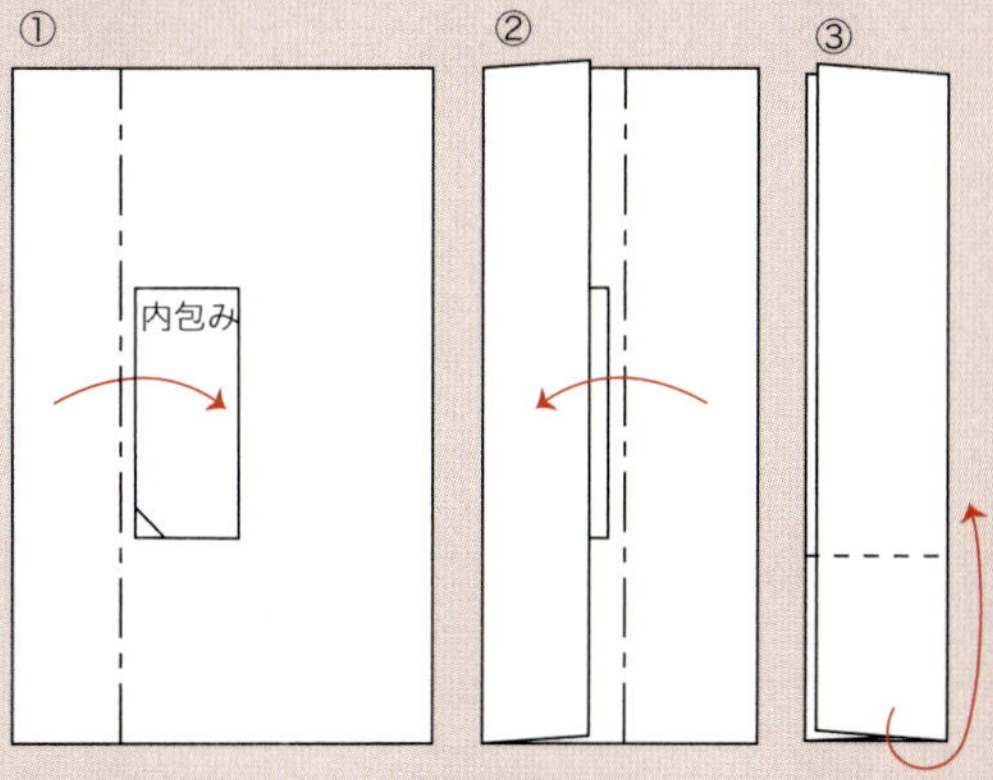

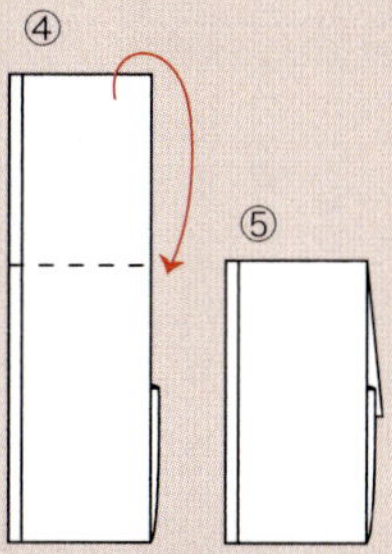

下から折り上げて、
上から重ねる

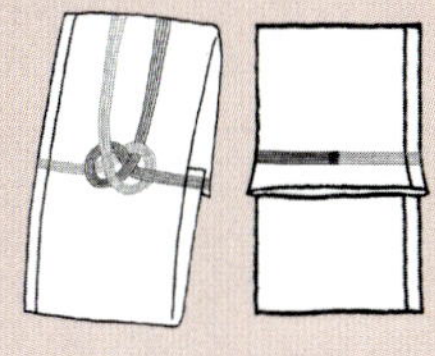

内包み（中袋）の方向に注意して、
奉書紙《ほうしょがみ》の中央に置く、左から折りたたむ

※地域、時代、慣習、商品によって異なる場合があります。

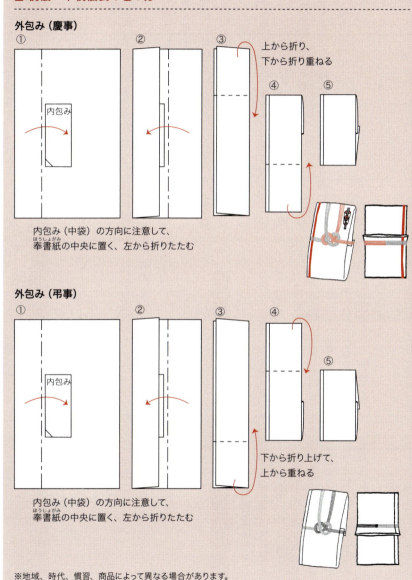

のしと水引《みずひき》、のし紙とかけ紙

〝のし〟はどんなときに使うものですか？

祝儀袋《しゅうぎぶくろ》やのし紙などの右上にある飾りが〝のし〟です。そのルーツは〝のしあわび〟にあります［▼豆知識参照］。現在では、のしは印刷され略式になっていますが、その中央に描かれた黄色い部分が、かつてののしあわびのなごりです。

古くは、のしあわびを重ねたものを紙で包んで用いていていました。のしは清浄をあらわし、品物のみならず贈主のこころをも表現していいます。一般の贈答と慶事《けいじ》にのみ使われ、弔事《ちょうじ》の場合には「生臭物《なまぐさもの》を忌《い》み嫌う」ということから使いません。また、魚介類、肉、鰹節、塩干物などを贈るときにも、本来は使われません。また、病気見舞い、災害見舞いは慶事ではないので、のしはつけません。

豆知識　〝のし〟のいわれ

〝のし〟はのしあわびの略で、その名のとおり「鮑《あわび》を薄く長くはぎ、引き伸ばして乾かしたもの」です。古来、鮑は貴重な食料で、神事《しんじ》のお供《そな》え物として用いられました。日本の贈りもののルーツは、神へのささげものとして新鮮な肴《さかな》を供えることにあったといわれています。

乾燥した鮑は栄養価が高く、長持ちすることから〝保存食〟として、〝不老長寿《ふろうちょうじゅ》の印〟と重宝がられ、贈答品の代表的なものでした。鮑以外のものが贈答品に用いられるようになっても、鮑は添えられ、それが現在の小さなのしに変化したと考えられます。

〝のし紙〟と〝かけ紙〟の違いを教えてください。

〝のし紙〟とは奉書紙《ほうしょがみ》にのしと水引《みずひき》とを印刷したものです。〝のしのあるかけ紙〟をのし紙と呼んでおり、特別のことや高額品などを贈るとき以外は、のし紙をかけて贈るのが一般的です。ただし、のしは一般の贈答および慶事《けいじ》に使われるので、弔事《ちょうじ》などの際はのしがなく、〝水引《みずひき》〟だけを印刷したものが使われます。つまり、かけ紙の中でのしがあるものを、のし紙と呼びます。

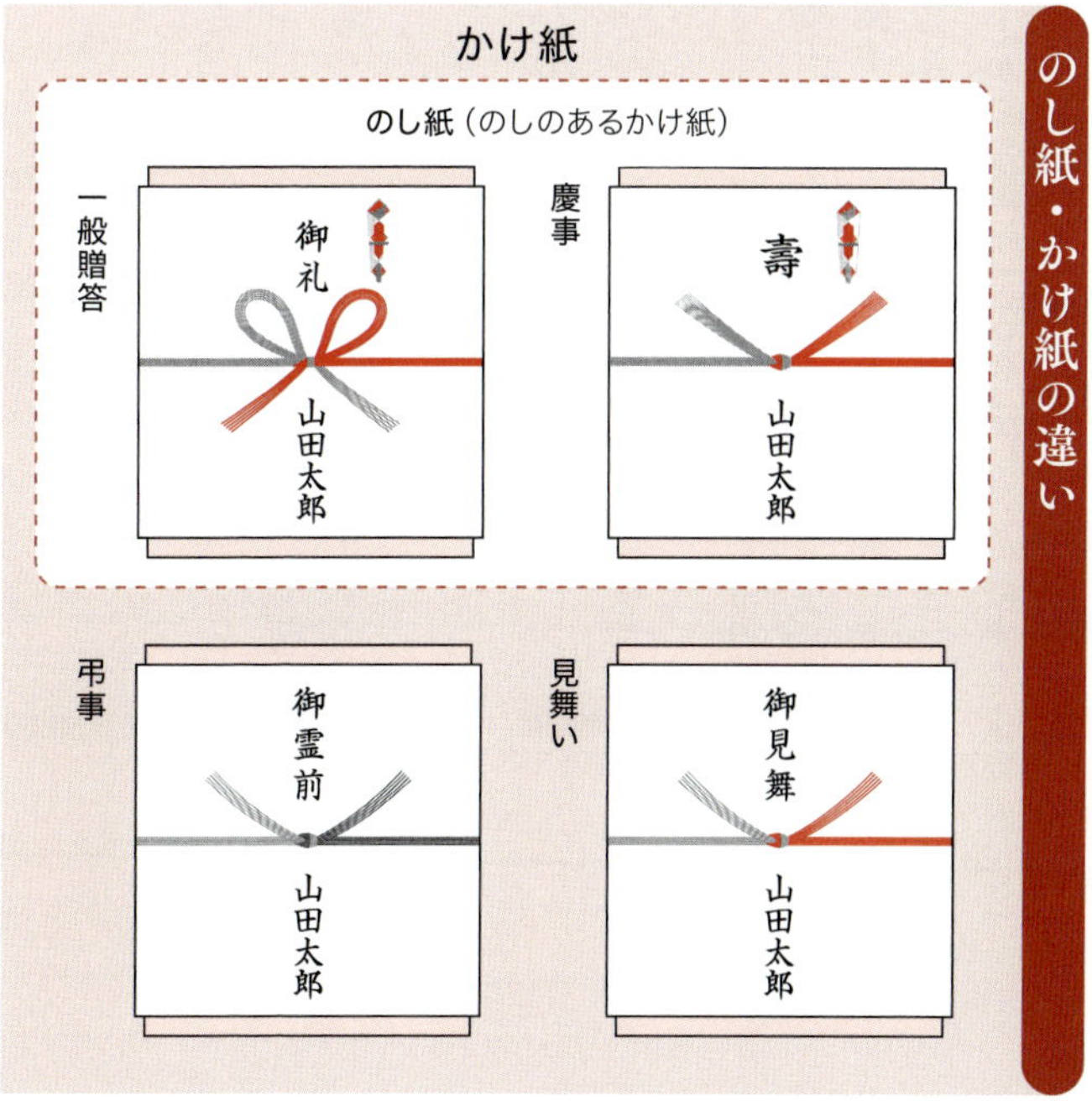

贈りものにのし紙をかけて、その上からリボンをかけてもいいですか？

より丁重に贈りものをする気持ちを表現したいと、のし紙の上にリボンをかけたいと思う方がいます。のし紙をかけるということは、それだけで「より丁重に物を贈る」気持ちを表しています。したがって、それ以上のことは必要ありません。和洋折衷《わようせっちゅう》となりますので併用はしません。

父が亡くなり、生前お世話になった方に品物を持参するときは、外のし、内のし、どちらですか？

従来のし紙は、品物を奉書紙《ほうしょがみ》で包んで水引《みずひき》をかけるので、必然的に〃外のし〃になりましたが、現在は印刷ののし紙であり、そのかけ方は、贈りものを包装紙で包んだ上から、のし紙をかける外のしが基本です。特に結納や結婚に関すること、直接先さまに持参して手渡しする場合は外のしになります。ただし、百貨店などを通じて届ける場合には配送伝票を貼るので、贈りものの箱に直接のし紙をかけ、その上から包装紙で包む〃内のし〃にすることがほとんどです。

かけ紙の裏側の止め方を教えてください。

かけ紙は左から閉じて右側を上にして止めます。弔事《ちょうじ》のかけ紙をかけるときも同様です。ただし、かけ紙の右、あるいは左すみに社名やロゴが印刷されている場合は、それを優先にして上にあわせることが多いです。

短冊《たんざく》はどういうときに使いますか？

贈りものの中には、慶弔《けいちょう》をはっきり表したくないものや、お見舞いなど慶弔どちらにも属さないもの、控えめにして相手に負担をかけさせたくないものも多くあり、その場合は細長く切った紙の小片である短冊を用いてもよいでしょう。

短冊は、物理的にかけ紙をかけにくい場合も用います。

短冊の使い方

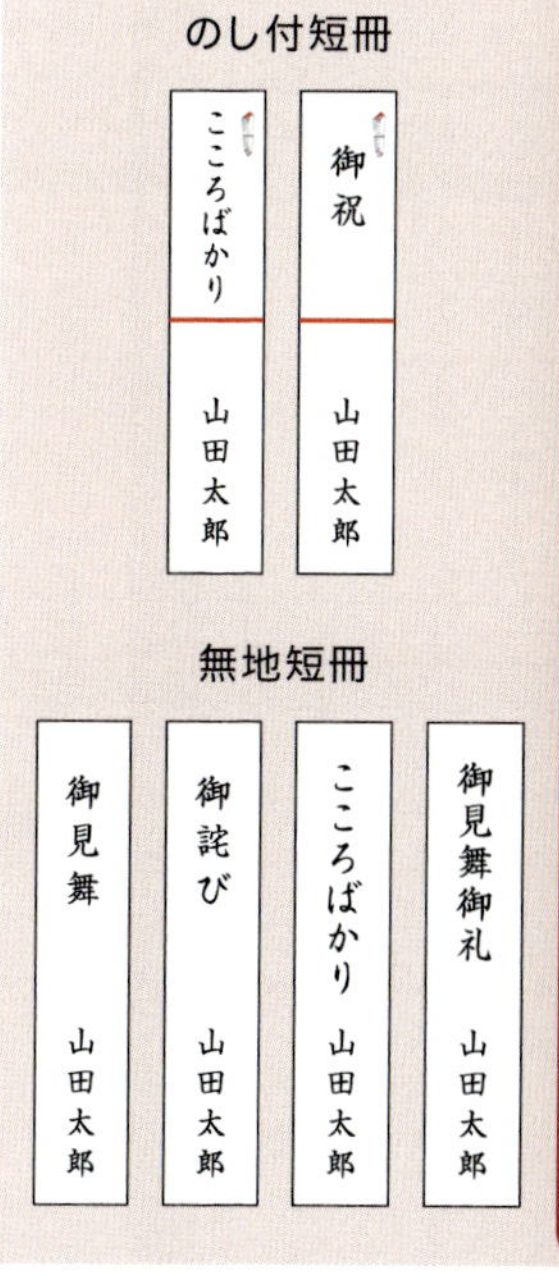

赤胴《あかどう》は、どういうときに使いますか？

水引《みずひき》では仰々《ぎょうぎょう》しいと感じる場合には、赤色の棒とわらびのしが印刷された〝赤胴《あかどう》〟といわれるのし紙を使います。

踊りの会などにお越しいただいたお客さまへのお礼をお渡しする場合にも使います。その際は、たとえば「藤娘」など自分が踊る演目名を表書きに入れ、芸名で贈る場合があります。

赤胴の使い方

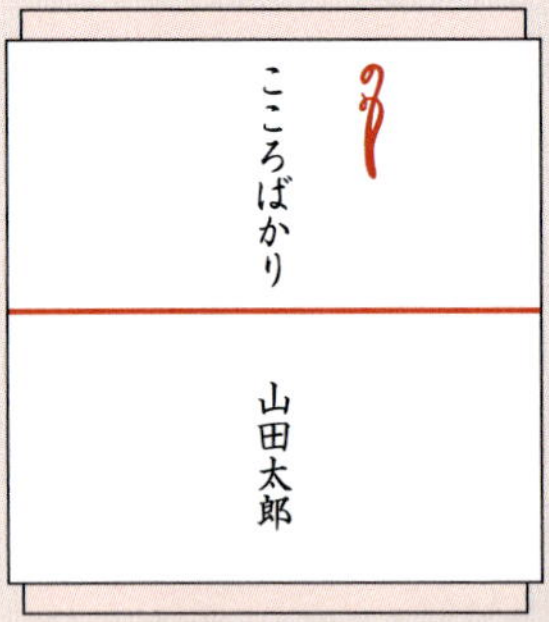

表書きの種類
こころばかり
松の葉
御多織留《おたおる》（タオルを贈る場合）
○○（演目名）

一つの品物に「御祝」と「御礼」ののし紙を一緒に付けてもよいですか？

出産、お宮参り、七五三、入園・入学、卒園・卒業、就職、成人式、長寿の祝いなどの慶事《けいじ》には、のし紙の表書きに「御祝」と書きます。また、お世話になった方などに、お礼の気持ちとして贈りものをする場合には、「御礼」とのし紙に書きます。

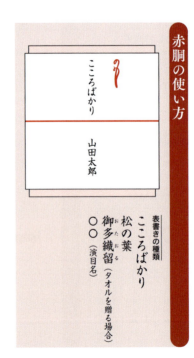

こうして本来別々の意味があるものを、一度で済ませるという考え方は先方に失礼と受け取られても仕方ありませんし、一つの品物に二つののし紙を付けるものではありません。それでも、どうしても一品にしたい場合は、どちらかの気持ちののし紙を付けて、もう一つの気持ちについては、メッセージカードなどで伝えるとよいでしょう。

結婚祝いと出産祝いを一緒に贈りたいとき、のし紙はどうすればよいですか？

お祝いごとが続いた場合は、最近あった出来事のほうを優先させます。そのため結婚祝いと出産祝いを兼ねた贈りものをする場合は、出産祝いを優先して、のし紙を付けることがよくあります。場合によっては、結婚のほうがビッグイベントと感じることがあるかもしれません。そうした際は、個々の想いを大切にして、結婚祝いを優先させるとよいでしょう。

そのほか、卒業祝いと就職祝いを兼ねた場合も、就職祝いを優先してのし紙を付けることが多いです。「本来は、それぞれのお祝いを差しあげたい」という気持ちを忘れないことが大切ですから、結婚祝いや卒業祝いについてはメッセージカードにお祝いの言葉を添えましょう。

同じ目的で、複数の品物を贈るときには、一つずつのし紙を付けるのですか？

いくつかの品物を同じ目的で贈るときには、主な品物一つだけにのし紙をかけ、表書きをして包装し、あとの品物については包装だけでかまいません。現金や商品券などに品物を添える場合も同様です。

たとえば、結婚のお祝いに祝儀袋《しゅうぎぶくろ》と祝いの品を贈る場合には、祝儀袋に「寿」と姓名を書き、祝いの品は包装のみにします。また、弔事《ちょうじ》の返礼で品物を複数贈るときには、主な品物一つにかけ紙をかけるだけにします。「悲しみごとが重ならないように」という言い伝えから、同じ品物を二つ重ねて包むことも避けられています。

蓮《はす》の花のついた不祝儀袋《ぶしゅうぎぶくろ》は、どんな弔事《ちょうじ》にも使えますか？

不祝儀袋やかけ紙には、蓮の模様が入ったものがあります。これは、蓮が極楽浄土《ごくらくじょうど》を象徴するものであることから描かれているものです。蓮は、昔は〝はちす（蜂の巣の意味）〟とも呼ばれており、「極楽浄土に生まれたい」という人々の願いを表していたとされます。〝枕花《まくらばな》〟といって、遺体の脇に生ける花に蓮の花を用いるのも、こうした極楽浄土への願いによるものです。

ただし、この考えは仏教にもとづくものなので、蓮の花の模様の入った不祝儀袋やかけ紙は、仏式のときのみに使用されます。キリスト教や神式では使わないので注意してください。

水引《みずひき》とは何ですか？その役目についても教えてください。

水引の由来は、遣隋使《けんずいし》の時代までさかのぼるともいわれています。平安時代にはすでに使われていたという説もありますが、室町時代には現在も用いられている結びが考案されました。古文書（室町期）には、〝元結《もとゆい》〟と記されています。

贈りものを奉書紙《ほうしょがみ》で包み、それを〝こより〟のようなものでしっかりと結び止めていましたが、江戸時代になると一般にも普及し、いろいろな結び方が考え出されました。その中で、〝もろわな結び〟や〝ま結び〟は現在でも使われているものです。

また現在は、水引が紙にあらかじめ印刷されたものを用いることが多くなっていますが、昔は贈り主が自らの手で、紙を包んだり水引を結んだりしていました。水引には、包みを止めるだけでなく、結び目によって贈り主のこころを表現する役割もあるのです。

豆知識　水引《みずひき》の結び方の名前

贈答文化という言葉がある日本において、贈答に関わる人々が一度は読むべきであると言われてきたものに『包結記《ほうけつき》』という書物があります。これは江戸時代の礼法家・伊勢貞丈《さだたけ》が宝暦九年（1759）に著した書物で、結びの集大成とも言われています。この『包結記』は、包記（つつみの記）と結記（むすびの記）の二部からなっており、包記では進物を紙で包むときの作法を著し、結記では主として装飾のための結びの基本について図で解説しています。

その包記の中で、包んだものを水引で結ぶ場合の心得について、丸い物は〝片わな〟に結び、平たい物は〝両《もろ》わな〟に結ぶという記述、そして〝結切〟の記述があります。もろわなは、双輪、諸輪とも書きます。これらは、伊勢貞丈が約三百年も前の室町時代の故事を掘り起こして、その時代の結びの規範に据えたものであり、結びのルーツと言えるものです。

その後、伊勢貞丈によって日本初の〝結び〟の専門書とも言える『包結図説《ほうけつずせつ》』が完成し、結びの体系が次のようにまとめられました。

イ　一般用結び
①ま結び
②片わな結び
③もろわな結び
ロ　作業結び
ハ　装飾結び
ニ　服飾・調度用結び
ホ　花結び

元来〝花結び〟は結びの種類の一つであり、伝統工芸の飾り結びを表すのによく使われ、現在使われているような結び方の名称ではありません。また同様に、現在使われている〝結び切り〟は結ぶ方法であり、本来の名称は〝ま結び〟ということになります。

江戸時代まで、代表的な結び方は、この〝ま結び〟〝片わな結び〟〝もろわな結び〟の三種類しかありませんでした。〝あわび結び〟が明治以降に採用された結びで、結び目が複雑にからみ合って容易にほどけないことから、いつまでも末長いお付き合いを願う心を込めて慶事《けいじ》と弔事《ちょうじ》の双方に用いられます。

現代では、〝ま結び（「真結び」とも表記される）〟〝あわび結び〟〝もろわな結び〟を理解しておけば、冠婚葬祭《かんこんそうさい》のさまざまなシーンで困ることはありません。

水引《みずひき》は何色で、本数は何本ですか？

鎌倉から室町時代は白一色だった水引ですが、そのうちに染めたものが使われるようになり、紅白、金銀、黒白、黄白、青白などの染め分けが登場しました。また、双金、双銀の一色のものも使われるようになりました。現在では、一般の贈答や慶事《けいじ》には紅白の水引を用い、特に結婚祝いのような華やかさを表したり、高価な物を贈るときなどは金銀の水引も用いられます。これに対して、弔事《ちょうじ》では黒白や黄白の水引を使うのが一般的です。

水引の本数は、三本、五本、七本と奇数のこよりを束《たば》にして使うことが多く、その中でも五本一組で使うことが多くなっています。なお、水引の本数は、用途や包みの大きさ、金額などによって異なります。

水引《みずひき》の結び方と、目的別の結び分けを教えてください。

現在の水引の結び方は、〝ま結び〟〝もろわな結び〟の二種類が変化したものです。一般的に〝結び切り〟と呼ばれている結び方は、本来は〝ま結び〟と呼ばれるものです。また、〝花結び〟〝蝶結び〟と呼ばれている結び方は、本来は〝もろわな結び〟と呼ばれるものです。

基本的な水引の結び方は、裏側のちょうど中央に紅白、金銀などの境目がくるようにし、表側は向かって左側に白や銀がくるようにして結びます。

目的別水引《みずひき》の結び方

目的	結びの種類	水引	特徴
結婚祝い	ま結び あわび結び	五本の水引を二つ合わせて十本にする（両家ならびに男女が、一つになることを表す。したがって、十本の水引を使用するのは、結婚に関する場合のみ）。	◎人生の中で一度限りという意味でま結びを用いる。まとまった金額を包む場合は、豪華な結びを用いてもよい。［▼4ページ参照］
慶事《けいじ》 一般贈答	もろわな結び	紅白の水引を使う（特別におめでたい場合や、金額が大きい場合には金銀の水引を使うこともある）。	◎片方の水引を引くとほどけ、再度結ぶことができることから、何度でも繰り返してよい慶事および一般の贈答品に使用される。［▼10・11ページ参照］
お見舞い （病気、災害）	ま結び	紅白の水引を使用する（水引の本数は五本の場合が多い）。 ※のしは付けない。	◎火災や台風、病気などを問わず、お見舞いを贈る際には、控えめな気持ちで。現金を贈るときには、左側に赤い線の入った袋や白無地袋を用いてもよい。 ◎品物を贈る場合、無地短冊を用いてもよい。［▼14・15ページ参照］
弔事《ちょうじ》	ま結び あわび結び	黒白か双銀を使用する。地方によっては黄白を使うところもある。	◎不幸が再び起きないようにという願いと弔意を表す。［▼16・17ページ参照］

お詫びなのに、紅白の水引でもよいのですか？

一般慶事《けいじ》には紅白の水引《みずひき》、結婚祝いなどは金銀・紅白の水引、そして弔事《ちょうじ》には黒白・黄白の水引というように目的・用途や贈り手の気持ちによって色が決まります。お詫びの場合、弔事ではないので、紅白ま結びでのしのないかけ紙になりますが、「お詫びなのに紅白でもあるまい」という感覚を持つ方もいらっしゃるでしょう。本来水引の赤には厄《やく》を払い、悪いものを相手に渡さないという意味が込められていますが、受け取る方の気持ちを考え、無地の短冊を使用してもよいでしょう。

表書きの選び方

贈りものをするときの"表書き"の書き方を教えてください。

贈りものをするときには、かけ紙に表書きをします。表書きにはさまざまなものがあるので、贈る相手や目的、自分の気持ちに合わせて選ぶようにしましょう。大切なのは、贈り主の誠意とまごころが伝わるような言葉を選ぶことです。一般的な表書きの種類を目的別に挙げてみました。参考になさってください。

目的別表書きの書き方

贈りものの目的	表書きの種類	解説
一般的な贈りもの	こころばかり	「わずかなものですが、お受け取りください」という気持ちを込めて、ささやかな贈りもののときに使う。中元・歳暮など季節のごあいさつ代わりにも使われる。
	御挨拶《ごあいさつ》	文字どおり、ごあいさつの印として贈るときに使う。引っ越しなどで使われることが多い。

	御伺《おうかがい》	ごあいさつ、あらゆるお見舞いに使う。特に目上の方への病気見舞いに使う。
	松《まつ》の葉《は》	松の葉にかくれるくらいの、こころばかりの品あるいは金額という意味。地域によっては引出物の一つに使われる。
	まつのは・みどり	どちらも〝松《まつ》の葉〟と同じ意味。主に女性が使う。
公的な贈り物	寄贈《きぞう》・贈呈《ぞうてい》・贈《ぞう》	会社や団体などに、あるいは団体から団体（学校など）へ品物を贈るときに使う。大きな物を贈るときには、目録を用意し、こうした表書きをする。
立場や年齢が高い方への贈りもの	献上《けんじょう》	「たてまつる」ということで、最上級の表書き。
	献進《けんしん》	献上よりも少々格下になる。
	献呈《けんてい》	うやうやしく贈呈するときに使う。
	謹呈《きんてい》	謹んで贈呈するときに使う。
	進呈《しんてい》	同輩などにも使われる。

謝礼をしたいとき	御禮《おんれい》	旧字体の〝禮《れい》〟を使うことで、より丁重な感じになる。
	御礼・お礼	一般的なお礼のときに使う。「お礼」のほうがより気軽に。
	感謝	感謝の心で金品を贈るときに使う。
	謝礼	こころづけ、お礼などのときに使う。「大変お世話になりました」という気持ち。
	謹謝《きんしゃ》	謹んで感謝の気持ちを表すときに使う。
トラブル	御詫《おわ》び・お詫び・御挨拶《ごあいさつ》・ご挨拶・粗品	交通事故で加害者が被害者を見舞うときに使う。
	御挨拶・ご挨拶・御詫び・お詫び・粗品	工事のときの隣近所へのあいさつ、苦情へのお詫びのときに使う。
	御詫び・お詫び・御挨拶・ご挨拶・粗品	火元としてのお詫びのあいさつのときに使う。
神仏《しんぶつ》に供えるとき	謹上供物《きんじょうくもつ》	謹んで奉《たてまつ》りますという意味。白奉書紙《しろほうしょがみ》を使い、麻で結ぶのが正しい。
	進上《しんじょう》	神社仏閣《じんじゃぶっかく》の貴人《きじん》に贈るときに使う。
	献納《けんのう》	団体や神社仏閣に金品を奉るという意味。
	御寄進《ごきしん》	神社仏閣に寄付などを贈るときに使う。奉納《ほうのう》と同じ意味。

神事《しんじ》・奉納《ほうのう》のとき	御供物《おくもつ》	神仏に品物を供《そな》えるときに使う。
	御供《おそなえ》	神仏に品物を供えるときに使う。
	奉納	神に対してうやうやしく金品を捧げるときに使う。
	奉献《ほうけん》	神前《しんぜん》に酒を供えるときに使う。
	献供《けんく》・献上《けんじょう》	団体から神社仏閣へ比較的高額な金品を献上するときに使う。
	献饌《けんせん》	神前に食物を供えるときに使う。
	御神前《ごしんぜん》	神のみたまに奉げる意で神事全般に使う。
	御玉串料《おんたまぐしりょう》・御榊料《おさかきりょう》	神前でお祓《はら》いを受けたお礼、またはお祓い料として使う。
	御初穂料《おんはつほりょう》	その年の最初の米を供えるという意味。お宮参り、結婚式などの慶事のお礼に使う。
	御祈祷料《ごきとうりょう》	厄払《やくばら》いや合格祈願などのお礼に使う。
	幣帛料《へいはくりょう》	金銭を供えるときに使う。〝幣《へい》〟は麻、〝帛《はく》〟は絹の意味でもとは布地をあらわす。
	御神饌料《ごしんせんりょう》	神に供える神饌のかわりの金子《きんす》包みに使う(神饌とは神に供える米・餅・魚介・海藻・野菜・果物・菓子・塩・水・酒などをいう)。
お供えに対するお返し	撤饌《てっせん》	神への供え物を下げることを意味する。神などへのお供えに対するお返しのときに使う。

「寸志《すんし》」や「薄謝《はくしゃ》」を使うのはどんなときですか？

「寸志」は自分の志の謙譲語で、「わずかな志」「こころばかりの」という意味があります。「寸意《すんい》」「寸情《すんじょう》」なども同じ意味です。「薄謝」は、謝礼の謙譲語で、「わずかな謝礼」という意味があります。「薄儀《はくぎ》」も同じ意味です。「寸志」や「薄謝」は、原則として立場や年齢が高い人などから年下や後輩にあたる人などに贈る場合に使われます。感謝のこころでものを贈るときには、「寸志」や「薄謝」よりも、「御礼」「お礼」「謝礼」などとするほうが自然でしょう。

「茶《ちゃ》の子《こ》」とは、どういう意味ですか？

茶の子とは、もともとお茶に添える、ささやかな茶菓子や粗菓などのことを言っていましたが、その後、葬儀の香典返しや法要の返礼品を〝茶《ちゃ》の子《こ》〟と呼ぶようになり、広島などでは「茶《ちゃ》の子《こ》」の表書きも使われます。

「深謝《しんしゃ》」には、どういう意味がありますか？

「深謝」には、心から深く感謝すると、深くお詫びするという意味があります。そのほか、事情を述べて詫びるという意味の「陳謝《ちんしゃ》」、謹んで礼を述べるという意味の「拝謝《はいしゃ》」という言葉もあります。

のし紙に表書きを書かないこともありますか？

本来のし紙には、贈りものの目的として表書きを入れますが、手土産などを直接持参する場合に、「包装紙だけでは味気ないので、もう少しあらたまった形にしたいけれど、仰々しくはしたくない」ということがあります。そうした際は、表書きと名入れなしで紅白五本〝もろわな結びののし紙〟を用います。

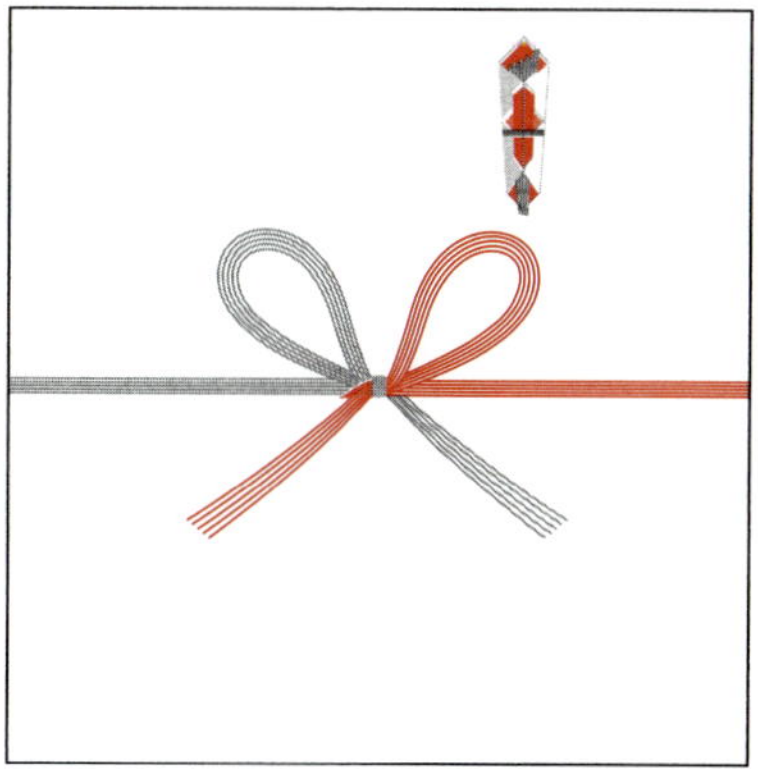

大切なあいさつのときの表書きに、「粗品《そしな》」と書くのは失礼でしょうか？

日本人の美徳の一つに、奥ゆかしさがあるといわれます。贈りものをするときにも、自分が贈る品物を謙遜《けんそん》し、粗品と表現することがよくあります。しかし、表書きも含め、粗品という言葉を使うことは、粗末なものを人に贈りますといった意味にとらえられますから、大切な贈りものをあらわす言葉としてはふさわしくありません。

大切なあいさつのときの表書きには、「粗品」よりも、「こころばかり」「御挨拶《ごあいさつ》」などがふさわしいでしょう。「松の葉《まつのは》」「御伺い《おうかがい》」なども、ささやかな気持ちをあらわす贈りものの場合に使われます。

また、工事などで近隣の家へのあいさつ回りのときにお詫びの気持ちを込めて贈る場合や、事故のお見舞いなどに限って「粗品」とする場合もあります。

「寿」「内祝」「志」「上」はどう使い分けるのですか？

「寿」「内祝」「志」「上」の使い分けは、意外に難しいものです。

「寿」（ことぶき）

「いく久しくめでたさを祈る」という気持ちで、結婚、長寿などの慶事全般に使います。「寿」は、お祝いごと、めでたいことに際し、喜びを表すときに言葉で祝うことです。新年を寿《ことほ》ぐ、長寿の祝いでは「寿福《じゅふく》」「敬寿《けいじゅ》」「賀寿《がじゅ》」もよく使われます。

「内祝」(うちいわい)

結婚祝いのお返し、結婚記念日のお返し、出産祝いのお返し、長寿祝いのお返し、新築祝いのお返し、そのほかさまざまなお祝いごとが済んだあとのお返しに使います。内祝いとは、自祝いとしてささやかなお祝いごとをしたという意味ですから、お祝いごとを祝ったあとに、「おかげさまで」「どうぞよろしく」という気持ちを込めて贈ります。お祝いのお返しだけではなく、お祝いに感謝する気持ちとして「内祝」を贈ることが大切です。

「志」(こころざし)

もともとは、好意や誠意などの気持ちをあらわす贈りものに使われていましたが、現在では、お悔《く》やみをいただいたお返し、死者への供養《くよう》、遺族の気持ちを込めた贈りものなどの弔事《ちょうじ》に広く使われます。「志」という言葉には、死者への追善供養《ついぜんくよう》として物を贈るという意味があるため、葬儀のお礼や香典返しに使われるようになり、現在のような使われ方になりました。

「上」(じょう、うえ)

立場や年齢が高い方、神仏《しんぶつ》、先祖《せんぞ》に対するときに使います。神事《しんじ》の際の献上《けんじょう》や神官《しんかん》へのお礼、仏閣《ぶっかく》へのお礼やお供え、先祖へのお供え、立場や年齢が高い方へのお礼などにも使います。

表書きを書くときの墨の濃い、薄いは、どう使い分けるのですか？

かけ紙、祝儀袋《しゅうぎぶくろ》、不祝儀袋《ぶしゅうぎぶくろ》などに文字を書く際には、慶事《けいじ》には墨を濃くして書き、弔事《ちょうじ》には心持ち薄めに書くのが一般的です。そもそも相手の名前などを書く際の文字は、濃い墨で書くことが丁寧とされてきました。しかし、濃い墨色は目に強く映る可能性が考えられます。そこで弔事では「涙で文字が薄くなった」あるいは「墨をする時間も惜しんで駆けつけた」ことをあらわすとして、昨今は薄墨が多く用いられるようになりました。ただし、今でも弔事に関することであっても濃い墨を用いる地域もあります。

かけ紙や祝儀《しゅうぎ》、不祝儀袋《ぶしゅうぎぶくろ》に書く文字の書体や字体に決まりはありますか？

かけ紙や祝儀、不祝儀袋は筆または筆ペンで書きましょう。あまり崩しすぎずに、楷書《かいしょ》か行書《ぎょうしょ》ぐらいがよく、字体は新字体で読みやすく書きます。ただし、儀礼を重んじ、丁寧にしたい場合には、「壽《ことぶき》」「御禮《おんれい》」「御靈前《ごれいぜん》」などのように旧字体を使う場合もあります。また、文字のバランスは、名前が表書きの字よりも、やや小さくなるように書きましょう。文字がのしや水引にかからないように注意してください。

■ 表書きに使う旧字体

典 仏 霊 礼 寿
↓ ↓ ↓ ↓ ↓
奠 佛 靈 禮 壽

■ かけ紙の書き方

◎水引《みずひき》に字がかからないようにする
◎中心をはずさないように書く

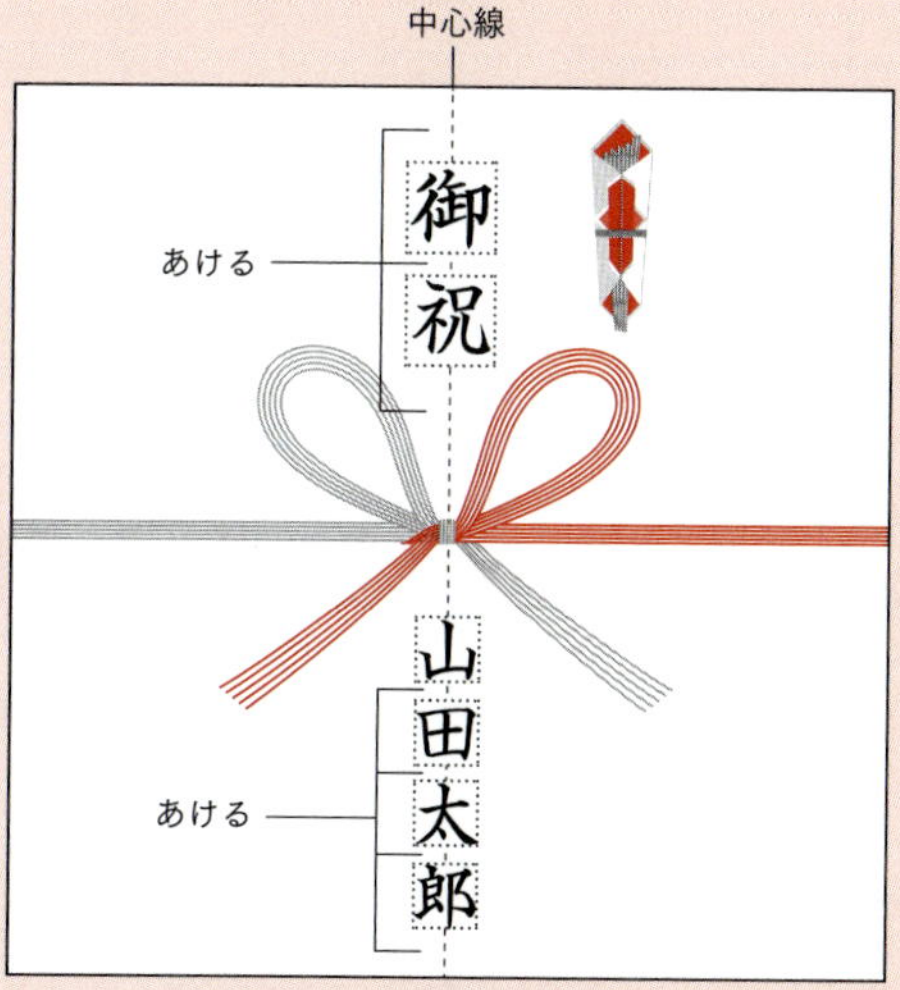

◎名前は表書きの字より小さめに書く
◎書体は楷書《かいしょ》か崩しすぎない行書《ぎょうしょ》で書く

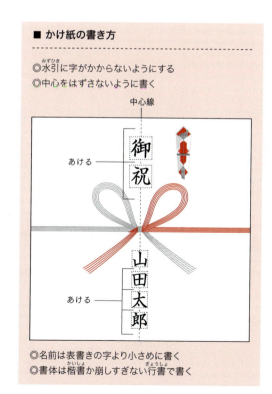

表書きに四文字はいけませんか？

四文字でも問題ありません。表書きの文字を四文字にすると、死文字を連想させるので縁起が悪いと思う方もいらっしゃいますが、本来の意味では四は悪い数ではありません。

かけ紙付きの商品に、挨拶状を付けてもいいですか？

香典返し、快気祝いなどに挨拶状を付けるのはよくあるケースです。その場合には、かけ紙と箱の間に、挨拶状を入れて贈ることが基本です。

「内祝」について

結婚祝いのお返しは「内祝」、それとも「寿」ですか？

結婚式の引出物は、「寿」と書くのが一般的です。名前は両家の名を入れますが、新郎新婦の名前を記す場合もあります。披露宴に招待していない方からお祝いをいただいた場合には、お返しの品を贈るときは結婚式後一カ月以内に「内祝」と書いて、紅白ま結びののし紙で贈ります。なお、同じ目的で複数の品物を贈る場合には、同じ名入れののし紙は原則として一つにします。

入学の「内祝」の名入れは、どうすればよいですか？

子どもの入園、入学などの内祝には子どもの名前のみを書きます。子ども自身が「ありがとう」という気持ちを込めて贈ることを示したいからです。ただし、「親としての感謝を表したい」というときには、親の姓名を書くこともあります。

出産の「内祝」の名入れは、どうすればよいですか？

出産祝いに対するお返しなど、出産の「内祝」には、赤ちゃんの名前を書くことが基本です。［▼111～112ページ参照］

赤ちゃんの名前をお知らせすることも目的に含まれているからです。ただし地方によっては、紅白もろわな結びののし紙には親の姓名を書き、命名札（短冊）に赤ちゃんの名前を書くこともあります。この場合には、命名札をのし紙の右側に貼ります。

出産の内祝い

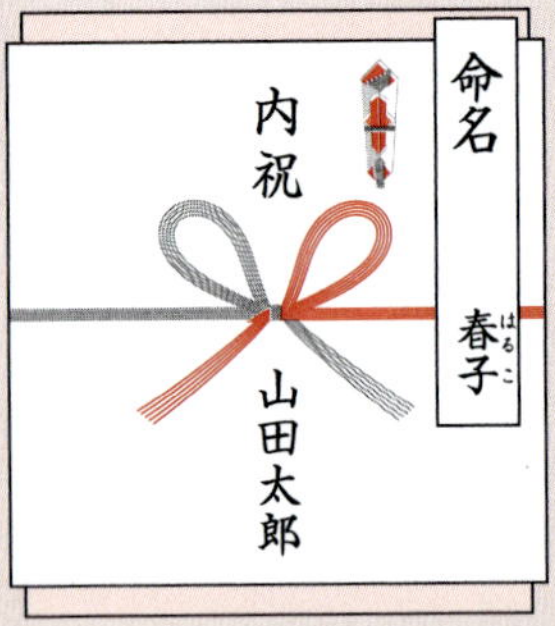

◎紅白もろわな結びののし紙

表書きの種類
内祝

「内祝」を贈る時期はいつですか？

お祝いをいただいて、慌《あわ》ててお返しを贈るのは考えものです。「内祝」はお祝いが済んでから贈るか、お祝いの日に贈ることが好ましいでしょう。

たとえば、結婚祝いを結婚式の半年前にいただいても、結婚式に出席の方へのお返しは結婚式の引出物《ひきでもの》をお贈りすることが基本です。式にお招きしていない方に対しても、式の後にお返しを贈るようにします。結婚式だけでなく、お宮参り、お食《く》い初《ぞ》め、初節供《はつぜっく》、初誕生、七五三、十三参り、成人式、長寿、結婚記念日など、あらゆる「内祝」についても、贈る時期については同じように考えてください。

ただし、関係性や状況により異なる場合もあります。

祝儀《しゅうぎ》・不祝儀袋《ぶしゅうぎぶくろ》やかけ紙への姓名の書き方

贈り主が一人の場合、「姓」と「名」の両方を書いたほうがいいですか？

一般には、「姓」と「名」の両方を書くのが基本です。ただし、個人名よりも家の名が適当な場合には「姓」だけを書くこともあります。

会社名や肩書きはどう書きますか？

会社名を書き添えたいときには、中心に名前を書き、その右上に小さめに書きます。肩書きも含めたい場合は、名前の上に小さめに書きます。贈る人がたくさんいるようなときには、相手側に誰からの贈りものかがわかるように半紙などに記して中に添える場合があります。

結婚の「内祝」で、男性と女性の名入れは左右どちらが正しいですか？

一般に男女の名前を書くときには、男性が右側、女性が左側というのが基本です。夫婦の場合も同様です。

会社名や肩書きを入れる場合

文字の大きさは次の順にしたがい小さくしていく
①表書き
②氏名
③会社名
④役職名

大勢が連名で贈りものをしたいとき、どのような順で書けばよいですか？

①贈り主が三名の場合

三名の連名なら、表に贈り主全員の姓名を書きます。立場や年齢が高い順に中央から左に向かって書きますが、同格のときは五十音順に右から左に並べて書きます。右から書くときの基準は、年長順、役職順、五十音順などさまざまです。自分たちに合った順番を考えましょう。執筆者や幹事の姓名を最後にすることもあります。

②贈り主が四名以上の場合

全員は書ききれないので、外包みやかけ紙の表に、〝代表者の姓名〟、左側に小さく〝外（他）一同〟と書きます。ほかの方の姓名は半紙や便箋などに書いて、外包みの中に入れたり、箱とかけ紙の間にはさみます。表に代表者一人の姓名だけを書くのが適当でない場

連名の書き方

連名の場合

立場や年齢が高い方の姓名を中央から左へ順番に書き入れます。連名で３名程度までとします。

連名で代表の姓名のみを入れる場合

代表者を中央に太く書き、左側に外一同と小さく入れて、他の人の姓名を書いた紙を中に入れます。

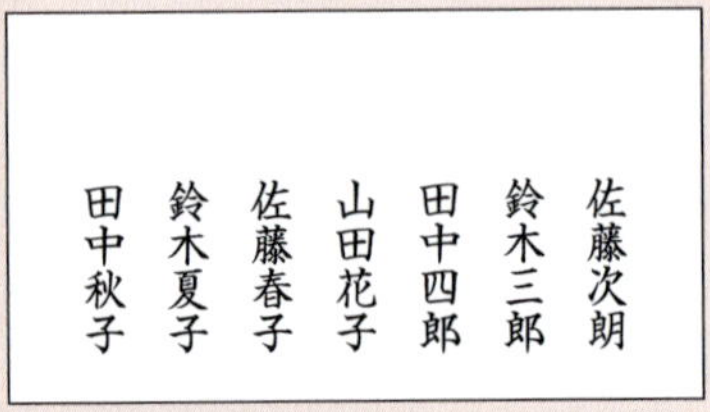

合には、表には社名や職場名、団体名などを書くこともあります。「〇〇株式会社営業部一同」「〇〇会有志一同」というようにして、個人の姓名は別紙に書いて、前述と同様に入れるとよいでしょう。

豆知識

上座《じょうざ》と下座《げざ》

和室においては、入口から床の間に向かって右側が上座となることが基本です（ただし、床の間の位置、出入り口の場所、外からの光線の入り方などによって、上座と下座が異なることもあります）。同様の考えから、かけ紙の中央から右の領域は上座の意味を持つことで、贈る側がへりくだる気持ちを表現するためにも、姓名は中央から左に向かって書くのがよいとされています。

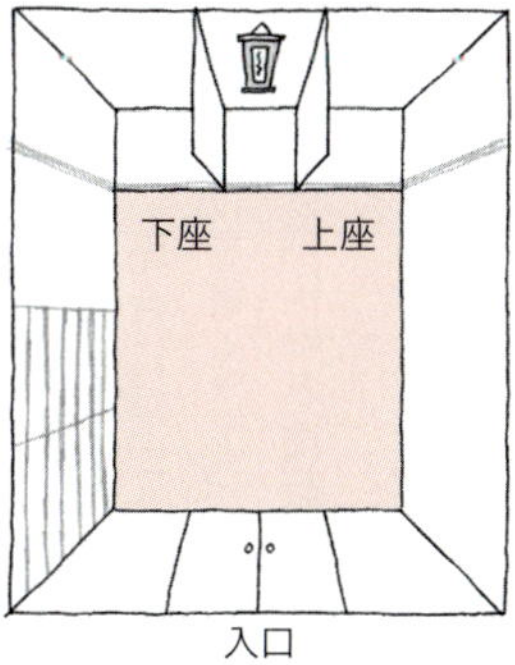

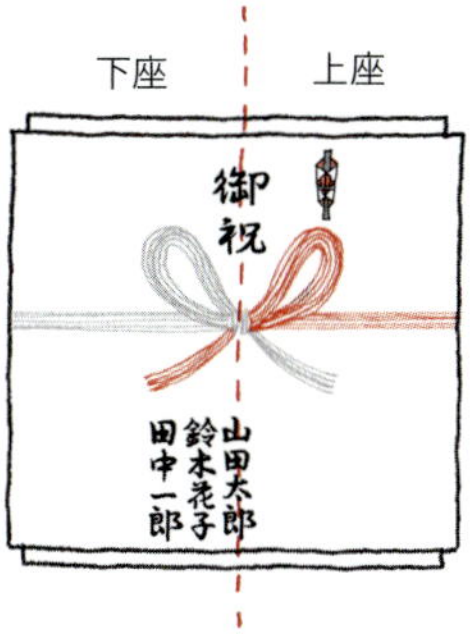

香典返しのかけ紙に「○○家」と入れてもよいですか？

喪主《もしゅ》の立場や喪家《そうか》の立場から、〝家〟を書くことが望ましい場合には、「○○家」と書いてもかまいません。ただし、最近は〝家〟を書かずに、〝姓〟だけを書くことが多いようです。

また、さまざまな事情から喪主が複数のときには、挨拶状にのみ複数の姓名を書きましょう。

複数の法事を一度に行うときに、引き物の表書きはどう書くのですか？

「父の二十七回忌と、母の二十三回忌と、弟の七回忌の法事を一緒にしたい」このように、歴代の先祖の年忌《ねんき》法要をまとめて行うことを、〝併修《へいしゅう》〟などといい、七回忌以降に行います。こうした場合には、仏様になられた順に右から左に書いていきます。表書きは「志」などとして、その横に「亡父二十七回忌」などのように小さめの文字で書きます。［▼354ページ参照］

のし紙に名刺を貼るのは失礼ですか？

毛筆で書くのが正式なマナーですので、できる限り毛筆にします。どうしても名刺を貼りたい場合は、のし紙の左下に貼りましょう。ただし、格式の高い袋や高価な物に名刺を貼るのは控えましょう。

高級和紙などの豪華な袋に名入れするときの注意点を教えてください。

しぼのある高級和紙（檀紙《だんし》）を使った袋の場合、奉書紙《ほうしょがみ》に比べると書きにくいため、難しい場合は短冊を用いてもかまいません。その場合、奉書紙の短冊に表書きをして、それを袋の中央にはさみます。また、のしや水引飾りが豪華なために、文字が見えなくなる場合には、短冊に表書きを書いて左側にはさむとよいでしょう。

お祝いの名入れで、習い事の芸名と本名を両方入れたいときは、どうすればよいですか？

習い事の関係者の方には本名だけではわからない場合もありますので、そうした際は次の通りです。

芸名と本名を両方入れたい場合

外国人の名前や店名などがアルファベットの場合、どのように縦書きをすればいいですか？

のし紙は日本の風習ですから、英字ではなくカタカナに直して縦書きにするのが基本です。表書きを縦書きにするのと同様に、名入れもカタカナで縦書きにするとよいでしょう。

アルファベットで入れたい場合の書き方

金子《きんす》包みへの書き方

贈る目的によって 金額、姓名、住所の書き方は違いますか？

正式には、慶事《けいじ》、お見舞い、弔事《ちょうじ》のいずれについても、外包みには表書きと姓名以外は書かないのが正式とされています。ただし、略式の市販の袋には、外包みの裏に金額、住所を書くように印刷されたものもあります。さらに、内包み（中袋）にも金額や住所を書くようになっています。この場合は、両方に書かず、内包みに金額と住所を記します。

①慶事・一般贈答のとき

内包み（中袋）の表の中央より上に金額、中央より下に姓名、裏面に住所を書きます。結婚式の場合などは住所を省略することもあります。

①慶事・一般贈答のとき

◎紅白または金銀ま結びかあわび結び

◎紅白もろわな結び

内包み（中袋）
表面

内包み（中袋）
裏面

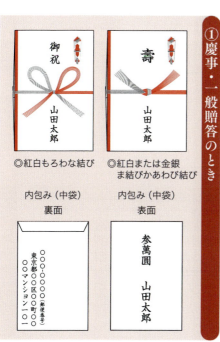

②病気見舞い、災害見舞いのとき

内包み（中袋）の表の中央より上に金額、中央より下に姓名、裏面に住所を書きます。

③弔事のとき

内包み（中袋）の表の中央より上に金額、中央より下に姓名、裏面に住所を書きます。

④略式の市販袋のとき

慶事、お見舞い、弔事ともに、外包みの裏面または内包みの裏面に、金額または住所を書くように印刷されている場合には、両方に書かず、内包みに記します。

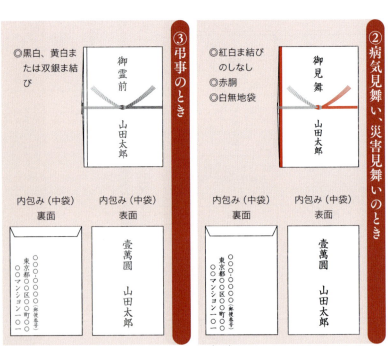

②病気見舞い、災害見舞いのとき

◎紅白ま結び のしなし
◎赤胴
◎白無地袋

内包み（中袋）表面　　内包み（中袋）裏面

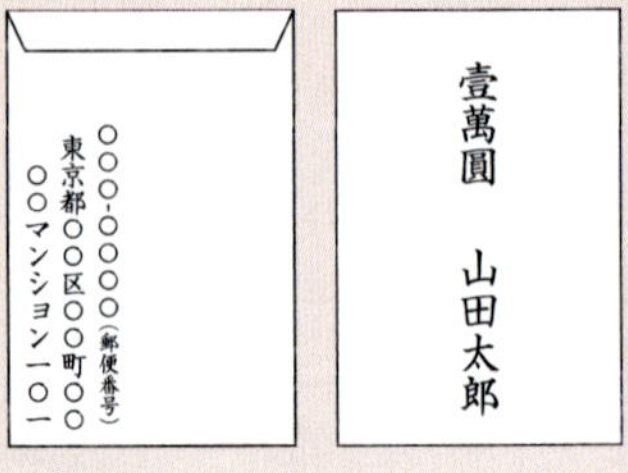

③弔事のとき

◎黒白、黄白または双銀ま結び

内包み（中袋）表面　　内包み（中袋）裏面

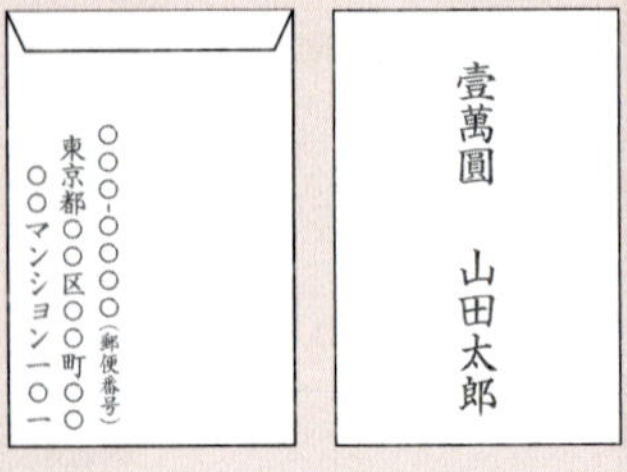

※壹《いち》と壱《いち》はどちらも使用します

目録《もくろく》の書き方

目録《もくろく》の書き方を教えてください。

「会社から金一封を贈りたい」「結納《ゆいのう》の記念にスーツを贈りたい」「社屋竣工《しゃおくしゅんこう》のお祝いにブロンズ像を贈りたい」そのようなときに目録をどうしたらいいか、悩まれる方が多いようです。目録には大きく分けて、結納のときの結納目録や荷物目録と褒賞《ほうしょう》の贈答目録、記念品、お祝いなどの祝目録があります。

①目録の体裁《ていさい》

市販の奉書紙《ほうしょがみ》を使う場合には、一枚の奉書紙に目録を書いて中紙とし、もう一枚の奉書紙で外包みをつくります。昔は品物を一緒に用意することから、のしや水引は付けないのが原則でした。最近では、品物の代わりに用意することが多く、豪華な水引や、のしを付けた〝祝目録〟が市販されています。目録を手渡すときに、片木盆《へぎぼん》や広蓋《ひろぶた》、万寿盆《まんじゅぼん》などを使って、より丁重に手渡すこともあります。

②目録（中紙）の書き方

目録（中紙）には贈りものの品々の名を記入したもの、実物の代わりにその品目の名だけを記して贈るものなどがあります。それぞれ目録には、品名、目的、年月日、贈り主の姓名などを書きます。

③外包みの書き方

目録の外包みには、「目録」と表書きするか、目的に応じて「御祝」「御礼」「贈」「寄贈《きぞう》」「謹呈《きんてい》」などと書くこともあります。

■ 目録（中紙）の書き方

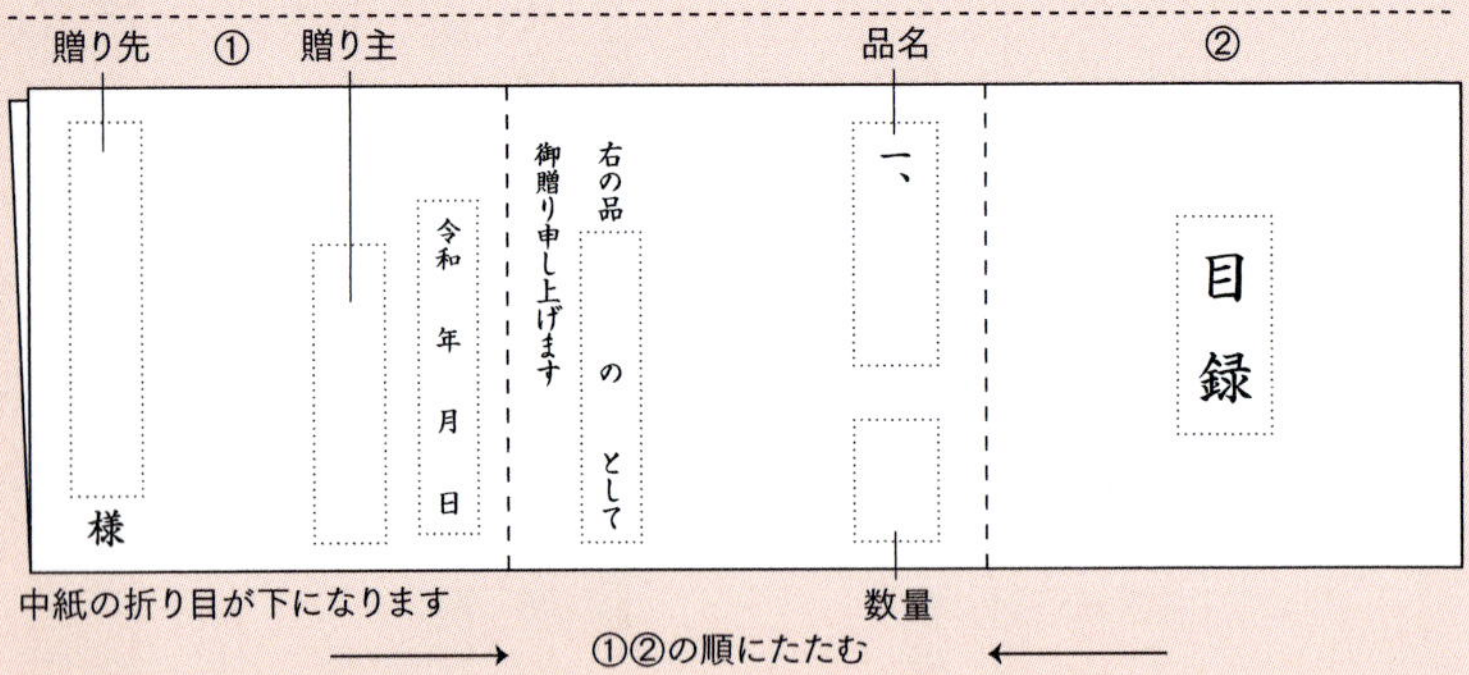

■ 目録（中紙）と外包みのたたみ方

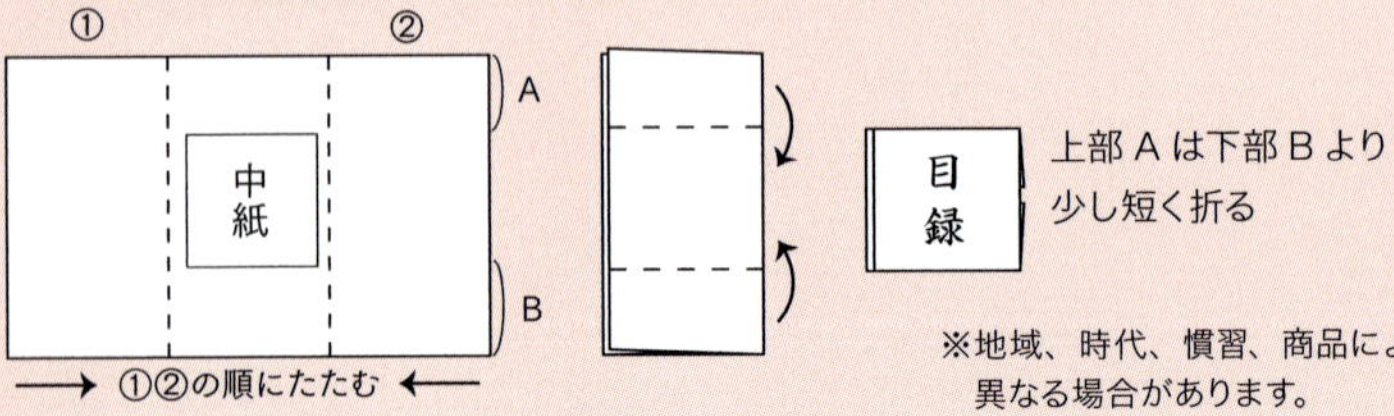

※地域、時代、慣習、商品によって異なる場合があります。

喪中《もちゅう》のときの贈りもの

喪中《もちゅう》の方に お中元やお歳暮を贈ってもよいですか？

お中元やお歳暮の時期が、亡くなられた方の忌明《きあ》け（七七日忌）前なのか、あるいは忌明け後なのかによって判断するとよいでしょう。たとえば、亡くなられたのが三月なら、お中元時期は忌明けの後なので、例年どおりにお中元を贈っても失礼にはなりません。

紅白のもろわな結びののし紙で贈るのが気になる方は、無地の短冊に「**御中元**」「**御歳暮**」と表書きし、贈ってもよいでしょう。

忌明け前にお中元またはお歳暮の時期がくるときには、忌明け後に贈るように時期を遅らせるとよいでしょう。具体的には、お中元の場合には七月十五日過ぎから、立秋の前日までは「**暑中御伺《しょちゅうおうかがい》**」として、お歳暮の場合は年が明けて松の内が過ぎてから二月の立春の前日までは「**寒中御伺《かんちゅうおうかがい》**」として贈ります。「**御中元**」を使う時期は地域によって異なります。

※仏式では、死後1年間を"喪中"と呼びます。なお、ご家族が亡くなられた日から49日までを"忌中《きちゅう》"とします。その翌日から"忌明け"となります。【▶詳細は372ページ参照】

喪中《もちゅう》の方へ、新築祝いを贈ってもよいですか？

これもお中元やお歳暮と同様に、亡くなられた方の忌明《きあ》け（七七日忌）前なのか、あるいは忌明け後なのかによって判断するとよいでしょう。忌明けを過ぎていれば、普段どおりに贈ってもかまいません。

年賀欠礼状《けつれいじょう》をくれた方にお歳暮を贈ってもよいですか？

喪《も》に服している方が「年始（新年）のご挨拶は失礼させていただきます」ということで送られるのが年賀欠礼状です。忌明《きあ》けが過ぎていれば、お歳暮を届けることは原則として問題ありません。また、こちらから生花や菓子折りを供《そな》えに出向いてもかまいません。

今年親を亡くしたのですが、お中元やお歳暮は贈ってもよいですか？

贈る側が喪中《もちゅう》であっても相手のことではありませんので、例年どおりにお中元やお歳暮を贈ってかまいません。ただし、忌明《きあ》けが済んでから贈りましょう。昔から、死者を出した家から贈りものを贈ったり、人が出向くことは「穢《けが》れを移す」とされていたため、一定期間は日常生活と距離を置いて身を慎《つつし》んでいました。この期間を〝忌中《きちゅう》〟と呼びますが、現在では、この期間は七七日忌までとされていますから、この期間が一つの目処《めど》になります。お中元やお歳暮は、本来、〝先祖祭〟にも由来するもので、先祖供養《くよう》にお供《そな》えを差しあげたことが、起源の一つとされています。お歳暮は、「本年もお世話になりました」という締めくくりのあいさつなので、忌明けが過ぎていれば喪中に関係なく差しあげてよいのです。なお、年賀欠礼《けつれい》状の文面を「年末年始のご挨拶は失礼させていただきます」とした場合は、年末にお歳暮を贈らずに、年が明けて松の内《まつのうち》が過ぎてから「寒中御伺《かんちゅうおうかがい》」を贈るほうがよいでしょう。

喪中《もちゅう》のときに、クリスマスプレゼントを贈ってもよいですか？

忌明《きあ》けが過ぎていれば、自分が喪中でもクリスマスプレゼントは贈ってかまいません。相手が喪中でもプレゼントを差しあげてかまいませんが、その場合にプレゼントに添えるクリスマスカードは、派手なものは避けるほうがよいでしょう。ただし、忌中《きちゅう》の場合には、お互いにクリスマスプレゼントのやりとりなどは控え、クリスマスカードくらいにする配慮も大切でしょう。

印字の書き方

叙勲《じょくん》を受けられた取引先の社長に、会社からお祝いとして時計を贈りたいのですが、印字する方法を教えてください。

①叙勲を受けられた方のお名前　②「御受章祝」　③お渡しする日　④依頼人の会社名の順で書きます。字の大きさは、②①④③の順にして、メリハリをつけるとよいでしょう。

■ 印字の書き方

① 山田太郎様

② 御受章祝

③ 令和○年○月吉日

④ 株式会社○○商事

第二章

誕生から長寿まで

帯祝《おびいわ》い（ご懐妊祝《かいにんいわ》い）

懐妊を祝うのは、なぜ〝戌《いぬ》の日〟なのですか？

「犬の安産にあやかる」ことから、妊娠五カ月目の戌《いぬ》の日に、安産を祈願して妊婦の下腹部に腹帯〝岩田帯《いわたおび》〟を巻く、お祝いの儀式です。

ちなみに、安産の神様は日本橋水天宮《すいてんぐう》（東京）がとくに有名ですが、水天宮の安産御守である〝御子守帯《みすゞおび》〟を授けていただけるほか、昇殿《しょうでん》し安産祈祷《きとう》も受けられます。

岩田帯を巻く目的は、腹部の弛緩《しかん》を防いで胎児《たいじ》の位置を安定させたり、お腹を支えて妊婦が動きやすいようにしたりするだけでなく、「岩のように強くたくましく、丈夫な赤ちゃんが生まれるように」という願いと、母親としての自覚を促す意味も込められているといわれています。岩田帯は祝い酒や安産のお守りとともに、妊婦の実家から贈る地域もあります。

妊婦の実家から

◎紅白もろわな結びののし紙

表書きの種類

- 祝い帯
- 御祝／寿／戌
- 祝の帯
- 祝帯
- 岩田帯
- 結肌帯《ゆはだおび》
- 帯掛《おびかけ》御祝

岩田帯《いわたおび》（帯祝《おびいわ》い）の祝い方を教えてください。

妻の実家から岩田帯を贈るときには、縁起物のかつお節、祝い酒、安産のお守りなどを添えるとよいでしょう。また、仲人、親戚、兄弟、友人などが懐妊《かいにん》を祝って品物を贈る場合は、懐妊中に必要なものを選びます。万一の場合の心配りとして、ベビー服などのような育児関係のものを贈るのは控えましょう。

豆知識 岩田帯

斎肌帯《いはだおび》、結肌帯《ゆはだおび》などともいわれます。紅白の絹地（羽二重《はぶたえ》）二筋《ふたすじ》と白いさらし木綿一筋を三つ重にしたものや、さらし木綿か白い綿ネルを長さ七尺五寸三分（七五三と呼ぶ）に断ち、端に「寿」と朱書きしたものなどがあります。絹帯は出産後、赤ちゃんの産着《うぶぎ》に仕立てられました。最近では〝ガードル式肌帯〟や〝腹巻式腹帯〟が多く使われています。

仲人・親戚からのお祝い

◎紅白もろわな結びののし紙

表書きの種類

御帯《おんおび》祝
御祝
帯掛《おびかけ》御祝
寿
着帯《ちゃくたい》御祝
御懐妊《ごかいにん》祝

帯祝《おびいわ》いのお礼は必要ですか？

両親や親戚などから帯祝いをいただいた場合、原則としてお返しは不要ですが、病院や産院で着帯《ちゃくたい》し、巻き方を指導してくださった医師、看護師、助産師の方などにお礼をしたいときには次の通りにします。

帯祝いのお礼

◎紅白もろわな結びののし紙

表書きの種類

御礼《おんれい》
御禮

出産祝い

出産お見舞いにはいつ行ったらよいですか？

赤ちゃんが生まれ、退院後落ち着いたら、兄弟姉妹、親戚、とくに親しい友人には、無事退院できたことをメールや手紙で報告するとよいでしょう。

無事出産の知らせを受けても、出産直後に産院に駆けつけることは、肉親以外は遠慮しましょう。近親者以外のお見舞いは、できれば退院してしばらく経ってからにしたいものです。出産直後の産婦さんはかなり疲労しているので、十分な休養が必要です。

すぐにでもお祝いの気持ちを伝えたいのなら、メールや祝電、手紙などでお祝いのメッセージを伝えておき、後日あらためて出向くようにしましょう。

出産のお祝いを贈るときの注意点を教えてください。

赤ちゃん誕生というおめでたい出来事は、夫婦はもとより両家のご両親にとっても大きな喜びです。それだけに、心のこもった贈りものをしたいと思うのは当然のことですが、いったい何を贈ればいいのか迷うものです。事前にどのようなものがご希望か、相手のお考えを伺うことが理想的です。とくに場所を取るものなどは、最近の住宅事情から、邪魔になることもあるので注意したいものです。

出産祝いとして何を贈ったらよいのでしょう？

出産祝いは、肌着やおもちゃが重なりやすいため、親しい間柄であれば必要なものを事前に伺いましょう。また、すぐに使うものはすでに用意してある可能性が高いことから、一歳頃の品物がよいでしょう。

ただし、この時期は出産後の生活に慣れていないことも考えられるため、贈りものは直接お渡しせずに、百貨店などから送るほうがよいケースもあります。その場合は必ず手紙を添えて、祝福の気持ちと産婦さんの体調を気遣うこころを伝えます。大役を果たした産婦さんへのお祝いの品を贈っても喜ばれるでしょう。自宅を訪問する場合にも、長居をせず、短時間で切り上げる配慮が欲しいものです。

出産後に知らせを受けたり、人づてに話を聞いたときには、お七夜《しちや》が済んで、お宮参りまでの間にお祝いを贈ります。つまり、生後七日目以降から一カ月ぐらいの間ということになります。

祖父母からの出産祝い

孫の誕生は嬉しいものですので、特有のしきたりがある地方や家は別にして、ある程度まとまった金額の品物を贈りたいと考えられている方が多いようです。その場合は、赤ちゃんの両親に希望を聞いてから、品物を決めるとよいでしょう。赤ちゃんにお兄さんかお姉さんがいるときは、ささやかなプレゼントを添えると、さらに喜んでいただけるかもしれません。

出産祝いに適したギフト

おくるみ　お出かけ用ブランケット
半年から一年後に着られるベビー服や肌着　ファーストシューズ
スタイ（よだれかけ）　パジャマ　スリーパー　バスローブ
バスタオル　タオル　フード付タオル　ガーゼのハンカチ
ダイパー（おむつ）ケーキ　ベビースキンケア用品　子供用食器セット
マザーズバッグ　抱っこ紐《ひも》　育児日記　育児書　育児雑誌
名入りアルバム　フォトフレーム　デジタルフォトフレーム
銀のスプーン　イヤープレート　イヤーベア　オルゴール　積み木
木製知育玩具《がんぐ》　木製パズルボックス　カタログギフト

出産後、半年以上過ぎてしまったときのお祝いは、どうしたらいいですか？

出産祝いは一カ月以内でいいと思っていると、つい贈りそびれてしまうことがよくあります。機会を逃してしまった場合は、「**御成長祝**」にするとよいでしょう。

目安としては、三カ月頃までは「**御出産祝**」、それ以降から一歳の初誕生日までは、「**御成長祝**」にするとよいでしょう。

出産祝いに添える手紙には、何を書けばよいでしょう？

手紙では、出産をこころからお祝いし、産婦さんの健康回復を願う気持ちを伝えます。その際、妊娠、出産という大仕事は終えたものの、産後の肥立《ひだ》ちの期間も重要と考え、出産の忌《い》み言葉である〝落ちる〟〝流れる〟〝くずれる〟〝滅《ほろ》びる〟〝破れる〟〝薄い〟〝浅い〟〝枯れる〟などは、不用意に使わないよう気をつけましょう。

近親者からの出産祝いに適したギフト

ベビーカー　チャイルドシート　抱っこ紐《ひも》
ベビーベット　ベビー寝具　ハイチェア
お食い初め膳　祝い着　ベビーリング
銀のスプーン　ファーストシューズ　おもちゃ類
おもちゃ箱　木馬　身長計　産後の衣類（授乳口付き）

■ 出産お祝いに添える文例

このたびは無事かわいい赤ちゃんをご出産とのこと、
まことにおめでとう存じます。

初産でいらしたことからもご案じ申しあげておりましたが、母子ともにご健康とうかがい、安堵いたしております。

さっそく、赤ちゃんのお顔を拝見したいところでございますが、ご出産早々のことでゆっくりご養生いただきたく、まずは書中にてお祝い申しあげます。

別便にてお祝いのしるしに、こころばかりの品をお送りいたしましたので、ご笑納くださいませ。

まずは、取り急ぎお祝い申しあげます。

出産のお祝い

◎紅白もろわな結びののし紙

表書きの種類
御出産祝
ご出産祝
御誕生祝
安産御祝

出産後、妻の実家にはどのようなお礼がよいですか？

出産のために実家に里帰りすることは、とくに初産の場合によくあります。夫の立場からは、実家での妻の生活費の目安程度のお金、または商品券などに菓子折りなどをつけて挨拶をします。とくに家計の中心が妻の両親から兄弟などに移っている場合などは、そのような配慮により、お互いに気兼ねなく過ごせることでしょう。

お世話になり自宅へ戻る際には、菓子折りや季節の果物などの手土産を持参するこころ遣いは嬉しいものです。夫の両親からもお世話になったお礼に、妻の実家の方々のお好きな物を、「**御礼**」ののし紙をつけて、後日贈られると丁寧でよいでしょう。

妻の実家へのお礼

◎紅白もろわな結びののし紙

表書きの種類

- 御礼
- 感謝
- こころばかり

出産時にお世話になった医師や看護師にお礼をするべきですか？

出産時にお世話になった医師や看護師には感謝の気持ちを伝えたいものです。病院によっては贈りものの類《たぐ》いは受け取っていただけないところもあるので、かえって迷惑にならないように配慮しましょう。

お世話になった感謝の気持ちを言葉に託すことも大切です。どうしても感謝の気持ちを形にあらわしたい場合は、退院時に差しあげます。

出産祝いのお返しはどうしたらよいですか？

出産祝いに対するお礼は、内祝いとして贈ります。内祝いとは、本来はお返しというよりは、自分たちで祝う自祝《じいわ》いのことで、お祝いをいただいたかどうかにかかわらず、自ら喜びを分かちたいときに贈るものです。したがって、「誕生を内々に祝いました。赤ちゃんの名前は○○ですので、よろしくお願いします」というお披露目《ひろめ》の意味が大きいのです。

内祝いを贈る時期は、お七夜《しちや》、命名が済んで、お宮参りの前後、つまり生後三十日前後が一般的です。表書きは、「内祝」として紅白もろわな結びののし紙に、赤ちゃんの名前を書きます。のし紙は赤ちゃんの名前の両脇に、〝犬張子《いぬはりこ》〟と〝でんでん太鼓《たいこ》〟の絵が印刷されたものをかけます。犬張子とは犬の形をした紙を貼った竹細工のおもちゃです。犬張子とでんでん太鼓には「子どもの成長を願うとともに、邪気《じゃき》を祓《はら》い子どもを守る力がある」という思いが込められています。

品物に親の名であいさつの書状を添えるとよいでしょう。

出産内祝

◎紅白もろわな結びの犬張子ののし紙

◎紅白もろわな結びののし紙

表書きの種類　内祝　出産内祝

名入れ　赤ちゃんの名前

※読み方のふりがなを振ります

内祝いに適したギフト

赤ちゃんの名前や写真をラベルに入れたワイン・日本酒、名入れカステラ、生まれた時の体重分のお米などを贈るのも楽しいものです。お礼状や赤ちゃんの写真を添えて贈ります。

かつお節　お吸い物詰め合わせ　調味料詰め合わせ　コーヒー
紅茶　洋菓子　和菓子　漆塗りの丸盆　銘々皿　グラスセット
ティーカップ　フォトフレーム　風呂敷　タオルセット　寝具
石けん　カタログギフト

お七夜《しちや》と命名式

お七夜《しちや》の祝い方を教えてください。

生まれた日の翌日を一日目と数えて七日目の夜に、赤ちゃんのすこやかな成長を願って行う祝宴が〃お七夜〃です。〃命名式《めいめいしき》〃〃お七夜の祝い〃〃名付け祝い〃とも呼ばれています。生後七日目に祝い、生まれた子に名前をつけて、社会の一員として仲間入りしたことを認めてもらう儀式でもあります。

昔は、親しい間柄の長寿の方、尊敬する方、お寺のご住職、仲人《なこうど》、祖父母などに、名付け親を依頼していました。さらにお七夜に招待し、〃名披露目《なひろめ》の祝い〃として、助産婦、仲人、親戚なども招いて祝っていました。

現在では病院で出産することがほとんどですから、お七夜が入院中や退院直後にあたるため、内輪で祝うのが一般的です。色紙《しきし》に赤ちゃんの手形・足形をつけるセレモニーを行うのも楽しいものです。また名披露目は、「**内祝**」ののし紙や写真入りはがきを利用して行うことが多いようです。どちらかの実家が祝宴を手配してくださる場合がありますので、その際は、「**御酒肴料**《ごしゅこうりょう》」として食事代を包むこころ遣いが大切です。

名付け親への謝礼はどうすればいいですか？

名付け親への謝礼に現金を贈るのは失礼なことと思う方が少なくありません。感謝の気持ちを表して、観劇チケット、旅行券、ディナー券、酒類、菓子折りなどを贈るとよいでしょう。また、命名紙に名付け親の名前も書いてお渡しすると喜ばれます。［▼116ページ参照］

贈る際の表書きは次の通りです。

命名のお礼

◎紅白もろわな結びののし紙

表書きの種類

御礼
命名御礼
寿

お七夜《しちや》に招待されたとき、お祝いとして持参するものは何がよいですか？

お七夜に招待されたら、生花・ケーキ・菓子・果物・ぬいぐるみ・おもちゃ・酒類などを持参するとよいでしょう。表書きは次の通りです。

お七夜のお祝い

◎紅白もろわな結びののし紙

表書きの種類

お七夜祝《しちやいわい》
御七夜祝
命名御祝
御祝
寿

命名書の書き方を教えてください。

赤ちゃんの名前が決まったときに〝命名書〟を書き、お七夜《しちや》の命名式の時に神棚や床の間に飾ります。神棚や床の間がない場合や略式で書いた場合には、ベビーベッドやその近くの柱や壁などに飾ります。

簡略化する際には、半紙などを利用して命名書（命名紙）を作成するとよいでしょう。命名書は床上げが過ぎるころまで飾り、へその緒や誕生日の新聞などと一緒に大切に保管しておくとよいでしょう。

命名書の書き方は次の通りです。

命名書の書き方

■ 略式の命名書（命名紙）の書き方

山田太郎　長女
命名
春《はる》子《こ》
令和〇年十一月十五日生

半紙の中央に赤ちゃんの名前を書く。その左に生年月日を書く。

※地域や慣習によって異なる場合があります。

正式な命名書の書き方

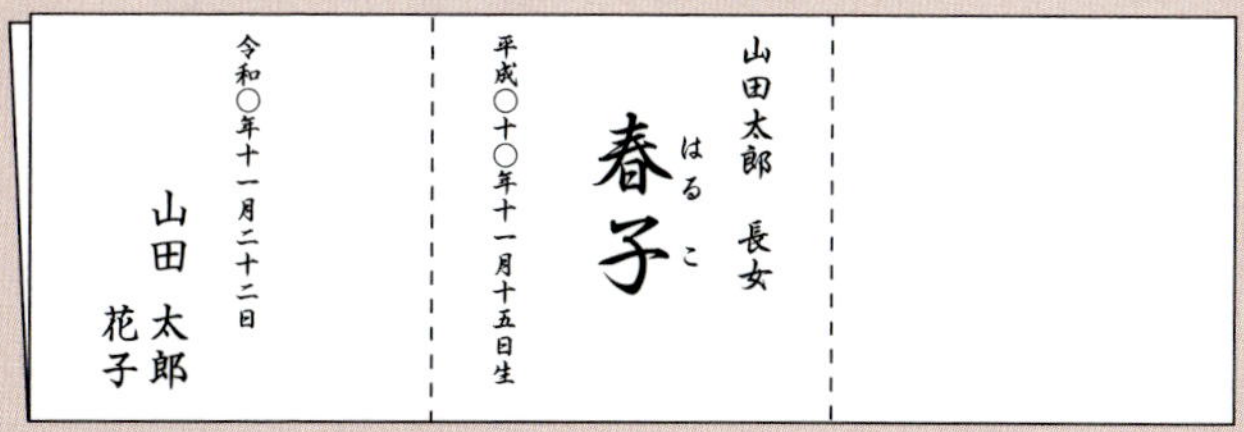

①奉書紙《ほうしょがみ》を上下二つ折りにして折り山を下にし、さらに左右を三つ折りにする。
②真ん中に父親の名と続柄、赤ちゃんの名前と生年月日を書く。
③左 1/3 に命名年月日と名付け親、あるいは両親の名前を書く。
④左、右の順に折る。

外包みの折り方

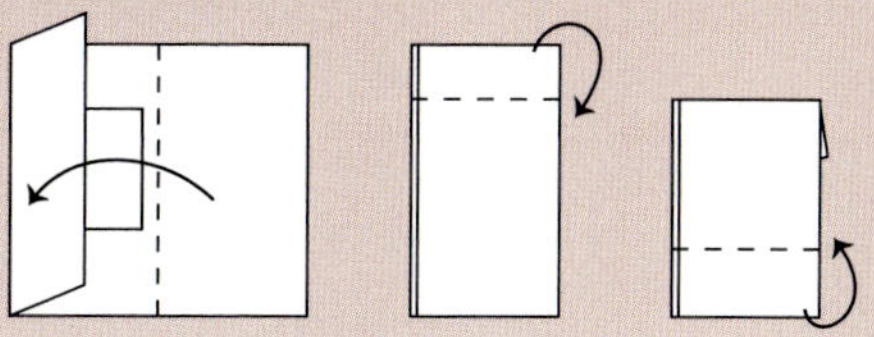

表面の中央に
「命名」と書く。

出生届は、いつどこに提出するのですか？

子どもが生まれたら、役所に出生届を提出することが義務付けられています。期間は、子どもの生まれた日を第一日目として十四日以内、提出先は、両親の本籍地《ほんせきち》か住民登録している現住所、出生地（病院や産院で出産した場合はその所在地）の市区町村役場です。

届け出をする際に必要なものは、①市区町村役場に用意してある出生届書　②出生証明書　③母子健康手帳　④印鑑です。さらに、子どもが国民健康保険の被《ひ》保険者になる場合は保険証も必要です。

お宮参《みやまい》り（初宮参《はつみやまい》り）

お宮参《みやまい》りはいつ行けばいいですか？

お宮参りは〝初宮参《はつみやまい》り〟〝寺参り〟〝産明《うぶあ》け〟〝産土参《うぶすなまい》り〟〝産土詣《うぶすなもうで》〟〝産神詣《うぶがみもうで》〟など、さまざまな呼び名がありましたが、現在では〝お宮参り〟と呼ぶのが一般的です。

子供が生まれて初めて神社（産土神《うぶすながみ》）や仏閣に参拝し、お守りや数珠《じゅず》をいただいて子供の長寿と健康を祈る行事です。男児は生後三十日から三十二日目、女児は生後三十一日から三十三日目に行うのが通例となっていますが、地方によっては三十日目から百日目までと様々です。

お産は〝穢《けが》れ〟と考えられ、このお宮参りをもって忌明《きあ》けとされてきました。三十日目のころになると産婦の〝産《うぶ》の忌《いみ》〟が明けることから、この時期にお宮参りをするようです。関東では、〝おびあき〟、九州では〝ひあき〟、山陰では〝しめあげ〟と呼ばれたのも、こうした意味合いからといわれています。

このように、一般に通例となっている日はあるものの、あまりこだわり過ぎずに、生後一カ月を目安に、赤ちゃんの機嫌のよい日、天候に恵まれた日、母親の体調やお宮参《みやまい》りへいらっしゃる祖父母の都合などを考慮して日程を決めるとよいでしょう。

お宮参《みやまい》りのしきたりを教えてください。

　本来は父方の祖母が抱いてお参りをしますが、父方の実家が遠かったり、母子が母方の実家に里帰りしていたり、同居している場合には、母方の祖母が抱いても差しつかえありません。また、両方の実家が遠方の場合には両親だけでお参りすることもあります。

　お参りの方法は、神前でお賽銭《さいせん》を入れて鈴をならし、礼拝祈願《れいはいきがん》するだけでもかまいませんが、社務所《しゃむしょ》に申し込めば、お祓《はら》い、祝詞《のりと》奏上《そうじょう》を行ってくれます。その場合の謝礼は、社務所《しゃむしょ》の規定通りでよいでしょう。

お宮参りの神社へのお礼

◎紅白もろわな結びの祝儀袋
◎白無地袋

表書きの種類
御初穂料《おはつほりょう》
御玉串料《おたまぐしりょう》

名入れ
赤ちゃんの姓名

豆知識　お宮参り

　関西ではお宮参りに行く前に、赤ちゃんのお披露目《ひろめ》もかねて親戚を回ることがあります。このときに、祝い着の紐《ひも》にご祝儀（御紐銭《おひもせん》）を結んであげる地域もあります。

　また、内祝いを持ってあいさつに来たときに、用意しておいたでんでん太鼓《だいこ》や犬張子《いぬはりこ》を結んであげることもあります。

お宮参《みやまい》りで神社へ行くつもりですが、どこの神社がよいでしょう？

最近は、著名な神社が好まれているようですが、新しい家族を氏神様《うじがみさま》（その土地の神様）に紹介するのが、お宮参りの本来の姿です。

昔は、新生児の生存率がとても低かったため、赤ちゃんが何とか自分の力で生きていけるようになったときに、氏神様にお参りして氏子《うじこ》（その神様を信仰する人々）となりました。そうした本来の意味を大切にすると同時に、生後間もない赤ちゃんに負担をかけないためにも、地元の神社にお参りするのがよいでしょう。

お宮参《みやまい》りのために祝い着を贈りたいのですが、家紋《かもん》は両家のどちらを入れるのでしょうか？赤ちゃんの祝い着（晴れ着）はベビー服でもよいですか？

正式な赤ちゃんの祝い着は、男児の場合は羽二重《はぶたえ》地の紋付《もんつ》きで、鷹《たか》やめでたい図柄などののし目模様、女児の場合は綸子《りんず》地や縮緬《ちりめん》地に花柄などをあしらった友禅《ゆうぜん》模様の紋付きが用いられます。

この祝い着は、白羽二重の内着をつけ、母親の実家から贈るのがしきたりといわれます。家紋の入れ方は染抜日向《そめぬきひなた》五ツ紋または三ツ紋として、赤ちゃんの戸籍《こせき》上の家の家紋が多いようです。
また、最近では祝い着を用いず、外出用のベビー服や真っ白なベビードレスを着せた赤ちゃんを、ケープやおくるみで包んで抱く、略式のケースも増えています。いずれの方法でも、わが子の幸福を願う両親の気持ちの表れであるお宮参りは、大切な行事なのです。

付き添い人はどのような服装がよいですか?

赤ちゃんの晴れ着を正式な装いにしたときには、付き添いの方の服装もそれに合わせることが望ましいでしょう。

祖母……訪問着、色無地(紋付《もんつ》き)、付け下げ。帯は袋帯にします。洋装の場合はスーツまたはワンピース。

母親……訪問着、色無地(紋付き)、付け下げ。帯は袋帯にします。洋装の場合はスーツまたはワンピース。

父親……ブラックスーツ、またはダークスーツを着用。

[▼262~267ページ参照]

■ お宮参りの装い

赤ちゃんを抱いた上から祝い着を着せかけ、結びひもを祖母の肩に回して、後ろで結ぶ

お宮参《みやまい》りのときに親戚などに贈る内祝いは、どのような体裁《ていさい》にするのですか？

お宮参りの内祝いで贈る品物は、お赤飯や和菓子がよいでしょう。その際の体裁は、紅白もろわな結びで、表書きは「お宮参り内祝」か、「内祝」と書きます。

お宮参りの内祝い

◎紅白もろわな結びののし紙

表書きの種類
お宮参り内祝
内祝

名入れ
赤ちゃんの名前

お食《く》い初《ぞ》め（箸揃《はしぞろ》え）

お食《く》い初《ぞ》めの由来《ゆらい》を教えてください。

〝お食い初め〟は、赤ちゃんに生まれて初めて食事をさせる儀式であり「その子が一生食べものに困らないように」という願いを込めた内祝いです。

お食い初めの行事そのものは、平安時代に中国より伝わり、朝廷で取り入れた習わしが民間に広まったといわれています。

また、お食い初めは、生後初めて魚肉などの食べものを食べさせるので〝真魚始《まなはじ》め〟、鎌倉時代の平家物語や源平盛衰記《げんぺいせいすいき》にみられる〝魚味《ぎょみ》の祝い〟、初めて箸を使うことから〝箸揃《はしぞろ》え〟〝箸初め〟〝箸立て〟とも呼ばれていました。このほかにも、〝百日《ももか》の祝い〟〝真名《まな》初め〟〝まなの祝い〟〝歯固《はがた》め〟などの呼び名がみられますが、お食い初めが現在の一般的な呼び名となっています。

お食《く》い初《ぞ》めは生後何日ぐらいで行うのですか？

お祝いする時期は一定ではなく、地方によって異なるようですが、ちょうど離乳食を始める時期にあたる、生後百日目に行われます。そのため〝百日《ももか》の祝い〟とも呼ばれます。また、生後百十日目または百二十日目に行う地方（北海道、福井県、京都府、大阪府、熊本県などの一部の地域）もあります。

お食《く》い初《ぞ》めの祝い方を教えてください。

赤ちゃんのために食膳《しょくぜん》を整えて、親族の長老の方が実際に食べさせるまねをして祝います。身内だけでお祝いする場合は、祖父母か両親が食べさせるまねをします。また、この日のために膳、椀、箸を新調するのがしきたりです。昔は、鶴、亀、松、竹、梅などの蒔絵《まき》が施された〝お食い初め椀〟を用い、お膳も紋付《もんつ》きで二の膳まで付けたようです。

昔と今では、お食い初めの正式な祝い膳には次のような違いがあります。

正式な祝い膳

お食《く》い初《ぞ》めの膳は一汁三菜《いちじゅうさんさい》、茶碗に高く盛ったご飯の上に、小さな宝珠型《ほうしゅがた》に握ったご飯、鯛《たい》か鯉《こい》のすまし汁、金頭《かながしら》（魚）の焼物、高く盛った梅干（香の物）などとともに小石三個を用意します。梅干しは「しわができるまで長生きするように」、また、歯固《はがた》めの石は「丈夫な歯が生えるように」という想いが込められています。さらに、二の膳には紅白の餅を添えるのが本式といわれてきました。

本来、男児は朱塗りの食器を用います。これは中国から伝来した陰陽道《おんみょうどう》から、当時の染色技術では難しい色だった朱が格上として男児に用いられたもののようです。また、女児は外側が黒塗りで内側が朱塗りの食器を用いました。この祝い膳は、母方の実家から贈ることが多く、家紋《かもん》を入れる場合には、赤ちゃんの戸籍《こせき》上の家の紋を入れることが多いです。

■ 現在の正式な祝い膳（女の子用） ※男の子用はすべて朱塗りになります。

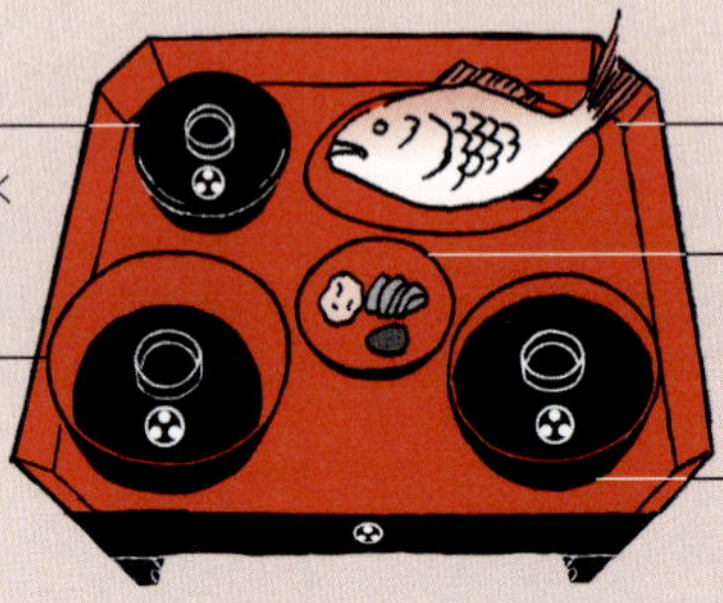
③青菜のお浸し
※ここに小石を置く場合もあります。
①赤飯
④梅干し、香の物、歯固めの石
※梅干しか香の物のみの場合もあります。
⑤汁物
家紋《かもん》は赤ちゃんの戸籍《こせき》上の家のもの

現在よく見られる祝い膳

現在では二の膳を付けることはあまりなく、一汁三菜《いちじゅうさんさい》を基本に、①飯（お赤飯） ②尾頭《おかしら》付きの焼魚 ③青菜のお浸し ④香の物 ⑤汁物などを用意するとよいでしょう。香の物の器には、昔と同じように、歯固《はがた》めの石と梅干しを盛りつけます。

略式のお食《く》い初《ぞ》めセット

現在ではお食い初めに使う食器に、長く使えるようなものを選ぶことが多くなっています。プラスチック、漆器、陶器のセットは、百貨店のベビー用品売場や漆器、陶器の売場で祝い膳として扱っています。また、祝い膳の代わりに、プラスチック製のミルクコップつきのランチ皿など、ベビー用食器セットを揃えるのも便利です。

食べものの内容についても、大人は赤飯や尾頭付きの魚などの正式な祝い膳を用意し、赤ちゃんの膳については、形式にこだわらず、赤ちゃんが食べるのに適した献立を用意することもあります。離乳食にふさわしいお粥、野菜スープ、パンケーキ、プリン、ゼリー、ジュースなど、赤ちゃんの成長に合わせたベビーフードを膳に並べてもよいでしょう。

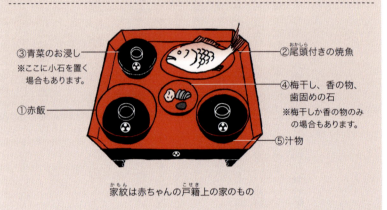

お食い初めのお祝いに適したギフト

祝い膳、お食い初め用の食器セット
ベビー食器セット　銀のスプーン
離乳食セットなど

お食い初めのお祝い

◎紅白もろわな結びののし紙

後日贈るときは「ご成長祝」とする。

表書きの種類

御食初《おくいぞ》め祝
箸初め御祝
箸ぞろえ御祝
お色直し祝
御初膳祝
御祝

歯固《はがた》めの石はどこで揃えたらいいですか？

お膳の中で、香の物に小石を三つほど添えますが、これは近くの氏神様《うじがみさま》の境内《けいだい》からいただき（拾い）、洗って添えます。

初節供《はつぜっく》（句）の祝い

三月末に誕生した孫（男の子）の初節供《はつぜっく》（句）は、今年と来年どちらですか？

誕生後、初めての節供《せっく》を〝初節供〟といいます。男児は五月五日の端午《たんご》の節供に、女児は三月三日の雛《ひな》祭りに祝います。節供が誕生後三カ月以内にくる場合は、実際のお祝いは翌年に延ばしてもよいでしょう。

豆知識　節句は本来〝節供〟

現在では一般的に〝節句〟とされていますが、本来は〝節供〟と書きます。〝節〟とは一年のうちの特定の日のこと、また〝供〟は供物のことです。つまり、〝節供〟とは一年のうちの特定の日に五穀豊穣《こくほうじょう》を祈るとともに、神への供物により、厄《やく》を祓《はら》うという思いも込められています。この五節供のうち、初節供の場合は女子は上巳《じょうし》（桃）の節供に、男子は端午《たんご》の節供に祝います。

初節供《はつぜっく》のお祝いには、両家の両親を招くものですか？

初節供は子供の成長を祝福し、将来の幸せを祈る祝いです。親族を招いて賑やかにお祝いするのもよいでしょう。両家の家族や祖父母が集まってホームパーティーを開き、交流を深める方も少なくありません。招待されたら、喜んで参加したいものです。

そのとき、この季節にふさわしい色や形の花束（菜の花、桃の花、菖蒲《しょうぶ》、花菖蒲）、あるいは小さなお菓子やケーキなどを手土産にするのもよいでしょう。

豆知識

初節供の祝い方

上巳《じょうし》（桃）の節供

雛人形を飾り、雛壇《ひなだん》に、ひなあられ、ひし餅、白酒、桃の花、菜の花などを飾ります。また、はまぐりも桃の節供につきものです。これは二枚の貝殻は、互いの貝殻でないと絶対に合わないことから、女性の貞操《ていそう》の象徴とされ欠かせないものとなりました。

端午《たんご》の節供

武者人形《むしゃにんぎょう》、鎧兜《よろいかぶと》を飾り、幟《のぼり》や鯉《こい》のぼりをあげ、柏餅《かしわ》、ちまきなどを用意します。また、地方によっては菖蒲《しょうぶ》（菖蒲とよもぎ）を軒《のき》にさしたり、菖蒲湯を沸かしたりします。菖蒲は尚武《しょうぶ》（武事、軍事などを重んじる）に通じるとともに、皮膚病を予防し、邪気《じゃき》を払うという習わしがあったようです。

孫の初節供《はつぜっく》の飾りものは、どちらの実家が贈るものですか？

本来は妻の実家から贈られるのがしきたりでした。古風なしきたりですと、岩田帯にはじまりお宮参りの晴れ着、お食《く》い初《ぞ》めの漆器、七五三の晴れ着など、すべて妻側の負担が多く偏《かたよ》ってしまうことも考えられます。若夫婦の住宅事情などをかんがみ、品定めは若夫婦がして、代金は若夫婦と両家の実家が分担すると、実際に喜びも分かち合えるよい方法でしょう。

初節供《はつぜっく》の贈りものにはどのようなものが喜ばれますか？

最近では、独立した世帯で初節供を迎えることも多いため、飾るところに困ることも考えられます。たとえば、女の子なら初めは男女一対の内裏雛《だいりびな》、男の子なら兜《かぶと》だけでもよいでしょう。

その他の祝いの品は、女の子には日本人形、市松人形《いちまつにんぎょう》やつるし雛《びな》など、男の子には金太郎人形、武者人形《むしゃにんぎょう》（弓矢・太刀《たち》）、鯉《こい》のぼり型の置き物なども考えられます。知人や友人

初節供のお祝い

◎紅白もろわな結びののし紙

表書きの種類

初節供御祝
御初雛祝《おんはつびないわい》（女児）
御初幟祝《おんはつのぼりいわい》（男児）

などが贈るときには、人形に限らず節供にちなんだミニチュアの置物、ぬいぐるみなどを贈っても喜ばれるでしょう。

なお、初節供のお祝いは、節供当日の数カ月前から、少なくとも十日前までには贈りたいものです。

初節供《はつぜっく》のお返しはどうしたらよいですか？

上巳《じょうし》（桃）の節供《せっく》と端午《たんご》の節供は、本来身内で行うものなので、とくにお返しをする必要はありませんが、祖父母や親しい親族の方を祝宴《しゅくえん》にお招きしましょう。その際、桜餅や柏《かしわ》餅など節供にちなんだ品を持ち帰っていただくとよいでしょう。

祝宴にお呼びしていない方へは、こころばかりに、かつお節、お吸い物セット、和菓子、洋菓子などを贈られるとよいでしょう。初節供のお祝いの報告やお礼の手紙を添えて、親しい方には赤ちゃんの当日の写真を加えると、感謝のこころが伝わるでしょう。

初節供の内祝い

◎紅白もろわな結びののし紙

表書きの種類
初節供内祝
内祝
御礼

名入れ
子どもの名前

初誕生

赤ちゃんが生まれて一年目の祝い方を教えてください。

古来、年齢は数え年で数えていました。数え年には0歳という考え方はなく、誕生してすぐ一歳となります。新しい年の始まりの考え方として、数え年では、

①立春《りっしゅん》を始まりとする
②旧暦の元日を始まりとする
③新暦の元日を始まりとする

があり、一つずつ歳を加えました。したがって、誕生日を祝うようになったのは、それほど昔ではないと考えられています。しかし、赤ちゃんが初めて迎える誕生日だけは、昔から盛大にお祝いをする風習が、全国的にありました。誕生してから一年間、無事に育ったことを祝い、独り立ちして歩き始める赤ちゃんを励ますのが初誕生のお祝いです。

赤ちゃんは満一年のころにヨチヨチ歩きを始めることから〝歩き祝い〟、あるいは誕生餅をついて祝う風習から〝餅誕生〟という呼び名もあったそうです。この誕生餅または一升餅をふろしきに包んで背負わせたことから、この餅を〝力餅〟といいます。また、大きくなっても家を出ないでという願いから、粘った餅の上に立たせる〝立ち餅〟〝立ったり餅〟と呼んだようです。歩かせる際にわざと転ばせる習慣もありますが、これは早く歩き始め

ると、将来、家から早く離れてしまう言い伝えに由来するものです。このお祝いでは、健康で力強く育つようにという願いを込めて、お餅を赤ちゃんに背負わせて歩かせるか、あるいは足で踏ませます。

初誕生の祝い方

満一歳の誕生日を祝う〝初誕生〟のお祝いは、最近ではあまり形式にこだわらず、バースデーケーキにロウソクを一本立てて内輪で祝うことが多いようです。

また、両家の祖父母、親戚、仲人、ごく親しい人を招いて、赤飯と尾頭《おかしら》付きの鯛で盛大に祝うこともあります。生後一年間の写真やビデオなどの成長記録を披露《ひろう》するのも楽しい演出でしょう。

初誕生を祝うときの品物は何がよいですか？

初誕生のお祝い品に決まりはありませんが、やはり赤ちゃんにふさわしいものがよいでしょう。おもちゃ、少し大きめのサイズの洋服、靴、絵本、アルバム、ケーキ、菓子などを贈ることが多いようです。

また、両親や祖父母が、初誕生から毎年の誕生日に同じタイプの銀のスプーンや食器を贈り続け、やがて一式が揃うという習慣も、最近増えつつあります。これはもともと欧米の習慣が伝わったものです。

初誕生のお祝い

◎紅白もろわな結びののし紙

表書きの種類

初誕生御祝
初誕生日御祝
御誕生祝
御成長祝
御誕生日祝

初正月

初孫の誕生後、初めての正月を盛大に祝いたいと思います。どのようなことをすればよいでしょう？

赤ちゃんが生まれて、初めての正月を「初正月」といいます。初正月のころに、すでに離乳食が始まっている場合は赤ちゃん用のおせち料理を作って、一緒に祝うのも楽しいものです。

初正月の贈りものとしては、男児には破魔《はま》弓《ゆみ》、破魔《はま》矢《や》、天神人形、天神の掛け軸、天神座《ざ》像《ぞう》、凧《たこ》などがあります。また、女児には羽子板、手まり、人形などがよく贈られます。

初正月のお祝いを贈る時期は、十二月の事始め（十三日前後）頃がよいでしょう。また、本来は身内で祝うものなので、お祝いに対するお返しはとくに必要ありません。

初正月のお祝い

◎紅白もろわな結びののし紙

表書きの種類

初正月御祝
御祝

七五三

七五三の起源

起源は諸説ありますが、庶民に広がったのは江戸時代からといわれています。昔は、乳幼児の生存率が低く、数え年の一歳、二歳、三歳は小厄《しょうやく》ともいわれました。中国から伝来した陰陽道《おんみょうどう》では、縁起のよいとされる奇数年齢で、三歳と五歳の男の子、三歳と七歳の女の子の健やかな成長を産土神《うぶすながみ》に節目として感謝の報告をし、今後の健康と成長を見守っていただく願いの儀式です。

元来男女とも三歳から髪を伸ばし始める〝髪置《かみお》きの儀〟、五歳の男児は初めて袴をつける〝袴着《はかまぎ》の儀〟、七歳の女児は、それまでの紐《ひも》付きの着物に代わって本仕立ての着物と丸帯という大人の装いをする〝帯解《おびと》きの儀〟といわれました。

本来は、旧暦の十一月十五日にお参りをしました。明治時代に新暦への改暦以降、新暦の十一月十五日に行われるようになったといわれています。現在は、寒い地方では一カ月早い十月十五日前後など、日にちにこだわりなく行われているようです。

そもそも、旧暦の十一月十五日に定まった理由には次のように諸説があります。

①三代将軍家光の四男徳松は体が弱かったが、無事に成長し五歳になった日にお祝いをした。

②農民が稲の収穫に感謝する霜月《しもつき》の祭りと、将軍家の祝日が重なった。

③二十八宿の鬼が出歩かない鬼宿日《きしゅくにち》にあたり、何事をするにも吉であるといわれていた。

かつては数え年でお祝いをしましたが、現在は満年齢で祝う場合も多く見られます。「七歳までは神の子」といわれ、大切に守られてきました。この儀式を通じて、子ども自身に成長を自覚させ、そのために衣装も大人用の着物を着せるのです。

関西では、四月十三日(本来は旧暦の三月十三日)に数えで十三歳になった男女が虚空蔵菩薩《こくうぞうぼさつ》を祀《まつ》ってある仏閣にお参りをして、福徳・知恵を授かる〝十三参《じゅうさんまい》り〟〝知恵もらい〟といわれる行事が行われます。最近は、関東でも行われるようになってきました。

数え年の十三歳といえば、初めて生まれ年の十二支に戻り、子どもから大人へ変わる時期であり、お参りのときに親が言い聞かせる「振り返ってはいけない」という「約束事」を守るということが、大切な知恵になるといわれています。

地方によっては、十三歳を祝う行事は、大人の「下着」を付けるなどさまざまな儀式があるようです。

七五三の準備はどのように進めればよいですか？

衣装を購入する方もレンタルする方も、約半年前（五月のゴールデンウィーク頃）から準備を開始することが多いようです。この時期に衣装をはじめ小物類をすべて決めます。また、当日の着付け、ヘアメイク、写真撮影の予約なども済ませます。

その後、子どもは成長しますので、一夏《ひとなつ》越えて十月くらいに再採寸（調節）します。また事前に写真を撮る〝前撮り〟をすることもあります。

当日は、神社仏閣に参拝した後、祖父母とともにレストランなどで会食することも多いようです。最近は百貨店などで美容室と写真室がパックになった七五三プランなどがあり、活用すると便利です。七五三は、子どもの健やかな成長を神様に感謝し、お祈りするものです。着なれない着物を身に付けた子どもの負担も考え、過密なスケジュールにならないようにこころがけたいものです。

七五三の祝い方と神社への参拝《さんぱい》の仕方を教えてください。

七五三は、両親、祖父母、家族など、ごく親しい身内で祝うものです。両親に手を引かれた晴れ着の子供が、神社に参拝するほほえましい光景をよく目にしますが、これが七五三の最大の儀式となります。

参拝する神社は、もともとは氏神様《うじがみさま》でしたが、現在では著名な神社にお参りする方が増えているようです。社務所《しゃむしょ》に依頼すると、お祓《はら》いと祝詞奏上《のりとそうじょう》をしてくれますが、神前で鈴を鳴らしてお参りするだけでもかまいません。

神社への謝礼は、社務所で料金を規定していることが多いようです。

七五三参り神社へのお礼

◎紅白もろわな結びの祝儀袋

表書きの種類
御初穂料《おんはつほりょう》
御玉串料《おんたまぐしりょう》
御榊料《おさかきりょう》
御祈祷料《ごきとうりょう》

名入れ
子どもの姓名

七歳、五歳、三歳のお祝いには何を贈ったらよいですか？

七五三はごく内輪で祝うので、とくに決まったしきたりはありませんが、実家の両親が子供の晴れ着を贈ることはよくあります。それなりの出費があるため、両家が分担して負担したり、レンタルを利用することも少なくありません。そのほかのお祝い品として適したものを贈ります。

七五三のお祝いに適したギフト

○七五三の服装に必要な小物類（両親に確認してから贈る）

扇子　草履《ぞうり》　ハンドバッグ　リボン　ネクタイ　ワイシャツ　靴

○子どもが喜ぶもの

菓子類（チョコレート　クッキーなど）　おもちゃ　人形

ゲーム用品　文房具　絵本　図書カード

七五三のお返しは何がいいでしょう？

七五三は身内で祝うものなので、お返しの必要はないとはいうものの、親しい方や遠方の方からのお祝いには、関係によってはこころばかりに、かつお節やふろしきなどに記念写真を添えて、礼状とともに贈ってもよいでしょう。

近所の方などにはお披露目《ひろめ》として、千歳飴《ちとせあめ》や赤飯、紅白の饅頭《まんじゅう》、紅白の祝菓子などを差しあげるとよいでしょう。

豆知識

千歳飴と七五三

千歳飴は、江戸時代・二代将軍秀忠のころの一六一五年に、水飴を発明した大阪商人が、のちに江戸に出て、浅草寺《せんそうじ》の境内《けいだい》で売り出したのが始まりといわれます。もともと七五三とは関係がありませんでしたが、紅白の長い棒飴で「長く伸びる」という縁起にあやかり、七五三の日に親戚や近所に配られるようになったのです。

現在の千歳飴は寿や鶴亀が描かれた化粧袋に入っていて、節分の豆と同様に、年齢にあやかり年の数だけ袋に入れるとよいとされています。

七五三のお祝い

◎紅白もろわな結びののし紙
◎紅白もろわな結びの祝儀袋

表書きの種類

七五三御祝（どの年齢にも）
御髪置《かみおき》祝（三歳の男女児）
御袴着《はかまぎ》祝（五歳の男児）
御帯解《おびとき》祝（七歳の女児）

七五三の内祝い

◎紅白もろわな結びののし紙

表書きの種類

内祝
七五三内祝

名入れ

子どもの名前

※名前の左脇に子どもの年齢を小さく入れることもあります。

五歳の子は満年齢で、三歳の子は数え年で一緒に七五三を祝ってもいいですか？

七五三は昔は数え年で祝うものでしたが、現在は満年齢で祝うことも多くなりました。したがって、満年齢と数え年の子供のお祝いを一緒に行っても差し支えありません。社務所でお願いすると、祝詞《のりと》の中でそれぞれの名前を表してもらえます。また、お礼の「御初穂料《おんはつほりょう》」は二人分を一緒に包みます。

喪中《もちゅう》の場合に七五三のお祝いをしてもいいですか？

一周忌までは神様に失礼であるとして、神社への参詣は遠慮します。都合でどうしても行いたいという場合は、神社によっては五十日祭の翌日に行われる〝清払《きよはら》いの儀〟明け、お寺では忌明《きあ》けであればよいとしてくださるところも多くありますので相談するとよいでしょう。

本来なら数え年で祝うのが習わしですが、忌《い》み事《ごと》が気になるときは、来年の満年齢で行うことで、晴れやかな気持ちでお祝いもできるでしょう。

入園・入学

幼稚園への入園、小学校・中学校・高校・大学への入学、それぞれのお祝いはどうすればよいですか？

子どもにとって入園・入学は、社会生活（集団生活）に旅立つ第一歩です。希望にあふれている反面、未知の世界へ踏み出す不安に心が揺れていることもあるかもしれません。一方、両親にとってもわが子の入園、入学は、晴れがましく喜びに満ちた素晴らしいことです。自分の子どもの旅立ちを祝福するとともに、不安や心配を取り除いてやるのも親として大事な役割です。

祝福し、激励《げきれい》し、新しい友達との出会いの大切さを教え、希望にあふれる気持ちに高めることが入園・入学の祝いといってよいでしょう。その意味では、ごく内々のお祝い事であり、祝い方にしきたりはありません。両親や祖父母など、家族揃って祝ってあげるのがもっとも自然な姿ではないでしょうか。

入園祝いに適したギフト

お弁当箱　水筒《すいとう》　リュックサック　傘　長靴
通園用レインコート　名入れハンカチ
名入れタオル　靴下　絵本　図鑑　クレヨン
お絵かきノート　鉛筆などの学用品　ミニピアノ

小学校入学祝いに適したギフト

図鑑　図書カード　子供向けDVD　名入れ鉛筆
クレヨン　ノート　筆箱　鉛筆削り　地球儀
目覚まし時計　名入れタオル
通学向け洋服（制服がない場合）　防犯ベル

中学・高校の入学祝いに適したギフト

辞書　電子辞書　イニシャル入りボールペン
イニシャル入り万年筆　腕時計　図書カード
パスケース　スポーツバッグ
携帯型デジタル音楽プレーヤー　デジタルカメラ

大学入学祝いに適したギフト

腕時計　イニシャル入りボールペン
イニシャル入り万年筆　財布　パスケース
システム手帳　パソコン　図書カード　スーツ

入園・入学祝いの品物

身内のお祝いなので、お祝いとして何かを贈る場合には、必ず本人や両親の希望を聞いてから贈るようにしましょう。贈りものが重複しないように配慮したいものです。

また、制服、カバン、靴などを贈る方もいますが、学校によってはこうしたものが必要でない場合があるので、事前に調べてから用意するようにしましょう。

幼稚園への入園祝い

幼稚園によっては指定のものがあるので、相手の希望を聞いてから決めましょう。

小学校への入学祝い

両親や祖父母などごく親しい親族は、ランドセル、学習机、通学服、入学式当日に着る洋服などを贈るとよいでしょう。

それ以外の人が、お祝い品を贈る場合には、可能ならば両親から直接希望を伺うとよいでしょう。

中学・高校への入学祝い

中学・高校ともなれば本人の好みがはっきりしてくるので、予算を示して本人が選ぶことも一つの方法です。

大学への入学祝い

年齢が高くなるほど本人の好みがはっきりするので、贈りものの選びも慎重にしたいところです。本人に同行して選んでもらったり、現金を贈ったり、レストラン、ホテルに招待するなど、さまざまなケースが考えられます。

また、一人暮らしを始める人もいるので、その場合は生活必需品を贈るのも喜ばれます。

ブレザー&スラックス　ワイシャツ　ネクタイ
ワンピース　スカーフ　ネックレス　ハンドバッグ

独り住まいをする場合

テレビ　小型冷蔵庫　電子レンジ　トースター
電気ポット　コーヒーメーカー
コードレスクリーナー　オーディオ機器
食器セット　寝具

入園・入学祝い

◎紅白もろわな結びののし紙

表書きの種類

御入学祝
御入園祝（幼稚園入園）
ご入学祝
御祝

進学・合格が決まったとき

◎紅白もろわな結びののし紙

表書きの種類

進学が決まったとき……
御進学祝
ご進学祝
受験に合格したとき……
合格御祝

会社の上司のお子さんが大学に合格しました。入学祝いはどうすればよいでしょう？

会社の上司や同僚、取引先の担当者など、仕事関係者のお子さまが合格された場合は、長年、家族ぐるみの付き合いがない限り、お祝いを贈らなければならない、ということでもありません。

入学は、基本的に家族、祖父母、親戚などで祝うものですし、お祝いを受け取ることでお返しの心配を先方に与えかねない、とも言われます。しかしながら、日頃お世話になっている上司への感謝の意を含めてお祝いの品を差しあげたい場合はこの限りではありません。

会社の上司や知人へのお祝い返しは必要ですか？

原則としてお返しは必要ないといわれますが、どうしてもお礼をしたい場合などは、「内祝」または「御礼」として贈るとよいでしょう。

ただし、お返しはしなくても、感謝の気持ちを伝えることは大切ですので、日を置かずに手紙（メッセージカード）などで気持ちを表しましょう。これは身内の場合も同様です。とくに、文字が書ける年齢に達している場合は、親のみならず本人の直筆のメッセージが欠かせません。お返しの品を贈る場合も、品物だけでなく手紙やメッセージカードを添えるとよいでしょう。

入園・入学の内祝い

◎紅白もろわな結びののし紙

表書きの種類
内祝
御礼
お礼
入園内祝
入学内祝

名入れ
子どもの姓名
※「御礼」の場合は親の姓名でもよい。

卒業と就職

「卒業と入学」「卒業と就職」が同じ時期です。どちらを重んじればいいですか？

子供がまだ義務教育中である、あるいはそのまますぐ上の学校へ進学するような場合には、入学を重んじ、卒業に対するお祝いは少ないようです。卒業して社会人になるような場合には新しい世界に進むわけですから、就職祝いとして励ましの気持ちを込めた贈りものを差しあげるとよいでしょう。

就職祝いに適したギフト

ビジネスバッグ　バッグ　財布　定期入れ　名刺入れ
キーホルダー　システム手帳　印鑑　腕時計　目覚まし時計
スーツ　お仕立券付きスーツ生地　ワイシャツ
オーダーワイシャツ　ネクタイ　タイタック・タイバー
カフリンクス　スカーフ　ジュエリー　靴　靴下
ズボンプレッサー　マイナスイオンドライヤー　シェーバー
電動歯ブラシ　グルーミングセット　化粧用具　小物入れ

兄の子どもの就職祝いに何を贈ればいいでしょう？

社会人としての第一歩を踏み出す方には、役に立つ品、身の回りの品を贈ることが好まれるようです。贈る時期としては、卒業して就職する前の三月末までを目処《めど》に差しあげましょう。

卒業・就職の祝い

◎紅白もろわな結びののし紙
◎紅白もろわな結びの祝儀袋

表書きの種類

御就職祝
ご就職祝
ご卒業祝
御祝

就職祝いをいただいたので お返しをしたいと思っています。

卒業祝い、就職祝い、留学祝いなどに対するお返しは原則として必要ないといわれますが、手紙や口頭でのお礼はマナーとして重要です。また、身近な方へはささやかなものであっても、就職して最初の給料で購入した品物を贈り、お礼と近況報告を兼ねたメッセージを添えるのもよいでしょう。

とくに就職の際に、特別にお世話になった方には当人自らがお礼を贈りましょう。また、両親に対しても、これまでの感謝の気持ちを込めて、食事券、ネクタイ、革小物、バッグ、アクセサリーなどの記念に残る品物を贈ると喜ばれます。

卒業・就職の内祝い

◎紅白もろわな結びののし紙

表書きの種類

御礼
内祝
就職内祝
感謝
卒業記念

成人式（成人祝い）

成人祝いにはどのようなことを行うのですか？

「国民の祝日に関する法律」で、大人になったことを自覚し、自ら生き抜こうとする青年を祝い励ます日として、〝成人の日〟が定められています。以前は一月十五日が成人の日でしたが、現在では一月の第二月曜日となっています。この日には成年年齢を迎えた男女のために、記念式典や祝賀会が各地で催されます。

成人式の時期や在り方については、法律による決まりはなく、各自治体や企業の判断で実施されます。お祝いは、式典や祝賀会に合わせて差し上げる方が多いようです。

成人祝い

◎紅白もろわな結びの祝儀袋

表書きの種類

御成人祝
ご成人祝
成人式御祝
御祝

成人のお祝いに適したギフト

○両親からのお祝い

男子……スーツ　礼服　ワイシャツ　ネクタイ　腕時計　バッグ　靴

女子……振袖　色無地　訪問着　バッグ　草履　礼服　ワンピース
　　　　スーツ　腕時計　ジュエリー

○親しい人や親戚からのお祝い

男子……腕時計　バッグ　お酒　生まれた年のワイン

女子……ジュエリー　腕時計　革小物　フォトフレーム　宝石箱

家族での成人式の祝い方を教えてください。

成人式は、地方自治体や企業などの公的行事として広く普及しています。一方では家族や身内が我が子の成長を祝います。赤飯や尾頭《おかしら》付きの祝い膳などを囲み、成人の証《あかし》としてお酒で乾杯するのもよいでしょう。またホームパーティー形式で親しい友人を招いたり、レストラン、ホテルなどで祝宴を催したりすることも、大切な思い出としてこころに残るのではないでしょうか。

成人式の装いはどうしたらよいですか？

女性の場合、未婚女性の第一礼装は振袖なので、成人式では、袖丈《そでたけ》が足首とひざの中間くらいの長さの中振袖を着るのが一般的です。帯は、豪華な錦織の袋帯か丸帯を、ふくら雀や立て矢結びなどに結びます。また、草履《ぞうり》は、少しかかとの高い金銀の布製やエナメルのものがよいでしょう。

男性の場合、未婚・既婚を問わず、五つ紋付《もんつ》きの羽織袴《はおりはかま》に角帯が第一礼装です。仙台平《せんだいひら》と

豆知識

成人式のルーツ

成人式は〝元服式《げんぷくしき》〟が由来とされています。もとは中国の〝加冠《かかん》の儀〟からきたもので、宮中や公家、武家で行われていた〝元服《げんぷく》の祝い〟が広まったものです。〝元〟は首（頭）、〝服〟は着用を表し、頭に冠をつけることを意味します。

男子は十五歳になると、髪型や服装を大人に改め、冠を初めてかぶる〝元服《げんぷく》〟、女子は十三歳になると髪を初めて結いあげ、かんざしを飾る〝髪あげ〟がありました。武家社会では冠の代わりに烏帽子《えぼし》を着けて祝う行事が行われていました。また江戸時代以降、庶民は前髪を剃りおとす〝前髪落としの祝い〟やお歯黒《はぐろ》をする〝鉄漿《かね》付け祝い〟、男子はふんどしをしめ、女子は腰巻を付ける〝褌《へこ》祝い〟がありました。

呼ばれる縦縞《たてじま》の袴は、縞の幅が広いほど若向きとされています。草履《ぞうり》は、白か黒の鼻緒の畳表《たたみおもて》付きを合わせます。

さらに、男女問わず、扇子を身に付けます。

※扇子は袴の左脇に差します。

成人式に振袖を着る予定ですが、どのように準備すればよいでしょう？

ご案内のダイレクトメールが、百貨店、貸衣装店、写真館などから送られてくることもあります。まずこの時点で、購入するかレンタルするかを決めるとよいでしょう。その際、カタログを見るだけでなく、実際に店舗へ足を運んでみるのも大切です。

実際に、振袖を購入またはレンタル予約するのは、成人式の一年ほど前が多いようです。その際に、草履《ぞうり》やバッグなどの小物類もすべて決めるとよいでしょう。

その後は、七月から十二月までに記念写真の前撮りをします。成人式当日は、式典などで朝も早くあわただしいので、前撮りをする方が増えているようです。

購入の場合もレンタルの場合も、前撮りやヘアメイク、着付けなどがすべてセットになっていることが多いので、早めに内容を確認して予約しておくとよいでしょう。

成人式は、人生のなかでも光り輝く大切な記念日です。素敵な思い出になるように、早めにスケジュールを立て、しっかり準備を進めていきましょう。

娘の成人祝いの内祝い（お返し）は必要ですか？

成人のお祝いをいただいたときには、身内の場合には基本的にお返しの必要はないといわれますが、本人が礼状を書き、謝意を伝えることが成人としての礼儀です。

身内以外の方へは、関係に応じて「内祝」として紅白饅頭・紅白最中などの和菓子、洋菓子、または先方の好みの食べものなどを贈るのもよいでしょう。

一生に一度しかない二十歳の晴れ姿はぜひ写真に残したいものです。また、両親や親しい人に、成人式を迎えた喜びのメッセージや育てていただいたお礼、今後の抱負などをカードに書いて贈ることも喜ばれます。

成人の内祝い

◎紅白もろわな結びののし紙

表書きの種類
内祝
成人内祝
成人記念
御礼

名入れ
子どもの姓名

※「人生の中で二度とない節目のひとつ」との考えのもと、また結びやあわび結びを用いることがあります。

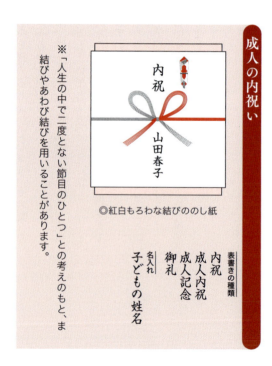

昇進・昇格・栄転

昇進祝いには何がよいですか？
上司が昇進しました。お祝いに商品券を贈ったら失礼でしょうか？

「部長や課長に昇進した」「支店長になって栄転した」など昇進、昇格、栄転については、家族や身内が集まって、自宅やレストランなどで祝宴を催すなど内輪で祝うのが一般的です。また、友人や社内などで自主的に祝ってくださる場合もあります。

目上の方にお餞別《せんべつ》を差しあげることは、「旅費の一部としてください」との意味を表すことから、失礼にあたるともいわれていますが、今までお世話になった感謝の印として、品物ではなく、現金をお包みしても失礼とはいえません。ただし、その場合は誤解が生まれないように、品物、現金のどちらを選ぶかの判断が重要です。

昇進・昇格・栄転祝いに適したギフト

祝い酒として寿、鶴亀などのラベルの日本酒　ウイスキー
ブランデー　紅白ワイン　シャンパン　鉢植え
プリザーブドフラワー　万年筆　ボールペン　名刺入れ　キーケース
机上トレイ　ペーパーウエイト　フォトフレーム　置時計　傘
扇子　ネクタイ　タイタック・タイバー　カフリンクス

夫の昇格祝いに対するお返しは必要ですか？

身内からの昇格などのお祝いのお返しは基本的には不要といわれますが、祝っていただいたことへのお礼を差しあげたいときは菓子・タオル・ステーショナリー・カタログギフトなどに、礼状を添えて贈ってはいかがでしょう。表書きは「内祝」ではなく「御礼」がよいでしょう。

また、栄転の場合に、個人的に餞別《せんべつ》やお祝いをいただいたときは、落ち着いた段階で関係者に挨拶状を送るなどしたいものです。赴任《ふにん》先の名産品などを贈っても喜ばれます。

昇進・昇格・栄転のお祝い

◎紅白もろわな結びののし紙

表書きの種類

御昇進祝
御昇格祝
御栄転祝
御餞別《おせんべつ》
御贐《おはなむけ》

赴任先の近所には、石けん・洗剤・タオル・ふきん・菓子などを配ってあいさつすることも必要です。なお、社宅住まいの場合はそこの慣習に合わせることが大切です。

昇進・昇格・栄転の返礼

◎紅白もろわな結びののし紙

表書きの種類

昇進・栄転の返礼……御礼
こころばかり

近所の挨拶回り……御挨拶
ご挨拶

※外のしが好ましい

昇進と栄転の違いを教えてください。

会社の人事などで使わる表現にはさまざまありますが、それぞれの言葉の意味は次ページ表の通りです。

贈りものをするにあたっては、先さまのお祝いがどれにあたるかを、しっかり確認することが必要です。言葉の意味を知らないと、〝栄転ではなく事情による異動だったのに、お祝いを贈ってしまった〟という非礼を起こしかねず、そうなると誤解を与えるのみならず、相手のこころを傷つけてしまうこともあります。

栄転か転勤か分からないときは、「御礼」や「御餞別《おせんべつ》」「御贐《おはなむけ》」にするとよいでしょう。

人事・就任でよく使われる言葉一覧

種類	解説
昇進	職階や地位が上がること（係長、課長、部長になるなど）
昇格	社内での人事制度上の階級などが上がること
栄進	昇進とほぼ同じ意味　少し控えめな言い方
栄転	転居を伴う栄進のこと　高い地位や職に転任するという意味もある
昇任	取締役以上、常務取締役までの地位に上がること
就任	専務以上の高い地位に就くこと　大臣、長官、教授などに就くこと　スポーツの監督やコーチなどに就くこと

就任祝い・就任披露《ひろう》

社長就任披露《ひろう》に出席する際の祝儀袋《しゅうぎぶくろ》の表書きはどう書けばよいですか？

仕事上で、責任の重い地位や役割に就くことを就任といいます。組織として祝宴《しゅくえん》や就任披露の宴を大規模に催す例は、最近では以前ほど見られなくなりました。それでも、なかには各界から多数の人が出席する盛大な宴もあるようです。

就任のお祝い

◎紅白または金銀もろわな結びの祝儀袋
◎紅白もろわな結びののし紙

表書きの種類
御就任祝
社長御就任祝
○○御就任祝

名入れ
会社名・役職名を入れる

就任披露《ひろう》に招待されたらどうすればよいですか？

就任披露の挨拶状または招待状が届いたら、できるだけ早くお祝いの品を贈りましょう。品物や金額は、取引先や得意先とのお付き合いの程度で考えるのが一般的です。

就任披露に招待されたら、就任するポストによって、誰が出席するかを会社として判断する必要があります。たとえ代理出席でも出席することが好ましいですが、難しい場合は、お祝いの品物を贈るときに、就任を祝うメッセージと欠席のお詫びを述べた手紙を添えましょう。

就任披露《ひろう》を催すときはどうしたらよいですか？

会長、社長、支社長、支店長などに就任した場合は、社内の人だけでなく社外にも通知します。挨拶状には、就任のあいさつ、就任披露を行う会場、日時などを記載のうえ発送します。招待者のリストアップも行い、漏れがないようにしましょう。

地位の高い人の就任披露は、会社にとって公的行事であり、組織的役割を決めて計画的に進めましょう。

取引先に社長就任のあいさつに回るときに、持参する品物の体裁を教えてください。

のし紙は、紅白もろわな結びで、表書きは「御挨拶」、「就任記念」などとすればよいでしょう。

就任の挨拶回り

◎紅白もろわな結びののし紙

表書きの種類
御挨拶
就任記念

名入れ
会社名・役職名を入れる

就任祝いをいただいた返礼の体裁を教えてください。

のし紙は、紅白もろわな結びで、表書きは「御礼」、「御禮《おんれい》」などとするのがよいでしょう。

就任祝いの返礼

◎紅白もろわな結びののし紙

表書きの種類

御礼
御禮

転勤（海外赴任・国内転勤）

お世話になった方が転勤する場合、どうしたらよいですか？

餞別《せんべつ》は本来は旅に出る人に、別れを惜しんで贈るものですが、海外赴任《ふにん》などでしばらく会えなくなる方にも贈ります。海外赴任が長期になる場合の餞別は、荷物が多くなることを考慮して、嵩《かさ》が張らない品物または現金を差しあげることもあります。

品物を贈る場合は、転勤または赴任に出発するまでの期間に食べきっていただけるお菓子、現在お住まいの地方の銘菓や特産品を持って行っていただくようにと贈るのも喜ばれます。

転勤前後のお付き合い

家族ぐるみでお付き合いしてきた会社の方やご近所の方が転勤する際には、引っ越し準備で疲れた心身のリフレッシュと思い出作りのために、レストランなどで会食をするのもよいものです。また、新しい土地に転勤してきた人に対しては、自宅に招いて温かく迎えてあげるのもよいでしょう。

お世話になった先生が転勤するとき

子供たちがお世話になった先生が転勤するときには、有志《ゆうし》が集まって贈りものをして感謝の気持ちを伝えるとよいでしょう。大げさな贈りものではなく、ステーショナリー類など日常の仕事で使えるもの、記念に残るフォトフレームなどがよいでしょう。

国内・海外の転勤の時の贈りもの

◎紅白もろわな結びの祝儀袋

表書きの種類

御贐《おはなむけ》
御餞別《おせんべつ》
御礼
おはなむけ
海外転勤のとき……
順風満帆《じゅんぷうまんぱん》祈念
一路平安《いちろへいあん》祈念

先生へのお礼

◎紅白もろわな結びののし紙

表書きの種類

御礼
感謝
御餞別《おせんべつ》
御贐《おはなむけ》

お返し

赴任《ふにん》後に落ち着いてから、勤務先や生活の様子を記《しる》した礼状を出したり、赴任地の名産品などを送ると喜ばれるでしょう。

また、転勤の際に記念品をいただいた場合のお返しは必要ありませんが、感謝の気持ちを表したいなら「御礼」の表書きで贈ります。

転勤祝いのお返し

◎紅白もろわな結びののし紙
◎リボン＋包装紙

表書きの種類
御礼
お礼

退職（定年、結婚、出産、転職、自己都合）

定年退職される方への記念品は何がよいですか？
役員を退任された方への贈りものは何がよいですか？

長年勤めた職場を去るのは、感慨深いものがあります。周囲の方が温かいこころ遣いや、思いやりを示して差しあげましょう。六十歳定年制の会社の場合、定年と同時に還暦《かんれき》を迎える方も増えています。そのような方へは退職後のゆとりある生活に向けて、レジャー用品や健康グッズ、趣味に関する品物、ご夫婦で楽しんでいただける旅行券・ディナー券などを贈るのもよいでしょう。

また、退職する本人への贈りものに、その方を支えてきた配偶者《はいぐうしゃ》の方への記念品を添えても喜ばれるでしょう。

定年退職のお祝い

◎紅白もろわな結びののし紙

表書きの種類

- 御退職祝
- 御贐《おはなむけ》
- 御餞別《おせんべつ》
- 御退任祝
- 御退官祝
- 御祝
- 御礼

定年退職のお礼はどうすればよいですか？

退職祝いや餞別《せんべつ》に対するお返しは原則として必要ないといわれますが、退職後に一段落した後、近況報告を兼ねた礼状を出す配慮は欲しいものです。

もしも、お礼やお返しを差しあげたい場合には、次のような表書きにするとよいでしょう。

定年の記念品、お祝い品に適したギフト

記念の置物　絵画　額　観葉植物　ビンテージワイン　ワイン小物
絵画用具　書道用品　ゴルフ用品　テニス用品　双眼鏡　天体望遠鏡
自転車　そば打ちセット　ネルドリップコーヒーセット
ブックマーカー　フォトフレーム　旅行券　旅行カバン
ハンドバッグ　傘　カシミヤのマフラー・ストール　紳士セーター
婦人セーター　マッサージチェア　血圧計　体脂肪計
勤務時の写真入りアルバム・フォトフレーム　同僚の寄せ書き色紙など

退職祝いの返礼

◎紅白もろわな結びののし紙

表書きの種類
御礼
感謝
お礼
こころばかり

結婚退職のときは、結婚と退職どちらを祝うものですか？予定日二カ月前の出産退職のときは、どうすればよいですか？

結婚をきっかけに退職する女性には、退職祝いや餞別《せんべつ》としてではなく、「御結婚祝」として周囲の方々で紙幣《しへい》を包み、餞別を兼ねるのが一般的です。餞別とは別に、同僚や同期、職場の全員で花束などを贈ることも多いようです。

そのほかにも、共済会、会社の規定、親睦《しんぼく》会などにもとづいて餞別を贈ることも多いので、とくに親しい関係でなければ、個人的に餞別を差しあげなくてもよいでしょう。また、退職前に結婚式の予定がわかっていて、招待を受けているときには、その際に結婚祝いを差しあげます。したがって、特別に親しい関係でなければ個別の餞別はなくてもよいでしょう。

出産退職の場合は、出産祝いとして贈ることはしませんので気をつけましょう。出産祝いは赤ちゃんが無事産まれてから贈るものだからです。

最近では、転職、独立など自己都合による理由で退職するケースも多いようです。そうした場合は、複雑な心境である相手の気持ちを察して、静かに、温かい気持ちでお送りしましょう。転職や退職はおめでたい場合だけではないので、そのあたりの配慮が必要で

結婚退職のとき

◎紅白ま結びやあわび結び、または紅白もろわな結びの祝儀袋

表書きの種類

御結婚祝
寿
御贐《おはなむけ》
御餞別《おせんべつ》
御礼（紅白もろわな結び）

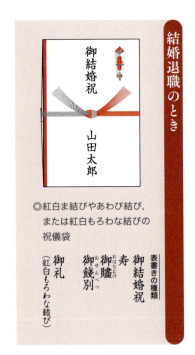

す。いずれの場合にも「健康に留意してお過ごしください」といった言葉を添えることも大切です。

出産退職のとき

◎紅白もろわな結びの祝儀袋

表書きの種類

御贐《おはなむけ》
御退職祝
御祝
御餞別《おせんべつ》

自己都合の退職のとき

◎紅白もろわな結びの祝儀袋

表書きの種類

御贐《おはなむけ》
おはなむけ
御餞別《おせんべつ》

リストラがあり退職する方へ贈りものをするときは、どうすればよいですか？

相手の気持ちを察して、静かに、温かくお送りしましょう。贈りものの体裁《ていさい》は、もろわな結びののし紙がよいでしょう。

リストラがあって退職するとき

◎紅白もろわな結びののし紙

表書きの種類

こころばかり
御礼
お礼
御贐《おはなむけ》

昇進披露《ひろう》・襲名《しゅうめい》披露

襲名披露《しゅうめいひろう》に招かれたときに、お祝いはどのようなものがよいでしょう？

芸能界や相撲の世界などでも襲名や昇進があります。たとえば、落語家の真打昇進披露、相撲《すもう》の横綱や大関《おおぜき》の昇進披露、歌舞伎《かぶき》の襲名披露、茶道、華道、舞踊《ぶよう》などの家元《いえもと》制度に関係した襲名披露や就任披露などの場合には、組織によるお祝いの宴が催されてきました。

こうした宴に招かれた際には、特別な決まりはなく、相互の関係から判断します。当日会場に伺《うかが》う際は、お祝いとして現金を包むことが一般的です。祝花を贈ることもあります。

昇進・襲名披露のお祝い

◎紅白もろわな結びの祝儀袋

表書きの種類

- 御襲名祝
- 真打御昇進祝
- 真打披露御祝
- ○○代目御襲名祝
- 御昇段祝
- 御祝

結婚五十年を迎える両親を子ども一同で祝いたいと思っています。何をしたらいいでしょうか？

結婚記念日は夫婦の記念日です。毎年やってきますが、最初の一年目、五年目、十年目というように、節目《ふしめ》節目に祝うことが増えています。最初のうちは夫婦だけで祝い、二十五年目、五十年目などのように年数を重ねると、子どもや親戚を含めて食事会を開いたり、旅行したりとさまざまに祝うことが多いようです。お祝いには、これといった決まりはありません。夫婦で贈りものを渡すこともあります。

贈りものは、お二人で楽しめるものがよいでしょう。年代物のワイン、ペアワイングラス、ペアの食器、イヤープレート、箸、ディナー券、旅行券、観劇チケットなどが喜ばれるようです。

結婚記念日のお祝い

◎紅白もろわな結びののし紙
◎紅白または金銀
もろわな結びの祝儀袋
(金子の場合)

表書きの種類
○○婚式御祝
御祝

結婚記念日の名称

結婚記念日はイギリスで始まったといわれ、日本では明治二十七年、明治天皇が大婚《たいこん》二十五年祝典(銀婚式)をなさったことで一般に広まったといわれています。一年目の紙婚式から七十五年目(または六十年目)のダイヤモンド婚式まで、細かく名称が決められています。とくに十五年目の水晶婚式までは毎年名称がつけられています。ただし、これらの名称は時代や国、地方によっても異なるので、同じ年の記念日でもいくつか名称があります。

結婚記念日（夫婦の記念日）

年月	種類	祝い方と贈りもの
1年目	紙婚式 Paper	白紙の上に他人同士が結婚生活をして一年。結婚一周年を記念して、紙の皿、紙コップ、紙ナプキンなどを使って祝う。贈りものは紙製品のアルバム、本、画集、カード、絵はがき、レターセット、和紙でできている電気スタンドなど。
2年目	綿《わた》婚式・藁《わら》婚式 Cotton,Straw	これからの苦労をお互いに支えあって、贅沢を戒めるための二年目。贈りものは木綿（コットン）のペアのTシャツやポロシャツ、アロハとムームー、ペアのカジュアルスニーカー、ペアパジャマやバスローブなど。また、藁製品の帽子、藁製工芸品など。
3年目	革《かわ》婚式・皮婚式 Leather	三年目の一つの節目《ふしめ》を皮のように粘り強く乗り越えていく。贈りものは革製品のポーチ、ハンドバッグ、手提げ、財布、定期入れ、名刺入れ、キーケース、ベルト、ペンケース、小物入れ、ブックカバーなど。
4年目	花婚式・書籍婚式 Flowers,Books	花が咲き、実がなるように、楽しい夫婦像ができつつある時期。四年目はまとまった本数の花を飾るなどの演出もよい。贈りものは花婚式を記念して花瓶《かびん》、生花、プリザーブドフラワーなど。また書籍婚式を記念して、お互いに本を贈る。
5年目	木婚式《もっこんしき》 Wood	花が咲き、実がなり、さらに大きな木となるように、夫婦として絆《きずな》が固まっていく時期。五年目の節目は大切な区切り。テーブルや椅子を贈り、気分を変えたり、庭があれば記念の植樹をして、木婚式記念と書いた木札を付けてもおもしろい。贈りものは木製のレターケース、鏡、額縁、フォトフレーム、オルゴール、小引出《こひきだし》、宝石箱、鉢植えなど。

6年目	鉄婚式 Iron	鉄のように強いくさびをもう一度打ち込む時期。贈りものにはペーパーウエイト、鉄製の小物、鍋など。
7年目	銅婚式・果実婚式 Copper,Fruit	銅製品のように、家庭も安定してくる時期。お互いに銅製品のものを贈る。贈りものはビアマグ、銅鍋、急須など。また果実婚式を記念して果物などを贈る。
8年目	青銅婚式・電気器具婚式・ゴム婚式 Bronze, Electrical appliances, Rubber	青銅は昔から美術品や貨幣《かへい》にも用いられてきた貴重品。ブロンズに輝く時期。贈りものは青銅婚式を記念して青銅の花生けが代表的。その他にドライヤー、シェーバー、電子手帳、ハンディーマッサージャー、体重体組成《たいそせい》計、電動歯ブラシなど。
9年目	陶器婚式 Pottery	壊れやすい陶器を壊さずに持ち続けたように、九年目を祝いあう。贈りものにはご飯茶碗、湯のみ、カップ&ソーサー、マグカップ、エッグスタンドなどペアで使うもの。
10年目	錫《すず》婚式・アルミニウム婚式 Tin,Aluminium	錫のような美しさと、やわらかさを併せ持った夫婦になる時期。十年目の大きな区切りを祝って、洒落た錫の一口ビアグラスをペアで揃えてもよいでしょう。アルミ婚式を祝う親子鍋、片手鍋、行平鍋《ゆきひらなべ》、錫《すず》のポットなど。
11年目	鋼鉄《こうてつ》婚式 Steel	ペーパーウエイト、アイロン、ゴルフセット、大工用品、自転車など。
12年目	絹婚式・麻婚式 Silk,Linen	絹のパジャマ、スカーフ、ネクタイ、麻のジャケット、セーター、カーディガン、バッグ、テーブルセンターなど。

13年目	レース婚式 Lace	レース使いのテーブルクロス、テーブルセンター、ドイリー、クッションカバー、エプロン、ブラウスなど。
14年目	象牙婚式 Ivory	ネックレス、ブレスレット、工芸品など。
15年目	水晶婚式 Crystal	水晶のように曇りのない透明な夫婦の信頼と愛の深さに到達した時期。贈りものは水晶のアクセサリーや置物、ブレスレット、クリスタル製品など。
20年目	磁器婚式 Porcelain, Chinaware	磁器のように年代を経ることは価値にもつながる。贈りものには陶磁器製品でペアの湯呑みや置物など。
25年目	銀婚式 Silver	いぶし銀のように内側から輝き、充実した夫婦の素晴らしさを祝う。自宅、ホテル、料亭、レストランなどを会場に、パーティーを開いたり、国内旅行や海外旅行に出かける夫婦も多い。贈りものには銀のスプーン、銀をほどこした飾り物、銀の盃、銀の器、銀の箸、二十五本のバラの花束、二十五年物のワイン、国内・海外旅行など。
30年目	真珠婚式（パール婚式） Pearl	みずみずしい若さを保つ、まるで真珠のように気品ある夫婦になる時期。贈りものにはパールのネックレス、イヤリング、リング、パール付フォトフレーム、国内、海外旅行など。
35年目	珊瑚《さんご》婚式・ひすい婚式 Coral,Jade	珊瑚のようにやわらかな赤みのある色は、夫婦の長い歴史のあかし。贈りものには珊瑚や翡翠《ひすい》のアクセサリー、国内、海外旅行など。
40年目	ルビー婚式 Ruby	ルビーの磨かれた美しい紅の色は、夫婦の深い誠実な歴史を物語る。贈りものはルビーのアクセサリー、国内、海外旅行など。

45年目	サファイア婚式 Sapphire	サファイアの宝石言葉「誠実と徳望」に匹敵するような夫婦となったあかし。贈りものはサファイアのアクセサリー、国内旅行、海外旅行など。
50年目	金婚式 Gold	夫婦生活はすっかり安定し、人間的にも金のような輝きをもった夫婦。結婚五十年ともなると、夫婦は老境にはいり、子ども、親類、友人、知人など周囲が祝宴を開いて、夫婦を招待するケースもある。贈りものは金婚式を祝って、金のスプーン、金杯、金を彩った陶磁器、観劇や音楽会、コンサートのペアチケット、座布団《ざぶとん》、座椅子、クッション、夫婦茶碗、お椀一対《いっつい》、ペアカップセット、掛け軸、絵画、香炉、置時計、ペアのカシミヤセーターなど。
55年目	エメラルド婚式 Emerald	尊《とうと》く深く、静かな美しさがあるエメラルドに似た夫婦。贈りものはエメラルドを使った指輪、ペンダント、ネクタイピン、国内旅行など。
60・75年目	ダイヤモンド婚式 Diamond	夫婦揃ってこのときを迎えることは貴重で、ダイヤモンド以上の価値がある。ダイヤモンド婚式は、イギリスでは六十年目、アメリカでは七十五年目を祝う。いずれにしても、夫婦揃ってこの日を迎えることは貴く、家族、親戚などが集まって盛大なパーティーなどを開くのもよい。米寿（八十八歳）など長寿祝いと重なる場合には、同時に祝ってもよい。贈りものとしては、ダイヤモンドアクセサリー、花束、金杯、銀杯、青磁の香炉、陶額、絵皿、花生け、掛け軸など。

結婚記念日を子どもが祝ってくれるというのですが、内祝いの品は何がいいですか？金婚式の記念の品をみんなに配りたいときは何がいいですか？

日本においては基本的に、銀婚式や金婚式は子どもなど身近な人が計画をして祝ってくれます。また、本人が身内や友人などを招いた食事会を催すこともあります。そのような場合は、その出席者に〝引出物〟として記念品をお渡しするとよいでしょう。

結婚記念の内祝い

◎紅白もろわな結びののし紙

表書きの種類
○○婚式記念
内祝

名入れ
夫婦の姓名

結婚記念の内祝い品に適したギフト

ふくさ　小ふろしき　飾り皿　花瓶　漆塗りの丸盆　フォトフレーム

箸　小型置時計　紅白最中《もなか》　かつお節　お吸い物詰め合わせ

長寿祝い

長寿祝いの意味を教えてください。長寿祝いの贈りものにふさわしいものは何ですか？

長寿祝いは還暦《かんれき》に始まります。別名を〝賀の祝い〟〝賀寿《がじゅ》の祝い〟などともいわれ、年齢それぞれに由来があります。奈良時代に四十歳以降の十歳ごとに祝う中国の風習が、日本に伝わったものといわれており、平安時代の賀寿が四十歳の初老をはじめとして十年毎《ごと》に行われてきたことが『古今集』などからもわかります。さらに室町時代に、現在のような長寿祝いとなり、一般庶民の間に広まったのは江戸時代のようです。

戦前は数え年で表示していた年齢が、戦後は満で数えることが一般的になり、高齢者の賀寿は健康的な気遣いから、数え年で祝う方も少なくありません（数え年のほうが、一年早く〝賀寿〟を迎えることができる）。

お祝いは正月や誕生日、または九月の第三月曜日の敬老の日にすることが多いようです。

長寿祝いには、各年代のテーマカラーをヒントにセーターやマフラーなどの身につけるもの、生花や花瓶などの飾るもの、ティーカップ、湯呑み、杖《つえ》、傘などの実用的なものを贈ると喜ばれるでしょう。

長寿祝いに適したギフト

マフラー　スカーフ　セーター　アクセサリー　カバン・バッグ
花束　プリザーブドフラワー　花瓶　飾り皿　金杯　銀杯　香炉
絵画　掛け軸　フォトフレーム　湯呑み　ティーカップ　箸
ルーペ　杖《つえ》　傘　座布団　マッサージ器　日本酒　紅白ワイン
シャンパン　食事券　旅行券

一覧表

種類（数え年表記）	テーマカラー	説明
還暦《かんれき》…六十一歳	赤	◎数え年六十一になると、生まれ年の干支《えと》に還ることから。
緑寿《ろくじゅ》…六十六歳	緑	◎六十六歳は緑緑《ろくろく》となるため。
古稀《こき》（希）…七十歳	紫	◎唐の詩人、杜甫《とほ》の詩の「人生七十古来稀《こらいまれ》なり」の一節から。
喜寿《きじゅ》…七十七歳	紫	◎七を三つ書く「喜」の草書体からきたもの。
傘寿《さんじゅ》…八十歳	金茶	◎「傘」の俗字が八十に読めるため。
半寿《はんじゅ》…八十一歳	金茶	◎「半」という字が八十一に読めるため。
米寿《べいじゅ》…八十八歳	金茶	◎「米」の字が八十八に読めるため。
卒寿《そつじゅ》…九十歳	白	◎「卒」の俗字の「卆」が九十に読めるため。
白寿《はくじゅ》…九十九歳	白	◎「百」から一をとると「白」の字になるため
百 寿《ももじゅ・ひゃくじゅ》…百歳		◎「百賀（ももが）の祝い」ともいう。
茶寿《ちゃじゅ》…百八歳		◎「茶」の文字が八十八に、十が二つのっているところから。
珍寿《ちんじゅ》…百十歳以上		◎珍しいほどの長寿という意味。
皇寿《こうじゅ》…百十一歳		◎「皇」の字を分解すると「白」が白寿の九十九、「王」は十が一つと一が二つ、あわせて百十一になることから。
大還暦《だいかんれき》…百二十歳		◎還暦の倍という意味。

六十歳の誕生祝いは、どのように贈ればいいですか？

六十一年目に自分の生まれた年と同じ干支《えと》の組み合わせに還ることから〝還暦《かんれき》〟といわれます。〝華甲《かこう》〟〝華甲子《かこうし》〟〝本卦還《ほんけがえ》り〟ともいいます。

「赤ちゃんに還る」という赤になぞらえ、また生命の象徴としての太陽の色で、魔除け、厄《やく》除《よ》けの色とも信じられている赤い色のものを贈ります。

古来、赤い頭巾《ずきん》、ちゃんちゃんこなどを贈り、祝いましたが、最近はあまりそうした光景は見られなくなりました。

お祝いを贈る場合、まだまだ若々しい相手に「還暦御祝」とするのは気が引けるというときには、「賀華甲《がかこう》」と表書きして、その方の趣味に関するものや好きなものを贈ってあげるとよいでしょう。〝華〟とは分解すると十が六つと一が一つあり、計六十一となります。〝甲〟とは、干支の第一番目の甲子《きのえね》の甲であり、物事のはじめから〝華甲〟の名が付いたのです。

還暦のお祝い

◎紅白もろわな結びののし紙

表書きの種類

還暦御祝
賀華甲
賀華甲子
御祝
寿
賀寿
敬寿
寿福

緑寿《ろくじゅ》とは何歳のお祝いですか？

数え歳六十六歳のお祝いを緑寿といいます。現代では還暦《かんれき》の満六十歳（数え年六十一歳）はまだまだ現役で、長寿を祝ってもらうのは抵抗があるという方が増えています。そこで、還暦から古稀《こき》までの間で統計上の高齢者区分である満年齢六十五歳を、人生の大きな節目として祝うことにしたものです。

これは平成十四年に日本百貨店協会が、環境問題にかかわりの深い〝緑〟の字に焦点をあてて提唱したお祝いです。イメージカラーはもちろん、若さと活力をイメージする緑です。贈りものをする際には紅白もろわな結びで「緑寿御祝」として贈られるとよいでしょう。

父の七十歳（数え年）の誕生日を子どもたちで祝いますが、どのようにしたらよいですか？

数え年七十歳は古稀《こき》（希）です。唐の詩人、杜甫《とほ》の詩の「人生七十古来稀《こらいまれ》なり」の一節からこう呼ばれます。

古稀のお祝いをするなら、親しい友人や知人を招いて祝宴をもつのもよいでしょう。また、色紙に寄せ書きをして贈ることもよくあります。

古稀をはじめ七十代のお祝いのテーマカラーは、紫色です。これは、聖徳太子《しょうとくたいし》が冠位十二階の制度で最高の色と定めて以来、紫が高貴な色とされてきたことによるようです。

現代の人々はみな若々しく、長寿のお祝いを本格的に始めるのは、古稀や喜寿《きじゅ》からが多いようです。

古稀のお祝い

◎紅白もろわな結びののし紙

表書きの種類

古稀《こき》御祝
古希《こき》御祝
御祝
寿
賀寿
敬寿
寿福

七十七歳（数え年）の誕生日には、どんなことをして祝えば喜ばれるでしょうか？

数え年七十七歳は、喜寿《きじゅ》です。〝喜〟の草書体〝㐂〟が七十七と読めることから、この呼び名が生まれ、〝喜字齢《きじれい》〟〝喜の字祝〟とも呼ばれていました。その起源は室町時代ともいわれ、厄年の一つであったようです。

喜寿のお祝いには祝宴を開くことが多いようです。家族や親戚が温泉地などに集まって祝宴を開くのもよいものです。その際、子供や孫から、両親（祖父母）の好きなものを贈りましょう。色紙に寄せ書きをして贈るのも喜ばれます。

傘寿《さんじゅ》の内祝いが届きました。お祝いしたいのですが、どうすればよいでしょう？

傘寿は数え年八十歳のお祝いです。傘の俗字〝仐〟が八十と読めることや、〝開く〟〝末広〟などの意味から、この呼び名が生まれたようです。

一般には内輪で祝うことが多く、友人などには知らせずに、内祝いのお裾分けだけを贈ることもあるようです。もしも、内祝いが届いたなら、その時点で本人の健康状態や趣味などを考えて、ふさわしい贈りものをするとよいでしょう。

傘寿をはじめ八十代のお祝いのテーマカラーは〝金茶〟です。これは、黄は天の太陽、地

喜寿のお祝い

◎紅白もろわな結びののし紙

表書きの種類

喜寿《きじゅ》御祝
㐂寿《きじゅ》御祝
御祝
寿
賀寿
敬寿
寿福

にあっては沃土黄金《よくどおうごん》を象徴して自然の恵みの色とされ、古代中国の〝陰陽五行説《いんようごぎょうせつ》〟でも土を意味し、中央を示す要の色でもあることからきたようです。

傘寿のお祝い

◎紅白もろわな結びののし紙

表書きの種類

傘寿《さんじゅ》御祝
御祝
寿
賀寿
敬寿
寿福

半寿《はんじゅ》の祝いとは何ですか？

還暦《かんれき》や古稀《こき》、傘寿《さんじゅ》などに比べて今ひとつ知られていないようですが、数え年八十一歳のお祝いとして半寿があります。〝半〟という字は八、十、一と読めることから、こう呼ばれるようになったようです。

なぜ、米寿《べいじゅ》と呼ぶのですか？

数え年八十八歳のお祝いは米寿です。〝米〟という字を分解すると八、十、八と読めることから、このように呼ばれることとなりました。〝米の祝〟〝よねの祝い〟とも呼ばれています。

米寿のお祝い

◎紅白もろわな結びののし紙

表書きの種類

米寿《べいじゅ》御祝
御祝
寿
賀寿
敬寿
寿福

卒寿《そつじゅ》の祝い方を教えてください。

数え年九十歳のお祝いが卒（卆）寿です。〃卆〃が九十と読めることからこのように呼ばれることとなりました。また、鳩寿《きゅうじゅ》ともいわれ、〃鳩〃の字の中に九が含まれて、音読みも〃きゅう〃であることからきたともいわれます。

平均寿命が延びた現在、卒寿の祝いをすることも珍しくありません。特にこの祝い以降は、ご本人の健康状態とも相談しながら毎年お祝いする配慮も欠かせません。

卒寿のお祝い

◎紅白もろわな結びののし紙

表書きの種類

- 卒寿御祝
- 御祝
- 寿
- 賀寿
- 敬寿
- 寿福

九十九歳のお祝いはどのように行うのですか？

数え年九十九歳のお祝いは白寿《はくじゅ》です。百から一を引くと〝白〟になることから、このように呼ばれることとなりました。その名のとおり、テーマカラーは白とされます。白は古来より神聖な色として神事のために使われてきました。汚れのない清らかなものの象徴と受け止められています。

白寿のお祝いの贈りものは、健康状態や趣味などを考慮して決めるとよいでしょう。最近では、自費出版をしたり、書、絵、詩、座右《ざゆう》の銘《めい》などを表装して贈ることも多いようです。こうしたものは直前では間に合わないことが多いので、余裕をもって前から準備をしておきましょう。

白寿のお祝い

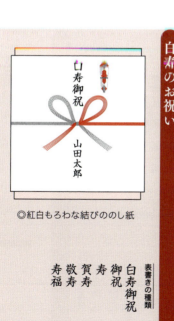

◎紅白もろわな結びののし紙

表書きの種類

白寿御祝
御祝
寿
賀寿
敬寿
寿福

百寿《ももじゅ・ひゃくじゅ》のお祝いの表書きはどのように書きますか？

数え年百歳のお祝いは百寿といいます。百歳のお祝いは〝百賀《ももが》の祝い〟ともいい、それ以降は、〝百一賀《ももいちが》の祝い〟〝百二賀《ももにが》の祝い〟というように、毎年祝うことも多いようです。それぞれ金額にこだわらず、こころを込めた贈りものをするとよいでしょう。

百歳以上のお祝い

◎紅白もろわな結びののし紙

表書きの種類

百寿御祝
百賀《ももが》御祝
百〇賀御祝
御祝
寿
賀寿
敬寿
寿福

茶寿《ちゃじゅ》祝《いわ》いとは何ですか？

数え年百八歳の祝いが茶寿です。〝茶〟の字は八十八の上に十が二つあることから、こう呼ばれるようになりました。

珍《ちん》寿《じゅ》祝《いわ》い、皇《こう》寿《じゅ》祝《いわ》いとは何ですか？

〝珍寿祝い〟は数え年百十歳以上のお祝いです。貴重な長寿であることから、このように呼ばれます。また、〝皇寿祝い〟とは数え年百十一歳のお祝いです。〝皇〟の字を分解すると、〝白〟が白寿《はくじゅ》の九十九、〝王〟は十が一つと一が二つで、あわせて百十一になることに由来しています。

なお、それ以降のお祝いは、数え年百二十歳のお祝いとして還暦の倍ということで、〝大《だい》還暦《かんれき》〟があります。

茶寿のお祝い

◎紅白もろわな結びののし紙

表書きの種類

茶寿御祝
百八賀御祝
御祝
寿
賀寿
敬寿
寿福

長寿祝いのお返しはどのようにしたらよいですか？

長寿の祝いに対するお返しは、長寿のめでたさを報告し、祝いあう内祝いと考えてよいでしょう。また、長寿にあやかりたいという願いに応えて贈るものでもあります。

珍寿・皇寿のお祝い

◎紅白もろわな結びののし紙

表書きの種類

珍寿御祝
皇寿御祝
御祝
寿
賀寿
敬寿
寿福

長寿の内祝い

◎紅白もろわな結びののし紙

表書きの種類

内祝
○○内祝
寿
御礼

長寿の内祝いに適したギフト

紅白饅頭《まんじゅう》　紅白最中《もなか》　名入れカステラ　赤飯　羊かん

かつお節パック　お吸い物セット　ふくさ　ふろしき　絵画　花瓶

置物　置時計　漆塗りの丸盆　など

敬老の日の贈りものの体裁《ていさい》を教えてください。

のし紙は、紅白もろわな結びで、「敬老の日御祝」、「御祝」、「寿」として贈ります。「賀寿」、「敬寿」、「寿福」などと書く場合もあります。通常、表書きは贈りものの目的を記すものであり、メッセージは入れません。お祝いの気持ちはメッセージカードや手紙に書いて贈りものに添えて贈りましょう。

敬老の日の贈りもの

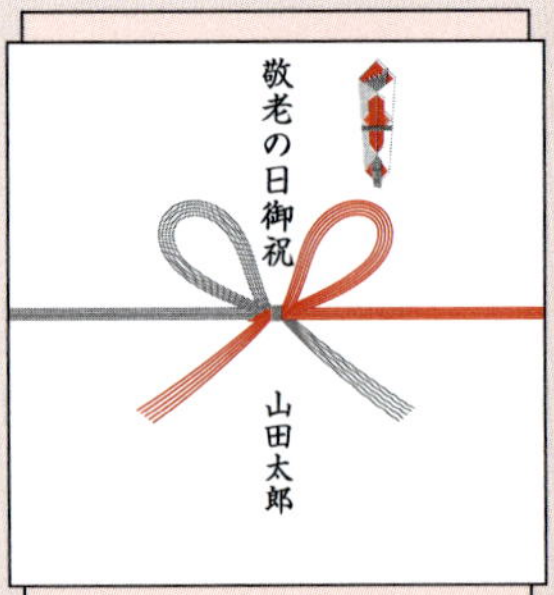

◎紅白もろわな結びののし紙

表書きの種類

- 敬老の日御祝
- 御祝
- 寿
- 賀寿
- 敬寿
- 寿福

厄年《やくどし》

厄年《やくどし》とは何歳のことですか？

人間の一生のうち、ある年齢のときに体調を崩したり災難を受けやすいと考えられ、そうした厄難に遭遇《そうぐう》するおそれが多い年齢のことを厄年といいます。厄年は数え年で行うことが一般的です。厄年の年齢は数え歳で、男性は二十五歳、四十二歳、六十一歳、女性は十九歳、三十三歳、三十七歳が基本にあり、このうち男性の四十二歳、女性の三十三歳は大厄《たいやく》として、その前年の前厄《まえやく》、後年の後厄《あとやく》とともに、この三年間は災難を避けるために厄を払う風習があります。

厄年のいわれには諸説あり、七歳から始まって九を加える〝七歳、十六歳、二十五歳……〟や〝十九＝重苦、三十三＝さんざん、四十二＝しじゅうに〟などの語呂合わせ、また、昔は一定の年齢になると寺社で身を清めて〝役〟を務めたことから、〝役〟が〝厄〟に変化し、役を務める年齢が厄年のときともいわれました。源氏物語でも、藤壷《ふじつぼ》三十七歳、厄年での苦悩が描かれていたり、江戸時代の書物にも男性六十一歳、女性三十七歳が厄年として記され、広まったともいわれています。

厄年には、社寺に参拝して厄払いをしたり、言い伝えられているものを肌身離さず身につけたり、周囲の方を招いて会食をしたり、節分の豆まきの際に厄もまいてほかの方に拾ってもらうなど、さまざまな方法で厄を払います。社寺に参拝して厄除けをした場合には、翌年にお礼の気持ちを込めてお礼参りをします。お礼参りの際には、厄除け祈願の際にいただいたお札《ふだ》のお焚《た》きあげをお願いすることが基本です。

また、地域によっては、厄払いという捉《とら》え方ではなく〝年祝《としいわい》〟〝壮寿祝《そうじゅいわい》〟などとしてお祝いをするところもあるようです。そのようなところでは水引も紅白もろわな結びにすることもあります。

神仏への参拝の御礼

◎紅白ま結びの祝儀袋

◎白無地袋

表書きの種類

神社……

御玉串料《おんたまぐしりょう》／玉串料

御初穂料《おんはつほりょう》／初穂料

御祈禱料《ごきとうりょう》

幣帛料《へいはくりょう》／御祓料《おはらいりょう》

寺……

御祈願料

厄年《やくどし》を迎える方に厄除《よ》けの品を贈りたいときは何がよいですか？

昔から、厄年の方には、長いもの、うろこ模様のもの、七色に輝くもの、肌身離さず持ち歩けるものを贈ることがよいとされてきました。恵比寿《えびす》様、大黒《だいこく》様の化身《けしん》が蛇神とされたことから生まれた風習のようです。ヘビ革などは好みもあるので、革小物などでは、うろこ模様の柄や型押しの品物を選ぶケースがよく見られます。

男性にふさわしい贈りもの

ネクタイ、ループタイ、ベルト、定期券入れ、名刺入れ、財布など。

女性にふさわしい贈りもの

ベルト、スカーフ、ネックレス、帯、組紐《くみひも》、定期券入れ、財布、小物入れなど。そのほかにも、青海波《せいがいは》（波形の染模様）、鮫小紋《さめこもん》、江戸小紋などの細かい染模様、鱗《うろこ》模様などをあしらった小物入れや長いもの、あるいは天然石のブレスレットなどもよいでしょう。

また、厄年を無事に過ごせるようにと願って、厄除けのお守りやお札《ふだ》などを贈ってもよいでしょう。

厄除け祈念

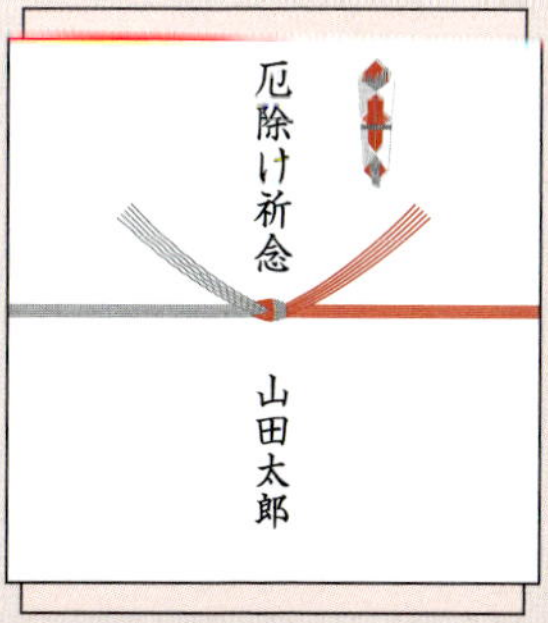

◎紅白ま結びののし紙

表書きの種類

厄除け祈念
厄払い祈念
厄除け祈願
厄払い祈願

〝厄落とし〟をしたいときには、どんな方法がありますか？

以前は、本厄《ほんやく》の年の正月や誕生日に、親戚や友人を食事に招待することが多かったようです。これは、お互いさまという考えのもと、周囲の方に少しずつ厄を持って帰っていただくことで、災難から逃れられるという言い伝えからです。

また、誕生日や正月だけでなく、二月一日に〝年重ねの祝い〟をしたり、小正月《こしょうがつ》や節分にもう一度正月を祝うこともあります。「正月が二回来たのだから、厄年も終わり」にしたいという思いによるものです。同じように、九州地方では〝六月正月〟といい、六月一日を年始と定めて、この日に厄落としをするともいわれます。

厄年《やくどし》とされる年齢は、人生の一つの区切りであり、社会的にも身体的にも変調が起きやすいときです。したがって、厄払いとともに、健康に留意したり、のんびり旅行に出かけて気分をリフレッシュさせたりするなど、人生を少し立ち止まってみる機会にしてはいかがでしょう。

豆知識

厄年《やくどし》の考え方

厄年は厄月や厄日とともに、室町時代からのもので、その根拠の一つとなったのが、陰陽五行思《いんようごぎょう》想といわれています。迷信的要素が強いといって排斥《はいせき》するむきもありますが、医学的見地からは合理性も含まれているとする説もあります。

自分の身辺に不幸が続いたり、いやな事件が起こったりすると、大変気になるものです。このようなときには、参拝をして厄払いをされる方が多いようです。

厄年《やくどし》のお返しの品には、どのようなものがいいですか？

厄年が終わったときに、親しい方や祈願してくださった方に内祝いを贈ります。お返しの品は、日用品や食べ物がよく見られます。

地域によっては、〝厄除け＝赤〟から小豆《あずき》を使ったお菓子も贈られています。

厄除けの内祝い

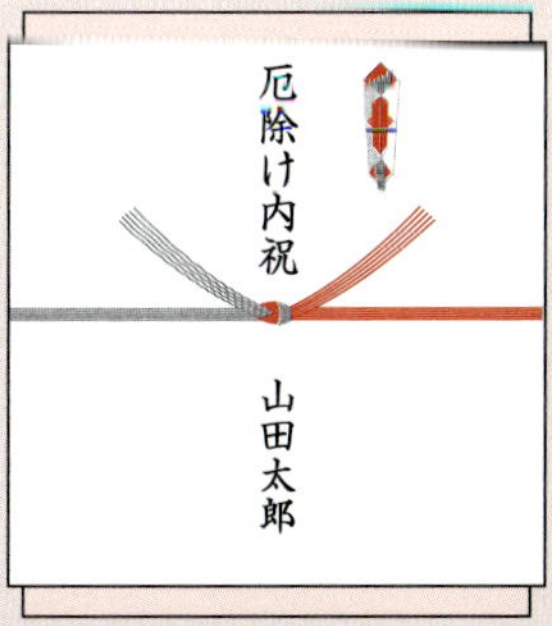

◎紅白ま結びののし紙

表書きの種類

厄除け内祝
厄払い内祝
内祝

厄年《やくどし》が無事に終わった友人へのお祝いは何がいいですか？

厄年が無事に終わったことを祝って品物を贈る場合は、タオル、ボールペンや万年筆などのステーショナリー、食べものなどを選ばれてはいかがでしょう。

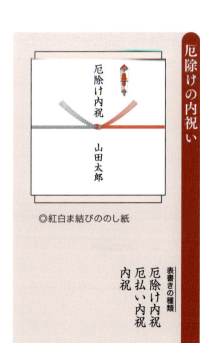

厄除けは専門の寺社に行ったほうがよいですか？

日本全国には、厄除け・厄払いで有名な神社や寺院が数多くあり、多くの人が訪れているようです。

もともと日本人の信仰は自然崇拝《すうはい》であり、土には土の神様がいて、自分たちの住む土地を守ってくれる氏神様《うじがみさま》の信仰があります。そのような意味で、ご自身の住む地域の氏神様へ参拝するのも一つの方法ではないかと思います。

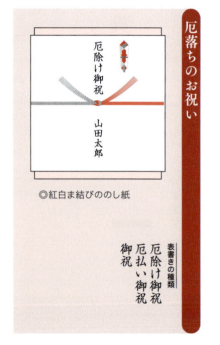

厄落ちのお祝い

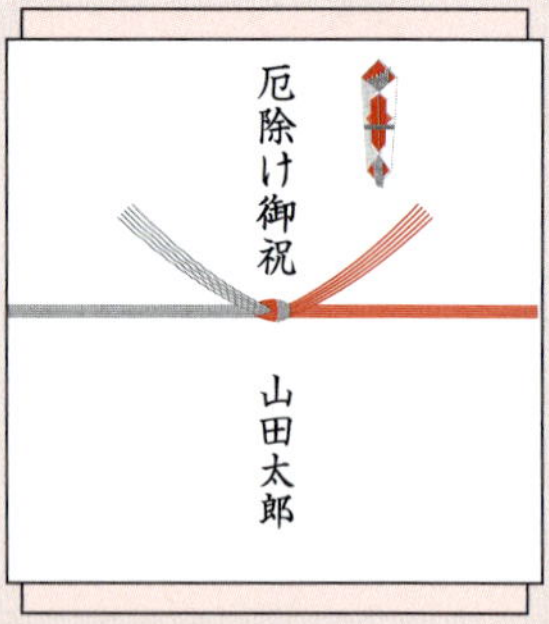

◎紅白ま結びののし紙

表書きの種類
厄除け御祝
厄払い御祝
御祝

大厄《たいやく》の三十三歳の前後三年間だけでなく、神社には九年分の表示がありますが、全部厄除《やくよ》けしなければなりませんか？

厄除け・厄払いに関しては、それぞれの土地柄や風習があり、どれが正しいと言えないことが多くあります。長年、人々のあいだで伝承されてきたものなので、心情に起因しているとも考えられます。

神社の表示は確かに広めになっていますが、気になるようであれば、大厄の前後三年間以外も参拝し、厄除けのお守りをいただくなどするとよいでしょう。

女性の厄年（数え年）

前厄	本厄	後厄
18歳	19歳	20歳
32歳	33歳	34歳
36歳	37歳	38歳

男性の厄年（数え年）

前厄	本厄	後厄
24歳	25歳	26歳
41歳	42歳	43歳
60歳	61歳	62歳

□は大厄です

※女性の三十三歳、男性の四十二歳は大厄といわれています。

勲章を受章された方へのお祝いの方法を教えてください。

国のために功労《こうろう》のあった人に授与される勲章には、最高の大勲位菊花大綬章《だいくんいきくかだいじゅしょう》から、旭日章《きょくじつしょう》、瑞宝章《ずいほうしょう》、身近な各種褒章《ほうしょう》など、さまざまなものがあります。また、文学、芸術、社会奉仕など各界の賞もあります。［▼211～212ページ参照］

叙勲《じょくん》や受章はおめでたいことなので、親戚、友人、知人の叙勲や受章を知ったときは、できるだけ早くお祝いしましょう。とくに、近くにいて親しい間柄や大事な取引先、お得意さまなら、すぐにお祝いに出向くようにしたいものです。

そうした際には、①身支度を整えて伺《うかが》う　②長居はせずに玄関先で失礼する　③遠方の場合にはすぐに祝電や手紙などで祝福のメッセージを伝える　④電話の場合は先方の状況を配慮して早めに切り上げるなどを心がけましょう。

受章される方の社会的立場などからも品物選びは難しいものですが、お祝いの品は受章の内容や先さまの趣味をよく考えて贈りたいものです。受章祝いの贈りものには、絵画・書・掛軸・陶器・漆器・花瓶・置物・時計・花など、女性の場合には高級袋物、アクセサリーなどもよいでしょう。

鯛、伊勢エビ、するめ、あわび、はまぐりなどの魚貝類を贈るときは、熨斗《のし》はつけないので注意しましょう。「お祝い用に」と魚屋に注文すると、笹の葉を敷き、きれいに調《ととの》えてくれます。先方にお渡しするときは相手から見て、頭が左にくるようにすることが基本です。日本酒、ウイスキー、ブランデー、ビール、紅白ワイン、シャンパンなどの酒類もよいでしょう。

交際範囲が広く、訪問客が多いお宅であれば、菓子、果物、おつまみなどを持参するのも喜ばれるでしょう。まずお祝いの意を伝え、後日に改めてお祝いの品をお届けするときには、遅くとも十日以内に届くように心がけましょう。

叙勲・褒章のお祝い

◎紅白もろわな結びののし紙

表書きの種類
御受章祝
叙勲御祝
褒章御受章祝

叙勲《じょくん》の内祝品にはどのようなものがよいでしょう？

お祝いの品をいただいた方へは、受章式が終わったところで挨拶状と記念品を贈るのが一般的です。あるいは、祝賀パーティーを開いて招待し、その席で記念品をお渡しすることもあります。

お祝いのお返しは、半返しが目安といわれます。祝賀会などの記念品として、扇子、ふくさ、ふろしき、陶磁器、漆の丸盆、フォトフレーム、ブックマーカーなどに〝○○章受章記念〟〝受章年月日〟〝名前（本人のフルネーム）〟などの文字入れをして贈るとよいでしょう。その他、紅白最中《もなか》、かつお節、カステラなどの食品も、利用されることがあります。

また、電話や祝電をいただいた方には、礼状を送りましょう。

受章の内祝い

◎紅白もろわな結びののし紙

表書きの種類
受章記念
内祝
御礼
叙勲記念
○章受章記念
○章受章内祝

受章パーティーに招待されたときの服装を教えてください。

一般には略礼服（平服）で出席するのが無難です。受章者とその配偶者《はいぐう》以上に華美にならない配慮からです。

略礼服（平服）の場合でも、ネクタイやポケットチーフ、アクセサリーの小物などを上手に使って、その場にふさわしい雰囲気を心がけましょう。

一方、パーティーを主催する側は、主催者・発起人が申し合わせて、案内状に服装を明記することが大切です。なるべく具体的に、正礼装、準礼装、略礼装（平服）などの区別、もしくは男性の服装の範囲を示しておきましょう。

招待客は、それに合わせた服装をするわけですが、もしも指定のない場合には、主催者に問い合わせてよいものです。

叙位《じょい》・死亡叙勲《じょくん》の記念品を香典返しとして贈ってもよいですか？

叙勲の記念品を香典返しとして贈ってもかまいません。

叙位とは〝位階《いかい》〟（勲功や功績のある者または在官者、在職者に与えられる栄典の一種）に叙せられることで、対象となる方が亡くなってから授けられます。また、叙勲《じょくん》でも、亡くなられた方に勲章《くんしょう》が授けられる場合があります。これを死亡叙勲といいます。

叙位、死亡叙勲の伝達は、亡くなられた日から三十日以内に閣議決定され、天皇陛下の御裁可の手続きを経て行われます。ただし、叙位および叙勲の日付けは生前の最後の日付けとなります。

また、生前に春の叙勲、秋の叙勲を受章していると、叙勲は一生に一度しか受けられませんので、死亡叙勲は受けられません。こうした場合は、生前の功績に対して位階が授与されます。

故人の知人や関係者に対して忌明《きあ》け法要のあとに、お礼またはお返しをするときのご挨拶状に、叙位の栄誉を記念したひと言を添えて贈るのが一般的です。

叙位・死亡叙勲の記念品を贈る場合

表書きの種類

○○位拝受記念
叙位記念
志

◎黒白ま結びのかけ紙

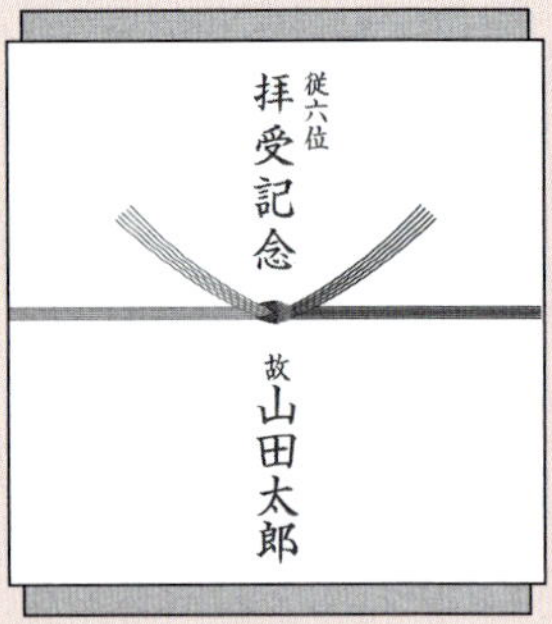

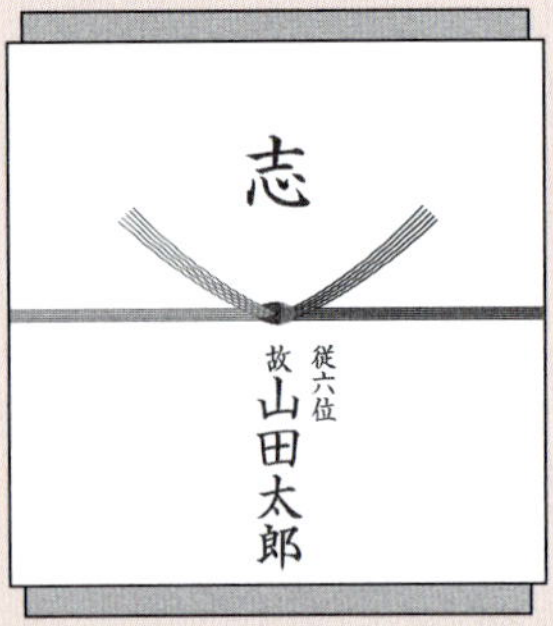

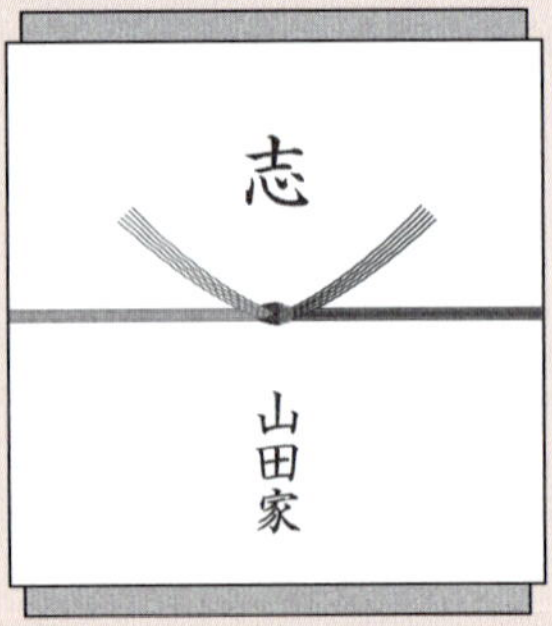

四十九日《しじゅうくにち》以降に叙位《じょい》、死亡叙勲《じょくん》の披露をしたい場合、どうすればよいですか？

叙位、死亡叙勲の披露を慶事《けいじ》として行う場合があります。四十九日の法要などいっさいの仏事が終わった後に行う場合は、次の通りにします。

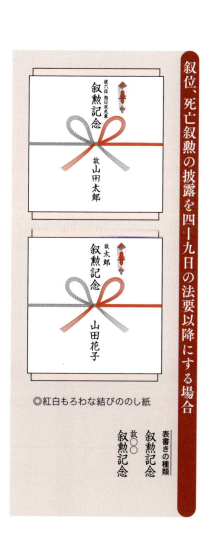

叙位、死亡叙勲の披露を四十九日の法要以降にする場合

◎紅白もろわな結びののし紙

表書きの種類

叙勲記念

故○○
叙勲記念

叙位《じょい》、死亡叙勲《じょくん》のときにお祝いをすべきですか？

一般には、亡くなられた方に対する叙位、死亡叙勲の場合、お祝いをすることはありません。ただし、故人の徳を偲んでどうしてもお祝いを贈りたい場合には、次のような表書きで贈るとよいでしょう。

叙位《じょい》のお祝い

◎黒白または双銀ま結びの不祝儀袋《ぶしゅうぎぶくろ》

表書きの種類

叙位御祝

御祝

正○位叙位御祝

従○位叙位御祝

勲章の種類と授与対象

名称	種類	授与対象
大勲位菊花章（だいくんいきっかしょう）	大勲位菊花章頸飾（だいくんいきっかしょうけいしょく） 大勲位菊花大綬章（だいくんいきっかだいじゅしょう）	◎旭日大綬章《きょくじつだいじゅしょう》または瑞宝大綬章《ずいほうだいじゅしょう》を授与されるべき功労より、優れた功労のある方
桐花大綬章（とうかだいじゅしょう）		
旭日章（きょくじつしょう）	旭日大綬章（きょくじつだいじゅしょう） 旭日重光章（きょくじつじゅうこうしょう） 旭日中綬章（きょくじつちゅうじゅしょう） 旭日小綬章（きょくじつしょうじゅしょう） 旭日双光章（きょくじつそうこうしょう） 旭日単光章（きょくじつたんこうしょう）	◎国家または公共に対し功労のある方 ◎功績の内容に着目し、顕著《けんちょ》な功績を挙げた方
瑞宝章（ずいほうしょう）	瑞宝大綬章（ずいほうだいじゅしょう） 瑞宝重光章（ずいほうじゅうこうしょう） 瑞宝中綬章（ずいほうちゅうじゅしょう） 瑞宝小綬章（ずいほうしょうじゅしょう） 瑞宝双光章（ずいほうそうこうしょう） 瑞宝単光章（ずいほうたんこうしょう）	◎国家または公共に対し功労のある方 ◎公務等に長年にわたり従事し、成績を挙げた方

文化勲章（ぶんかくんしょう）	◎文化の発達に関し、特に顕著《けんちょ》な功績のある方

※右記のほかに、外国人に対する儀礼叙勲《じょくん》等、特別な場合に女性のみに授与される勲章として、宝冠章《ほうかんしょう》があります。

褒章の種類と授与対象

種類	授与対象
紅綬褒章（こうじゅほうしょう）	◎自己の危難を顧みず人命の救助に尽力した方
緑綬褒章（りょくじゅほうしょう）	◎長年にわたり社会に奉仕する活動（ボランティア活動）に従事し、顕著《けんちょ》な実績を挙げた方
黄綬褒章（おうじゅほうしょう）	◎農業、商業、工業等の業務に精励《せいれい》し、他の模範《もはん》となるような技術や事績を有する方
紫綬褒章（しじゅほうしょう）	◎科学技術分野における発明・発見や、学術及びスポーツ・芸術文化分野における優れた業績を挙げた方
藍綬褒章（らんじゅほうしょう）	◎会社経営、各種団体での活動等を通じて、産業の振興、社会福祉の増進等に優れた業績を挙げた方 ◎国や地方公共団体から依頼されて行われる公共の事務（保護司、民生・児童委員、調停委員等の事務）に尽力した方
紺綬褒章（こんじゅほうしょう）	◎公益のため私財を寄附した方

［出典＝内閣府ホームページ］

第三章

結婚から結婚後の挨拶回りまで

釣書《つりがき(つりしょ)》とは、どのようなものですか？

古くからの習わしですが、見合いの前などに、住所、氏名、生年月日、家族構成、略歴などを書いた身上書のようなものを、写真と一緒にお渡しします。これを〝釣書〟(つりがき・つりしょ)といいます。便せんに万年筆などの自筆で、誤字脱字がないように丁寧に書きましょう。

縁談は結婚する意思があり、お付き合いしている方がいないうえで行うことがけじめですが、書類を拝見してお断りするときや、実際にお見合いをしてから交際する意思がないときは、一週間以内に返事をすることが基本です。

お見合いの当日はどのようなことをするのでしょうか？

仲介者の方が進行役を務めてくださいますので、そちらに従えばいいでしょう。一般的な流れとしては、仲介者から男性、女性の順に紹介されたらお互いにあいさつをし、食事をしながら趣味や仕事の話などをしていきます。

帰宅後は早めに、仲介者にお礼の電話を入れ、相手の印象なども伝えておきます。

婚約

婚約はどのように行うのですか？

当事者のお二人が、結婚の約束をするのが婚約です。当事者同士の約束だけで成立するものですが、これから築いていく家庭を社会的なものにするには、周囲に知らせる必要があります。そちらが済んだ後こそ、真に「婚約が成立した」と言えるでしょう。

婚約の形式はさまざまです。主なものとして、日本独特の婚約の形式である〝結納《ゆいのう》〟、両家の顔合わせを兼ねた〝食事会〟、キリスト教の習慣で、教会で牧師または神父の前で婚約の誓いを交わす〝婚約式〟、知人、友人を招いて会食する〝婚約披露パーティ〟があります。最近では、ホテル内の料亭やレストラン、専門式場などで行う、顔合わせの意味合いを持った食事会もよく見られます。

人生には、誕生、婚礼、葬儀という三つの節目があると考えられています。その中でも、婚礼の儀式は、唯一、当事者本人が主体的に関わり、体験し、記憶に残すことができるものなのです。

結納《ゆいのう》

結納の本来の意味は何でしょうか？

結婚式や披露宴は誰もが目にする機会がありますが、結納は当事者または仲人の立場でしか経験できません。そのため基本的なことでも、よくわからないという方が多くいらっしゃいます。

もともと結納は、〝結《ゆ》いの物〟と呼ばれて、二つの家が新しく姻戚《いんせき》関係を結ぶため、ともに飲食する酒肴《しゅこう》のことでした。この酒や肴《さかな》に、次第に花嫁の衣装や装身具が加わり、伝統的な結納の品は形式化され、あるいは簡略化されるようになりました。現在では、これに加えて結納金が大きな要素になっています。

形が変わっても、お二人が結ばれることを第三者に公表し、幾久しく愛情を確かめ固める精神は、昔も今も変わりません。両家が婚約成立を確認する意味で、一堂に会して飲食をともにすることこそ、現代の結納の重要な行いといえるかもしれません。

豆知識

結納の原点

結納の起源は、今から約一四〇〇年前の仁徳《にんとく》天皇の時代までさかのぼり、宮中儀礼の納采《のうさい》の儀《ぎ》から始まったともいわれています。結納の語源についても諸説があり、ともに飲食する酒と肴を表す〝結《ゆ》いの物〟のほか、結婚を申し込むという意味の〝言入《いいい》れ〟または〝結入《ゆいい》れ〟が転じたともいわれています。

結納が大きく取り上げられてきたのは、室町時代からです。武家社会では自らの婚礼が家を守る一つの手段でもありました。一方、庶民が結納を行うようになったのは江戸末期から明治時代頃です。

〝顔合わせの会〟と〝結納《ゆいのう》〟とは違うのですか？

最近は、結婚式前に両家が集まる手軽な食事会・顔合わせの会が、とても多くなっています。そのため、混同されている方々も少なくありませんが、本来の意味からすると顔合わせの会と結納は別のものです。

結納はお二人が永遠の愛を確かめ合うとともに、これから結婚するという自覚を持ち、自分たちを育ててくれた両親に感謝と敬意を表すきっかけともなるものです。

それに対して顔合わせの会は、一同に会して食事をしながらお互いの両親を紹介し合い、両家の結婚に対する意思を確認する機会となります。本来はその場で両家が結納について話し合い、日取りなどを決めるのです。

そもそも結納品はおめでたい当て字で記されており、一つひとつには大切な約束事の意味が込められた祝い言葉になっています。そのため、結納品がなくては生涯にわたる固い決意をお互いに契《ちぎ》る儀式にならないと考える方もいらっしゃいます。

一方で、お互いが遠方などの事情から、顔合わせの会と結納を同じ日に行いたいという方も少なくありません。そうした場合、顔合わせの会で結納の儀式を行うことになるかと思いますが、本来顔合わせの会は、指輪や時計などの記念品、何より結納金をお渡しする場ではないことを念頭に入れておくとよいでしょう。

結納《ゆいのう》が重要な理由は何でしょうか？

結納が少なくなってきた理由は、仲人《なこうど》を立てる人が減少しているからです。本来の結納は、仲人以外の正副二人の使者が両家を往来して取り交わしますが、現代では仲人夫妻が使者になって行います。

その仲人も少なくなり、結納も事前の準備の煩雑《はんざつ》さや、しきたりの難しさだけが強調され、本来、結納が果たす多くの役割が忘れかけられているようです。

ここで、結納の意義をまとめてみました。

①新生活に向けてのこころの準備

現在の結婚では先方のご両親とゆっくり話すことなく、いきなり新生活に入るケースも少なくありません。

結婚は〝家〟と〝家〟とが結びつくという考えが強かった昔と比べ、現在は〝個人〟と〝個人〟の結びつきが基本であると考えられがちですが、現実にはそう簡単なことではありません。たとえご両親と離れて暮らしていても、日常生活、とりわけ冠婚葬祭などですぐに密接なお付き合いが始まります。何よりも自分が結婚する相手の親御さんなのですから、大切に思う気持ちや感謝の念を忘れてはならないのではないでしょうか。したがって結納を準備するときから相手のご両親にも連絡を取り、コミュニケーションを育《はぐく》む機会をとられてはいかがかと思います。

②人生のけじめ

私たちは生まれてから成長する過程において、節目《ふしめ》の儀式を行ってきました。お宮参り、七五三、さらに成人式などです。

結納も「私たちは結婚する」という自覚を持つ大切な儀式であり、恋人から夫婦になる段階の節目になります。

③お相手への感謝や今後の生活の願い

「お互いに健康に恵まれ幸せでいられますように」「末永く仲睦《なかむつ》まじく暮らせますように」などという願いが、結納品には込められています。

④互いの両親への敬意

長い間、大切に育ててこられたお嬢さまと婚約するにあたり、「結納はなくてもいい」または「簡単にしたい」と男性側から伝えるケースもあるようですが、そうした考えは少々残念にも思います。男性側から女性側に、さらには女性側から男性側に、ご子息やご息女を育ててくださったことへの感謝の気持ちを伝えることも、結納の重要な役割です。

結納を行う意義についてお伝えしましたが、「必ず結納を行わなければならない」ということではありません。これから婚約を考え顔合わせの食事会を考えていらっしゃるのでしたら、結納品を準備されてはいかがでしょうか。それだけで両家の絆《きずな》はさらに深まり、一生忘れられない大切な想い出にもなるでしょう。

「口上《こうじょう》がよくわからない」というご意見を伺《うかが》うことがありますが、厳密に考えすぎることはありません。大切なことは、結婚に向かって両家で約束を交わし、心からお祝いをし合う気持ちなのです。

結納品《ゆいのうひん》の構成

結納品はどのようなもので構成されていますか？

現代の結納品は、〝結納金〟〝酒〟〝昆布〟〝するめ〟などの品に、〝目録《もくろく》〟〝熨斗《のし》〟〝末広《すえひろ》(白扇)〟を添えて贈ることにより、婚約の儀式に用いられる品となりました。それぞれの品物には、慶事にふさわしい意味が祝い言葉に託して用いられています。

【本式九品目の名称と意味(関東式)】

①長熨斗《ながのし》

〝鮑《あわび》のし〟のことで、熨斗とは鮑の身を長くのばしたもので延命に通じ、長年、不死の薬といわれ長寿の象徴とされてきました。昔から大変な貴重品で、海辺に住む人も山間に住む人も大切にしていました。そのため、この貴重品を贈ることは、最大の祝意を表すものとされているのです。

②目録《もくろく》

結納品の品目と数を列記したものです。

③金包《かねつつみ》(結納金、帯または袴《はかま》を贈る)

〝御帯料《おんおびりょう》〟または〝小袖料《こそでりょう》〟として結納金を包みます。女性から男性へは〝御袴料《おはかまりょう》〟として贈ります。

④勝男武士《かつおぶし》（松魚節《まつうおぶし》）

鰹節《かつおぶし》のことで、昔から慶事に用いられてきました。武運を祈ることから、勝男武士と記されるようになりました。

⑤寿留女《するめ》

スルメのことで、長期間保存できることから、末永い縁となり、「幸福に女性が嫁ぎ先に留まりますように」との願いから用いられるようになりました。武家全盛の頃は、不時《ふじ》に備える携帯食糧としても重宝《ちょうほう》されました。

⑥子生婦《こんぶ》

こんぶは、祝事には欠かすことのできない酒の肴《さかな》として珍重されてきました。「よろこぶ」さらには「子宝に恵まれますように」という意味が込められています。

⑦友志良賀《ともしらが》

白の麻糸を束ねたもので白髪に似ていることから、新しい夫婦が「ともに白髪になるまで健康で長生きする」ことを祈願したものでもあります。

⑧末広《すえひろ》

白無地の扇で、古くから慶事《けいじ》に用いられてきました。潔白《けっぱく》、純真《じゅんしん》、無垢《むく》、さらに幸福や家族の繁栄が末に広がるという意味をあらわします。

⑨家内喜多留《やなぎだる》（柳樽《やなぎだる》）

清酒の入った樽。昔は杉材を用い、胴と柄が長く、朱で塗って作りました。柳の柔和な姿と、風にも折れない枝をあらわしたものです。現在は〝酒肴料《しゅこうりょう》〟として、現金を包んでこの代わりにすることも多くなっています。家の中に喜びが多く留まるようにとの願いが込められています。

結納《ゆいのう》の品物が地域によって違うのはなぜですか？

東日本と西日本に大きく分けると、結納品の形がかなり違います。

①関東式

すべての結納品を一つまたは複数の白木の台にのせます。一つひとつの品が縦長につくられ、水引《みずひき》飾りも平面的になっており、質実剛健《しつじつごうけん》でどちらかといえばシンプルです。関東式では男女双方で結納品を交換することから〝結納を交わす〟といいます。

②関西式

一品を一つの台にのせるのが基本で、結納品の形に大きな制約はありません。水引《みずひき》の飾りも立体的で豪華なものが多く、呉服細工を用いる場合もあります。結納品それぞれの品目には、おめでたい当て字がつけられますが、地方ごとに少しずつ表現や品目が違います。結納品には松、竹、梅、鶴、亀というおめでたい飾りが付きます。関西式では主に男性側だけが贈ることから〝結納を納める〟といいます。

■ 結納品九品目

関東式　一つまたは複数の白木の台の上に飾る

①長熨斗《ながのし》　②目録《もくろく》　③金 包《かねつつみ》
④勝男武士《かつおぶし》　⑤寿留女《するめ》　⑥子生婦《こんぶ》
⑦友志良賀《ともしらが》　⑧末広《すえひろ》　⑨家内喜多留《やなぎだる》

関西式　一つずつ台にのせて飾る

①末広《すえひろ》・亀　②高砂《たかさご》　③熨斗《のし》・鶴
④松魚料《まつうおりょう》・梅　⑤柳樽料《やなぎだるりょう》・竹　⑥帯地料《おびじりょう》・松
⑦寿留女《するめ》　⑧結美和《ゆびわ》　⑨子生婦《こんぶ》

※結納品の構成、並べ方、呼び名などは、地域、時代、解釈の違い、販売店などによってさまざまです。

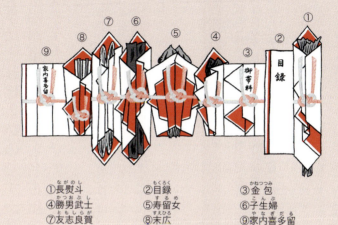

関東の人と九州の人との結納《ゆいのう》は、どのようにすればよいのですか？新郎新婦が東京の男性と名古屋の女性の場合、結納はどうすればいいですか？

結婚する相手の実家が異なる地域の場合には、両家の話し合いによって、関東なら関東式にする、あるいは男性側に合わせるなど、いずれか一方に合わせることがもっとも円満な方法といえるでしょう。結納品の揃え方や、結納式のやり方についても両家がよく打ち合わせをして、決めたいものです。

各地の結納あれこれ

※協力　全国結納品組合連合会

ここでは伝統的に伝えられている各地の特色をご紹介します。地域や時代、解釈の違いなどで、しきたりには諸説あります。内容も変化しているものもあり、参考までにご覧ください。

北海道

結納品は一般的に七品揃、五品揃が中心ですが、一台セットのものより、二台、三台の需要が多いようです。女性側は、結納金の二〜三割程度を返すのが通例ですが、最近では品物で返すことも多くなってきました。

青森県

結納品は関東式一台セットで、北部地方は七品揃、南部地方は九品揃が一般的です。通常、女性側からは受書《うけしょ》だけでお返しは行いません。しかし、最近は男性本人の希望するものを贈ることが多くなりました。

秋田県

結納品は関東式で一台セット、北部は九品揃で、通常、女性側からは受書《うけしょ》のみでお返しはしません。しかし最近は、受書に洋服、時計などを添えて出すことが多くなりました。また、南部は七品揃が多く、男性側は結納金の他に留袖《とめそで》、付け下げを一緒に持参することが多いです。通常、女性側からは受書のみを出します。

岩手県

北部の結納品は関東式一台セットで、九品揃が多く利用されています。通常、女性側からのお返しはありませんが、受書《うけしょ》に男性本人の身につける品物（紋服、時計など）を添えます。南部は七品揃が一般的で、北部同様、女性側からは受書のみでお返しはしませんが、男性本人が身に付けるものを贈ることが多いです。

山形県

北部では七品揃が多く、三品揃も二割くらいあります。通常、女性側からは受書《うけしょ》のみでお返しはしません。中部もまた七品揃が多く、通常、女性側からは受書のみでお返しはしません。南部は九品揃が多く、女性側からは受書に、子生婦《こんぶ》、寿留女《するめ》、友白髪《ともしらが》、末広《すえひろ》、家内喜多留《やなぎだる》、親族書の七点を返すことが多いです。

宮城県

結納品は関東式一台セットで、九品揃が多く利用されています。化粧料は多留料《たるりょう》の包みを使い、結納金の四割程度お渡しするようです。女性側は半返しが多いですが、身に付けるもので返すことも多いようです。

福島県

結納品は関東式一台セットで、九品揃が多く利用されています。最近は、女性側からは受書《うけしょ》に熨斗《のし》、末広《すえひろ》を添えて返すことが多くなりました。

新潟県

中越地方では十一品揃が多く利用されています。通常の結納品に加えて、多喜茶《たきちゃ》と恵福料《えふくりょう》が加わります。恵福料とは衣服のことで、女性側、男性側の双方に使います。上越地方は九品揃が多く、お茶が入ります。女性側は男性側から贈られた結納品の目録だけを取り替え、他の品はそのまま使用します。下越地方も九品揃が多く、鮮魚が入ります。女性側からの袴料《はかまりょう》は半返しが多いですが、最近は和服、式服、時計などの品物で返すことも多くなりました。

栃木県

七品揃が多く利用されています。女性側は、男性側のものより控え目のものを揃え、当日交換することが多いです。

群馬県

七品揃が多く利用されています。女性側は、男性側のものより控え目のものを揃え、当日交換することが多いです。

茨城県

七品揃が多く利用されています。女性側は、男性側のものより控え目のものを揃え、当日交換することが多いです。

千葉県

七品揃が多く利用されています。女性側は、男性側のものより控え目のものを揃え、当日交換することが多いです。

埼玉県

七品揃、五品揃の割合が多くなってきていますが、今でもきちんと九品目を揃えるケースも根強く残っています。女性側は、男性側のものより控え目のものを揃え、当日交換することが多いです。

東京都

結納品は本式と略式の二種があります。九品揃が基本で正式と称し、七品揃、五品揃は略式と称されます。目録は結納品が略式の場合でも本式のものが印刷されたものを使用し、品物を差しあげたことにします。女性側は男性側と同等もしくは、控え目のものを揃えるのが一般的です。東京地区は結納時に限り、一度家を出たものは一切持ち帰りません。そのため、結納時に用いた掛帛紗《かけふくさ》や風呂敷類もすべて先方へ差しあげます。こうした背景から、掛帛紗の使用は比較的少なくなっています。

神奈川県

七品揃、九品揃が一般的です。女性側は、男性側のものより控え目のものを揃え、当日交換することが多いです。

山梨県

結納品は関東式で、九品揃が多く利用されています。受書《うけしょ》はあまり使用されていません。女性側は、男性側のものより控え目のものを揃え、当日交換することが多いです。

静岡県

結納品は基本的に関東式の九品揃です。通常、中部、東部地区では一～三台セット、西部地区では一～三台セットと五～九台セットが用いられます。最近では、結納当日にお返しをする形式が増えています。

愛知県

西部地区の結納品は七品揃が基本です。通常、関東で結納金のことを表わす帯料《おびりょう》は使わず、小袖料《こそでりょう》と言います。小袖料が高額になると、呉服細工の目出鯛《めでたい》、家内喜多留《やなぎだる》、宝船や九谷焼、木目込、木彫などの高砂《たかさご》人形を添えて、九品または十一品となるようです。東部地区の結納は西部地区に準じていますが、多少地味になるようです。また、通常結納返しは、荷物納めの時にいただいた結納と同様の結納を持参します。

岐阜県

結納品は七品揃が基本です。南部地方では、結納を納めに行く男性側の人数分だけ名刺代わりとして箱入れ風呂敷に高砂《たかさご》扇子一対を、白木台に乗せて持参するようです。通常、結納返しは、荷物納めの時にいただいた結納と同様の結納を持参します。

三重県

結納品は宝船、高砂《たかさご》人形などが加わり、九～十一品となります。〝迎え傘、迎え下駄〟と称し、女性本人の傘、履物《はきもの》を持参します。最近はそれらに加えて、ハンドバッグ、ネックレス、イヤリング、靴、腕時計など十数点添えるケースも多くなっています。また、一般に結納返しはありません。

福井県

北部地区は、結納品は五品揃が基本です。他に、小袖料《こそでりょう》、お車料などを別に添える場合があります。南部地区では、結納品に反物が入ります。結納返しは、いただいた結納を利用し、後日に行います。

石川県

結納品に呉服（または洋服）が入るのが一般的です。呉服が化粧料、帯料《おびりょう》、小袖料《こそでりょう》などの現金になる場合もあります。また、わら、水引《みずひき》細工などを使用した玉船を付ける場合が多いです。

富山県

結納品の中で、御神前《ごしんぜん》として瓶子飾《へいじかざ》り、御仏前《ごぶつぜん》として二種《にしゅ》香《こう》を贈ります。また、〝たもと料〟という、男性側の親が女性本人に小遣いを差し上げる風習があります。

長野県

結納品は関東九品揃が一般的です。結納返しは一般的ではなく、背広やタイピンセットなどに飾りを付けて贈ることが多いです。

滋賀県

結納品は、七〜十一品目が一般的です。女性側は、いただいた結納品の紙を青に替えて納めます。

京都府

結納品は五品揃が一般的です。結納返しは、男性本人へのお土産として、袴《はかま》、呉服もしくは背広を酒肴料《しゅこうりょう》とともに納めます。その際、男性側から贈られた結納飾りよりも、一〜二回り小さい飾りとともに納めます。今では、代わりに金子《きんす》で行う場合がほとんどです。

大阪府

結納品は、小袖料《こそでりょう》、柳樽料《やなぎだるりょう》、松魚料《まつうおりょう》、熨斗《のし》、末広《すえひろ》の五品揃が一般的です。これらに加え、寿留女《するめ》、子生婦《こんぶ》、高砂《たかさご》人形、結美和《ゆびわ》（指輪）などの装飾品、白生地などを添えて納める場合も多くみられます。通常、女性側は受目録と御多芽《おため》（結納金の一割）をお返しすることが多いです。

奈良県

奈良市周辺では、九品目が一般的です。大和高田市、北葛城郡周辺では、十三品目から二十一品目で、留袖《とめそで》、帯、白生地、登慶恵《とけい》（時計）、化粧品、増利《ぞうり》（草履《ぞうり》）、久美飾《くびかざり》（ネックレス）、ハンドバッグなどを付けるようです。女性側は受書《うけしょ》とおうつりを用意します。

兵庫県

結納品は、十一品目が多くみられます。結納品の中の八木《はちもく》とは、米二升を贈ることです。結納返しとして、結納金の一割程度を包むこともあります。

愛媛県

結納品は五〜七品目が一般的です。松山市周辺ではその他に、波喜茂野《はきもの》もしくは増利《ぞうり》（草履《ぞうり》）と多美《たび》（足袋）を付ける場合もあります。通常、女性側は受書《うけしょ》とお返し結納を準備します。時計や背広を加えて七点にすることも多いです。

香川県

結納品は九品目が一般的です。その中で太以《たい》（鯛）は、現物ではなく現金を包みます。高松市など県中心部では、結納返しは結納当日ではなく、嫁入り道具納めの時に行うのが一般的です。

徳島県

結納品は七〜九品目が一般的です。通常、女性側は受書《うけしょ》と記念品を用意し、結納返しは行いません。

高知県

高知県は、四国の他の県（徳島県、愛媛県、香川県）のような関西式ではなく、関東式の結納品を使用するのが一般的です。四国地方では結納品のことを〝お熨斗《のし》〟と呼び、高知県では〝お熨斗〟は、七品目が一般的です。両方ともに赤色の紙で包み、〝お熨斗〟を双方で交換します。通常、受書《うけしょ》は女性側のみが出します。

岡山県

結納品は七品目が一般的です。通常、結納は取り交わしで、女性側は結納当日、後日、荷送り日、結婚式当日のいずれかに持参します。

広島県

結納品は五〜七品目が一般的です。女性側からのお返しは〝お土産結納〟または〝お返し結納〟と称し、必ず行われます。通常、緑の紙を使い、袴料《はかまりょう》は帯料《おびりょう》の一割程度を入れるか、品物の場合は背広や時計などを添えます。結納とともにご先祖様に線香とご家族へのおみやげを持参することが多いです。同時交換が年々増えています。

鳥取県

東部では七品目、西部では九品目が一般的で、結納金は宝金と呼びます。〝迎えの傘〟〝迎えぞうり〟と称して、傘と履物《はきもの》を付けることもあります。通常、女性側は受書《うけしょ》と記念品などを用意します。

島根県

結納品は九品目が一般的です。女性側は男性側よりやや控えめな結納品を用意し、袴料《はかまりょう》として御帯料《おんおびりょう》の一割を包むことが多いです。

山口県

結納品は七品目が一般的で、東部では〝百飛喜《ひゃっぴき》〟を付けます。百飛喜とは、昔、武家でお盆やお正月に使用人に金銭（百飛喜）を与えていた風習の名残りです。通常、女性側からは受書《うけしょ》を出します。

福岡県

北九州地方では結納品は九品目で、最近はほとんどの場合、指輪が付きます。また、九州地方では、結納品の中に必ず御知家《おちゃ》（茶）を付けます。お返しは必ず行いますが、袴料《はかまりょう》または品物など、そのやり方には定まった形はないようです。福岡市及びその周辺では、九品目〜十一品目が多く、その中で雄鯛雌鯛《おんだいめんだい》の二匹を飾りつけます。お返しは、熨斗《のし》、寿栄広《すえひろ》、そして袴《はかま》料は背広、時計など、品物が多く使われます。筑後地方では、結納品は十一品目で、塩鯛にわらをかけて飾り付ける賀慶鯛《かけだい》が入ります。結納返しは、結納当日に品物で行う場合が多く見られます。

熊本県

結納品は七品目で、家内喜樽《やなぎだる》（お酒）は、当地の赤酒と清酒の二本を必ず用意します。通常、女性側から受書《うけしょ》を出します。

佐賀県

結納品は、基本的な九品目に、結美和《ゆびわ》と帯を加えて十一品目が一般的です。さらに、着物、傘、草履《ぞうり》、バッグなどを添える場合も多く見られます。有明海沿岸地域に限って、鰤《ぶり》や水産加工品（かまぼこ、竹輪）なども結納品と一緒に持参するようです。結納返しとして一般的に、熨斗《のし》、寿栄広《すえひろ》と背広一揃または袴料《はかまりょう》を贈ります。この場合、袴料は結納金の一、二割が多いようです。

長崎県

結納品は十一品目が多くみられます。お返しはしませんが、地域によっては背広または男物和服などを返します。

大分県

結納品は十一品目が一般的です。家内喜多留《やなぎだる》には酒二本、または祝い樽に雄蝶《おちょう》、雌蝶《めちょう》を付けて持参します。

結納返しは、ほとんどの場合、結納をいただいた当日に行います。袴料《はかまりょう》は一割返しが多いようです。

鹿児島県

結納品は九品目〜十一品目が多く見られます。小袖《こそで》料《りょう》、酒肴料《しゅこうりょう》、化粧料の三つを合わせて結納金と呼びます。

熨斗《のし》、末広《すえひろ》、袴地料《はかまじりょう》、柳樽料《やなぎだるりょう》、松魚料《まつうおりょう》の五点で返礼するのが一般的です。

沖縄県

基本的には関東式で行われ、角樽《つのだる》（お酒）を付けます。

新婦側は、結納品《ゆいのうひん》をいつまで飾っておくものですか？

結婚式の当日まで、床の間などに飾っておきます。結納からご結婚までは三カ月から半年ほどありますので、一度しまった後、ご結婚の一カ月前程度から飾ってもよいでしょう。

挙式後、飲食できるものや扇子《せんす》などあとから用いることのできるものもありますが、すべて、あるいは一部処分する場合は、神社でお焚《た》き上げをしていただきます。

※神社への確認が必要です。

結納品《ゆいのうひん》の目録を自筆します。〝友白髪《ともしらが》〟と〝友志良賀《ともしらが》〟ではどちらが正しいですか？

〝友白髪〟〝友志良賀〟のどちらを書いてもかまいません。結納の取り交わし方は、地域やそれぞれの家ごとに、さまざまな方法があります。結納品目の呼び名にも違いがありますが、〝祝い言葉〟として用いることを共通としているのであれば、どちらも正しいことです。

結納品の当て字や呼び方のいろいろ

品名	
長熨斗《ながのし》	納幣熨斗《のうへいのし》
目録《もくろく》	茂久録《もくろく》
御帯料《おんおびりょう》	帯地料《おびじりょう》、御帯《おんおび》、小袖料《こそでりょう》、結納料
御袴料《おんはかまりょう》	袴料《はかまりょう》、御袴《おんはかま》、袴地料《はかまじりょう》
勝男武士《かつおぶし》	勝男節《かつおぶし》、松魚節《まつうおぶし》、松魚料《まつうおりょう》、松魚鯛《まつうおだい》、
	芽出鯛《めでたい》、家慶鯛《かけだい》、御鯛料《おんたいりょう》、栄名料《さかなりょう》
寿留女《するめ》	寿留米《するめ》、鰑《するめ》
昆布	子生婦《こんぶ》
友白髪《ともしらが》	友志良賀《ともしらが》、友白賀《ともしらが》、共白髪《ともしらが》

品名	
末広《すえひろ》	寿恵広《すえひろ》、寿栄広《すえひろ》
家内喜多留《やなぎだる》	柳樽《やなぎだる》、角樽《つのだる》、柳多留《やなぎだる》、飾り樽、家内喜樽《やなぎだる》、多留《たる》
指環	結美和《ゆびわ》、結美環《ゆびわ》、優美和《ゆびわ》
時計	登慶恵《とけい》
高砂《たかさご》	高砂《たかさご》人形
清酒料	酒肴料《しゅこう》、清酒
御知家《おちゃ》	葉茶《はぢゃ》
呉服細工	宝船《たからぶね》、宝来《ほうらい》、鯛、松、竹、梅

結納《ゆいのう》七品目でも、五品目でも、目録に九品目を書くのはなぜですか？

目録の書き方は関東式と関西式では違います。現在、関東式では、結納品が本式九品目でない場合でも、〝祝い言葉〟として全品目を書き入れるところが多いです。これに対して、関西式では贈る品物だけを書き入れます。

したがって、受書《うけしょ》の書き方も、関東式では目録と同様に全品目を書き入れるか、内容がわからない場合は「結納品一式」と書き入れます。関西式では贈られる品物を確認してその品目を書き入れるか、「目録様式に同じ」と書き入れます。

また、目録の差出人、宛名については、関東でも関西でも本人名が多くなっていますが、家名にする場合もあります。

豆知識

目録に九品目を書く意味（関東式）

本来目録とは、渡さないものまで書くものではないのですが、縁起をかついで祝い言葉として目録に記されるようになりました。関東式で全九品目を書くのは、結《ゆい》納《のう》の原点が酒肴《しゅこう》であったことに加え、それぞれの品目が祝い言葉として欠かせないものと考えられたからのようです。

すべての品目の祝い言葉をつなぎ合わせると、「男女が固く結ばれて子孫繁栄、健康長寿をまっとうできるように祈念し、婚約が相整ったことを酒を酌み交わして喜び合う、どうぞ幾久しくお納めください」となります。

家族書および親族書の書き方

結納《ゆいのう》のときに家族書や親族書は付けるものですか？また、正しくは住所も書くべきでしょうか？

家族書と親族書は、両家がこれから姻戚《いんせき》関係を結ぶにあたって、双方の家族や親戚を列記したものです。最近では家族書と親族書を一枚にしたり、双方とも省略することも多くなっています。正式なものは、奉書紙《ほうしょがみ》に毛筆で書いたもので、市販されている〝片木盆《へぎぼん》〟などにのせて渡します。

大切なことは、両家のバランスが取れるようにすることです。家族書と親族書を取り交わすのか、住所・年齢・職業まで書くのか、それとも関係と名前だけにするのかなど、事前に両家で話し合って決めましょう。

書式についても、奉書紙に毛筆の正式なものにするのか、パソコンで作成した簡略的なものでもよいのかなど、両家の間で話し合って、お互いに合わせるようにしましょう。

■ 家族書および親族書の書き方

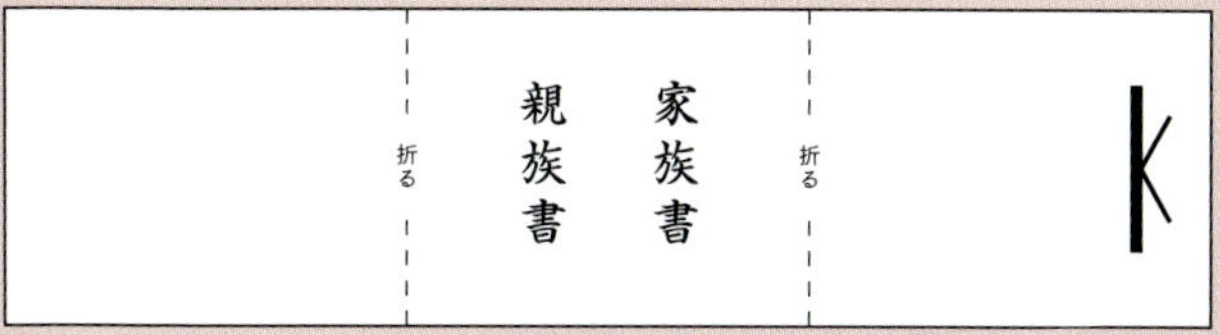

第一面

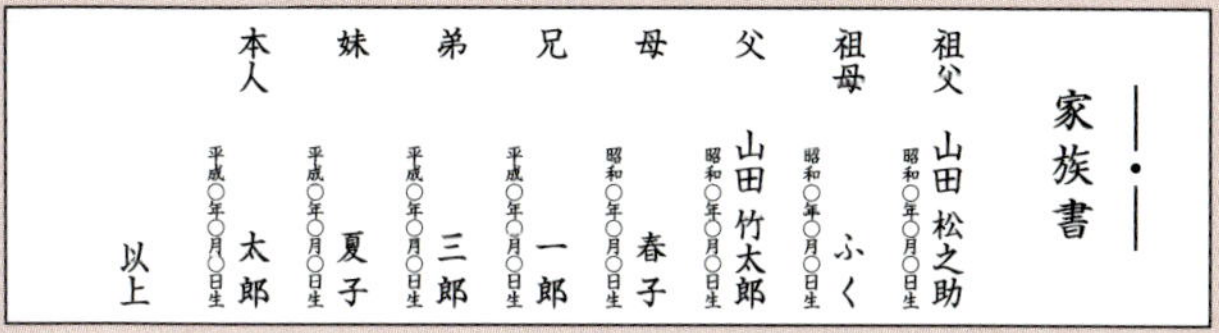

第二面

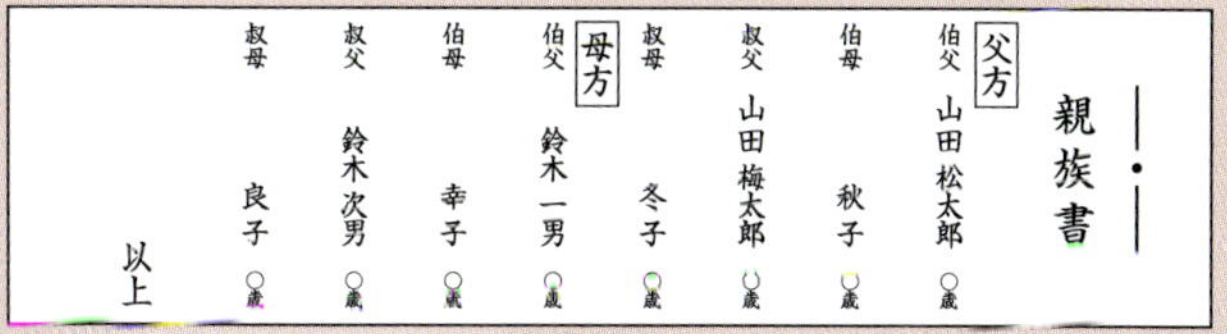

第三面

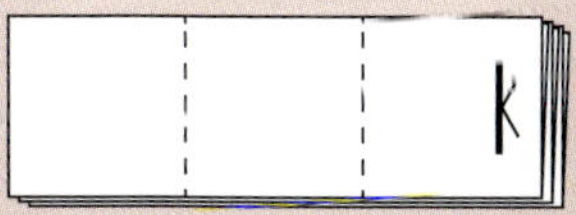

①奉書紙を横長に二つ折りし、折り山を下にし、さらに左右を三つ折りにする

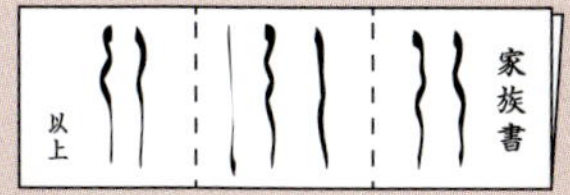

②折り目に文字がかからないように毛筆で書く

③一面から三面までの墨がかわいたら、すべて重ねて左側から折りたたむ

④右開きになるように外包み（奉書紙）に包み、表書きをする

片木盆にのせて渡す

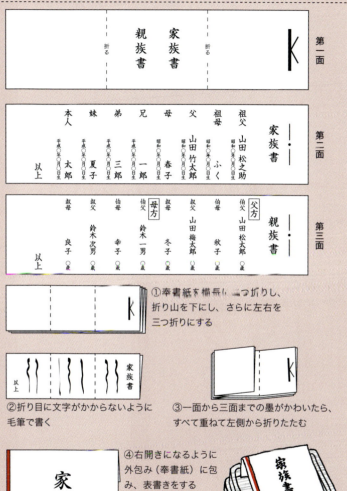

仲人《なこうど》を立てるとき

仲人役を正式に依頼したいときには、どういう手順が必要ですか？

仲人を依頼するときは、結納から結婚披露宴までの一連の流れを依頼するのか結婚式当日だけ依頼するのか、きちんと両家で話し合っておきましょう。

いずれの場合にも、お手紙を差しあげた上で直接お目にかかる、あるいは電話で希望をお伝えし、承諾してくださった場合は、手土産を持参して正式に依頼に伺《うかが》います。

仲人への依頼

表書きの種類
御挨拶
ご挨拶

名入れ
両家の姓

◎紅白もろわな結びののし紙

仲人《なこうど》を依頼されましたが、仲人の心得を教えてください。

慶《よろこ》び事ですので、できるだけ相手の意向に沿えるよう、快く承諾して差しあげたいものです。仲人の役割は次のようなことが挙げられます。

①結納から結婚披露宴まで、どのような形式で行うのか、両家の希望や意見を確認しておきます。

②結納をする場合は吉日《きちじつ》を選んで、両家の結納品の受け渡しを行います。

③結婚式当日は主催者の代表として、配慮を欠かさないようにこころがけます。また、披露宴では式が滞《とどこお》りなく行われたことの報告や新郎新婦の紹介などがありますから、間違いのないように原稿を作成し、確認しておきましょう。

大切なことは、信頼して任せてくださった両家を大切に思う気持ちです。

仲人について

仲人の呼び方は〝なかひと〟〝なかうど〟、地域によっては〝ちゅうにん〟などさまざまですが、最も一般的なのは〝なこうど〟です。

仲人のもっとも古い記録は、『古事記』『日本書記』にある〝媒(なかひと)〟といわれています。結婚が〝家〟と〝家〟を結ぶものとして考えられていた時代には、〝家〟と〝家〟を仲介する役割の人が必要となり、仲人を通じて婚姻が成立したわけですが、その起源は仁徳《にんとく》天皇の頃ともされています。

戦前までは仲人を立てることが正式とされ、ゆえに仲人の権限は現代と異なり大きなものでした。

仲人《なこうど》としてのお祝いはどうすればよいですか？

挙式一カ月前から遅くとも一週間前までに、お会いして差しあげることが望ましく、また現金を包むのではなくお祝いの品物を贈ってもかまいません。

仲人からのお祝い

◎金銀または紅白のま結びかあわび結びの祝儀袋

表書きの種類

壽《ことぶき》

御結婚祝

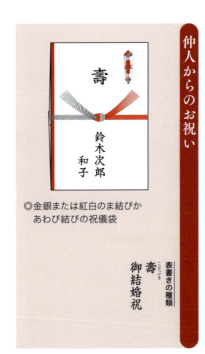

仲人《なこうど》さんへのお礼はどういう形がベストですか？

縁談から見合い、結納《ゆいのう》、結婚式、披露宴まですべてお世話になる仲人の場合、目安としては結納のときに結納金の一割から二割程度のご祝儀とお車代をお渡ししますが、お礼として式後にまとめてお渡しするところもあるようです。

金額は地域の習慣によって違いますが、挙式当日だけの仲人をお願いした場合にも、仲人さんからいただくご祝儀の二倍から三倍程度を両家で出し合う形が多いようです。

挙式後に両家か、その代表として新郎側の父親か母親がお礼のごあいさつに伺《うかが》います。

また、新郎新婦が新婚旅行のお土産などを持参し、お礼のごあいさつに伺ってもよいでしょう。

仲人へのお礼

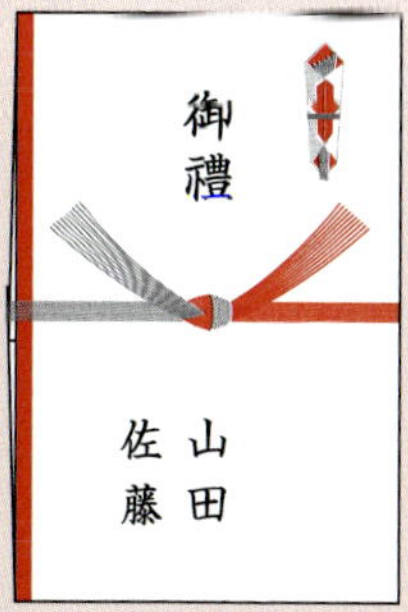

◎金銀または紅白ま結びかあわび結びの祝儀袋

表書きの種類

御禮《おんれい》
御礼
壽《ことぶき》

仲人《なこうど》を立てないとき

仲人を立てないで簡単に結納《ゆいのう》を行う場合、どうすればよいでしょうか？「結納は簡単にし、披露宴もやらないで、海外で挙式だけしたい」と娘たちが言っておりますが、それでもかまわないでしょうか？

最近の結納のスタイルはさまざまです。仲人を立てなかったり、ごく簡単な結納で済ませたりする場合も珍しくありません。「仲人を立てない結納は、結納ではない」「結納は昔ながらの伝統にのっとったものでなければいけない」という考え方もありますが、大切なことは、結婚する当人と両家のご両親のお気持ちです。両家が話し合って、納得したスタイルならば、それでよいといえるでしょう。

結納《ゆいのう》は行わずに、両家で食事会を行う場合、どうすればよいでしょうか？

最近では結納を行わずに、代わりにホテルや料亭、レストランなどで、両家が食事をしながら顔合わせをする会を行う場合もあります。

その場合は、両家の顔合わせと親睦《しんぼく》を深めることを目的に、個室などでプライバシーを守ることのできる場所を使用しましょう。

服装は、一方がカジュアルで一方が正装ということにならないように、事前に打ち合わせをする配慮も欠かせません。

仲人《なこうど》を立てないで結納《ゆいのう》をしたいのですが、先さまにはどう相談すればよいでしょうか？

仲人を立てずに結納の段取りを決めるときは、とくに男性側の意向を女性側に打診し、双方納得のうえで取り交わすことが円満の秘訣です。

そのためには、次のことを確認し合いましょう。

①男性側として結納を〝する〟〝しない〟の意志を女性側に明確に伝え、結納をするのであれば、どのような形で行うかを決めましょう。

②地域や家ごとに、習慣や考え方に違いがあることが多いので、両家の習慣や考え方を尊重しながら話をまとめることになります。

③「結納は簡単に」という抽象的な表現ではなく、具体的にどのくらいの程度で行うのかを決めましょう。正式か略式かを明確にする際は、双方の考え方を明確に伝えたうえで、十分に話し合いをしておくことが大切です。

④会場は、男性宅、女性宅、ホテル、料亭、レストラン、結婚式場などのどちらを選ぶのか、日時はいつにするのかを決めましょう。結納の日時は、結婚式の六〜三カ月前に行います。大安、友引の午前中が望ましいとされていますが、こだわる必要はありません。最近は、土日祝日に行うことが多いようです。

⑤結納の品目は、両家が同様になるようにするのか、女性側は受書《うけしょ》のみにするのか、片祝いは避けたいのかなど、双方がどのような結納を取り交わしたいのか決めましょう。

⑥結納金は、両家の意見調整が難しいものです。男性側の意向を伝えて、女性側はお返しを行うか、省略するのかなどを決めましょう。指環などの記念品の交換はするのか、家族書や親族書は取り交わすのかなども決めなければいけません。

⑦結納当日、女性側に対して、男性側として結納品を並べる場所、着席順や儀式の手順、口上《こうじょう》などを事前に確認して、当日慌てないようにしておきましょう。

⑧当日の費用の分担はどのようにしたらいいのか決めましょう。自宅の場合と別会場の場合では、大きく異なるので注意しましょう。

⑨当日の服装について、両家のバランスを考えて決めておきましょう。和装または洋装、準礼装または略礼装どちらにするのかなどを話し合います。この場合、主役は当人なので、二人の意向を尊重しましょう。

仲人《なこうど》を立てないで、両家の六名で結納《ゆいのう》を行います。簡単な結納の方法はありますか？

両家が結納を取り交わす結納式には、さまざまな形態があります。それぞれの地域、家、会場などによっても違いがあります。

仲人を立てない結納式の場合、その取り交わし方については、次の流れが一般的です。

結納で仲人を立てない場合の具体例

男性側（父）

「この度《たび》は花子さまと私どもの太郎にご縁《えん》をいただきまして誠にありがとう存じます。本日はお日柄《ひがら》もよく、結納の儀《ぎ》を執《と》り行わせていただきます」

男性側の母親が、男性側からの結納品を女性側本人の前に差し出す。

男性側（父）

「○○家からの結納でございます。どうぞ幾久《いくひさ》しくお納《おさ》めください」

女性側（本人）

「ありがとう存じます。幾久しくお受けいたします」

この後、女性側が目録に目を通し、元通りに包みます。受書《うけしょ》を用意しておいた場合は、女性側の父親（母親の場合もある）から男性側の父親（本人の場合もある）に渡す。

女性側（父）

「受書でございます。どうぞお納めくださいませ」

女性側の結納品あるいは、受書セットや結納記念品の目録などは、まったく同じ手順で男性側に手渡される。

男性側（父）「おかげさまをもちまして、無事結納をお納《おさ》めすることができました。誠にありがとう存じます。今後とも幾久《いくひさ》しくよろしくお願い申しあげます」

女性側（父）「こちらこそありがとう存じます。今後とも末永《すえなが》くよろしくお願い申しあげます」

会場がホテル、料亭、レストランなどの場合は、事前の打ち合わせ、または当日に、どのようにすればよいのかを教えてくれるところが多いです。また最近は、ホテルや結婚式場の〝結納パック〟を利用するケースが増えています。百貨店で手配した結納品を持ち込むこともでき、部屋や桜湯《さくらゆ》の手配、さらには進行もお願いできることもあります。結納が終わった後は、そのまま祝い膳を囲むことができます。

結納金《ゆいのうきん》とお返し

結納金はどのくらい用意すればよいでしょうか？

かつての結納では、男性から女性に帯または小袖《こそで》を、女性から男性に袴《はかま》を贈っていたことから、男性から女性に贈る結納金を〝帯料《おびりょう》〟〝小袖料〟、女性から男性へのお返しを〝袴《はかま》料《りょう》〟と呼ぶことがあります。

結納金の額にはこれといった決まりはありません。結婚する本人の経済力に応じて比較的低額の場合もあれば、親からの援助によって高額の結納金を用意する場合もあります。十万円程度から数百万円までさまざまです。

結納金の目安は、一般に男性の給料の二～三カ月分といわれますが、金額がそのまま愛情の深さを表すものではありません。無理のない範囲で用意できる額で、両家が納得できることが大切です。

結納金《ゆいのうきん》の袴料《はかまりょう》は、帯料《おびりょう》の半額でよいのでしょうか？
娘の結納金のお返しは、一割返し、半返し、お返しなしのどれが本当ですか？
地域によって、結納金のお返しのしきたりが違うとき、どのように調整すればよいですか？

女性側が結納金のお返しをする風習としない風習があり、地域によって事情が違うようです。

関東では〝半返し〟といって贈られた額の半額を返すことが多いですが、関西では〝一割返し〟のところや、結納のときではなく嫁入りの際に、結納金の三分の二くらいの額に当たる家具や家庭電器などを持参するところなど、さまざまです。

あるいは両家による事前の相談により、お返しをしないことを前提に結納金の金額を決めることもあります。また、記念品として、男性側からは指環を贈り、女性側からは男性の趣味に応じて、腕時計、スーツ、カフリンクス、ネクタイピン、バッグ、カメラ、万年筆などを贈り合い、これを結納品に代えるケースもあるようです。

品物が大きかったり用意が間に合わなかったりした場合は、〝祝目録〟をお渡しすることもあります。大切なことは、事前に両家が話し合い、お互いに納得することです。

結納金《ゆいのうきん》を差しあげる袋の体裁《ていさい》に決まりはありますか？

目録をつけない場合、金子《きんす》包みには男性から女性へは、表書きを「御帯料《おんおびりょう》」、「御帯地料《おんおびじりょう》」「小袖料《こそでりょう》」などと書き、内包み（中袋）の中央上に〝壹百萬圓〟などと金額を、中央下に名前を書き入れます。同様に、女性から男性へは、「御袴料《おんはかまりょう》」または「御袴地料《おんはかまじりょう》」とし、内包み（中袋）の中央上に〝伍拾萬圓〟などと金額を、中央下に名前を書き入れます。

男性からの結納金

男性からの結納金

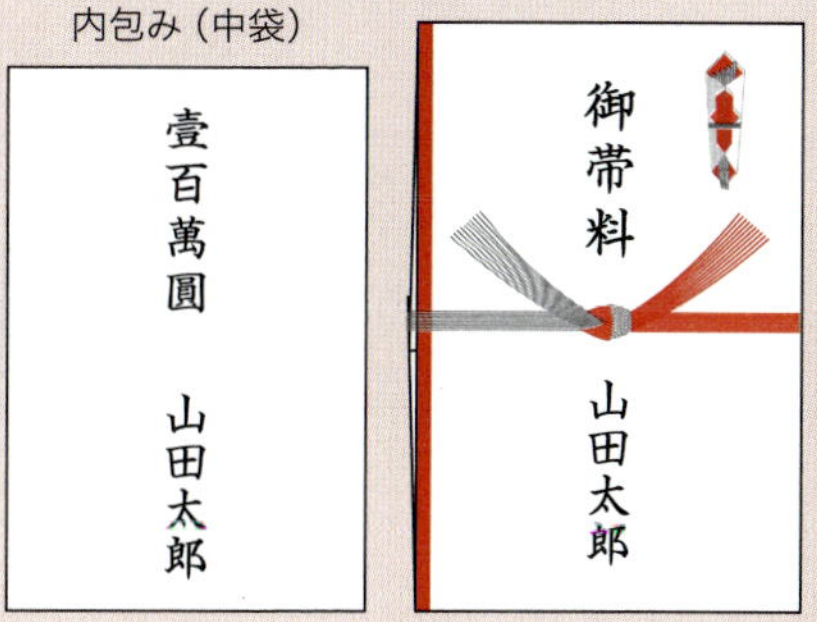

◎金銀または紅白ま結びやあわび結びの祝儀袋

表書きの種類
御帯料《おんおびりょう》
御帯地料《おんおびじりょう》
御小袖料《おんこそでりょう》

女性からの結納金

女性からの結納金

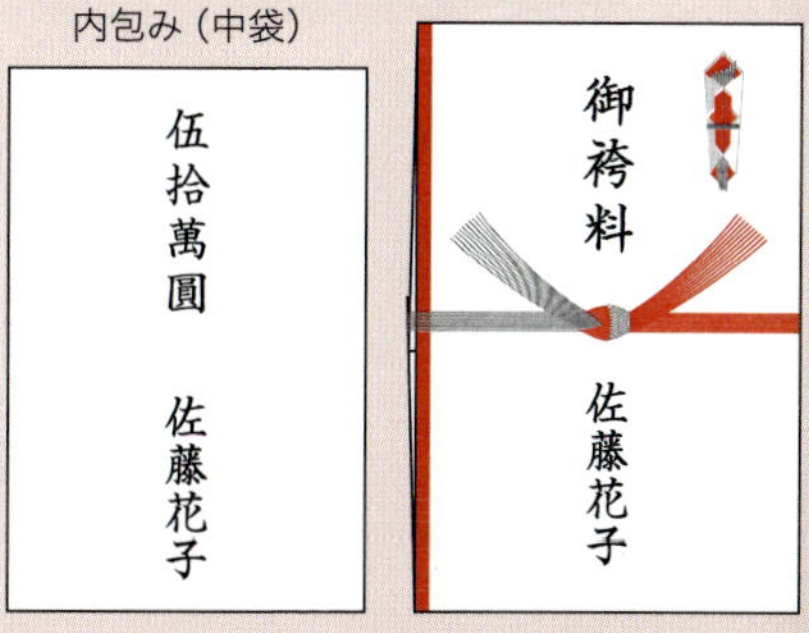

◎金銀または紅白ま結びやあわび結びの祝儀袋

表書きの種類
御袴料《おんはかまりょう》
御袴地料《おんはかまじりょう》

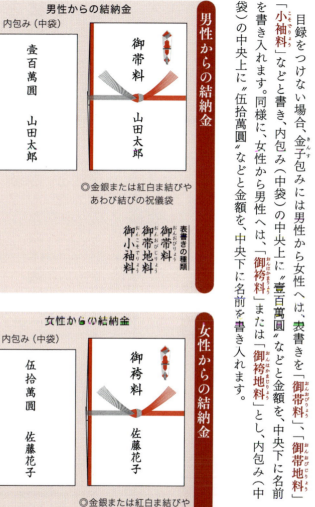

結納《ゆいのう》の記念品交換をするときの体裁《ていさい》はどうすればよいですか？結納返しの時計を贈るときの体裁はどうすればよいですか？

結納金の代わりに記念品を贈る場合は、「壽」として贈ります。名入れはお互いにわかっていることから、入れない場合もあります。事前に打ち合わせをして、決めておくとよいでしょう。結納返しとして時計を贈る場合、結婚の水引《みずひき》とのしをつけ、時計用の台にのせます。後日、品物を渡す場合は、祝目録を用意します。

結納記念品交換、結納返し

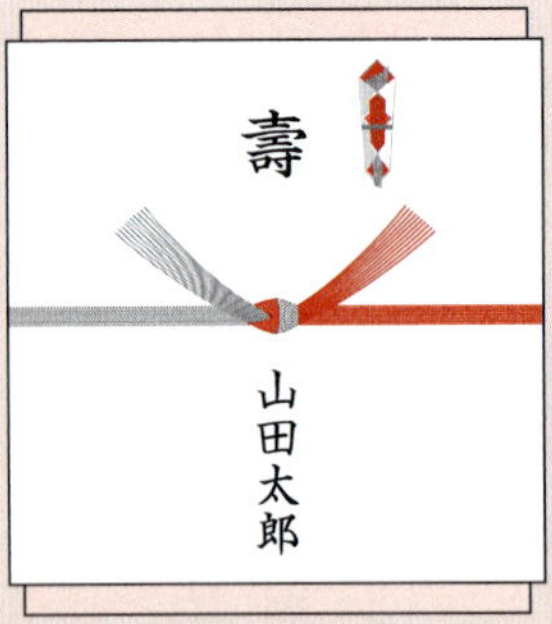

◎紅白ま結びののし紙
◎奉書紙をかけ、金銀または紅白の水引をま結びかあわび結びに結ぶ

表書きの種類
壽

結納式《ゆいのうしき》の費用

結納式の費用は、両家折半《せっぱん》にするのが一般的ですか？

結納のあとに祝い膳を用意して、固めの盃を交わすことが多いため、以前は女性宅を会場として両家が一堂に会する結納式が一般的でした。

ただし、最近はホテル、料亭、レストランなどを会場にして、結納を取り交わすことが増えています。このように別会場での祝い膳の費用や会場使用料は、双方で折半することが多いようです。

折半の仕方としては、男性側から結納品の家内喜多留《やなぎだる》の金子《きんす》包みに御酒肴料《ごしゅこうりょう》の意味として費用の一部を包むか、別に金子包みに「御酒肴料」として包んで渡し、それを受け取った女性側がまとめてお店、ホテル等に支払う場合もあります。事前に打ち合わせをするほうがよいでしょう。

嫁《とつ》ぎ先へのあいさつ

嫁《とつ》ぎ先の家族にあいさつに伺《うかが》うのはいつ頃がよいですか?

女性が嫁ぎ先の先祖や家族に対して、あいさつに伺うことがあります。伺う時期については、昔は女性側が購入した家具や家電を新居に運ぶ〝荷物送り〟の時期でしたが、現在では、

・結納のとき
・結納が済んでから
・結婚式の前日までに
・結婚式が済んでから
・入籍の前後

とさまざまです。都合のよいタイミングで、右記のいずれかでごあいさつに伺います。

相手先のご家族へお土産を持参するときの体裁《ていさい》に決まりはありますか?

先さまのご家族それぞれの好みに合わせたお土産を持参します。バッグやベルト、ネックレス、時計などの装身具を贈ることが多いです。

正式には箱または包装の上から奉書《ほうしょ》の紅白紙か白二枚にして、紅白または金銀の水引《みずひき》でま結びまたはあわび結びにし、右上にのしをつけます。表書きに「壽」または「御挨拶」と書き、その下に本人の姓名を書きます。ふろしきに包んで（平包み）持参します。差しあげるときの作法は、目上の方の品物を上段に重ねて差し出すか、順序よく目上の方からお渡しします。

　仏壇のあるお宅の場合には、ご先祖さまへお線香などを用意するとよいでしょう。

ご家族へのお土産

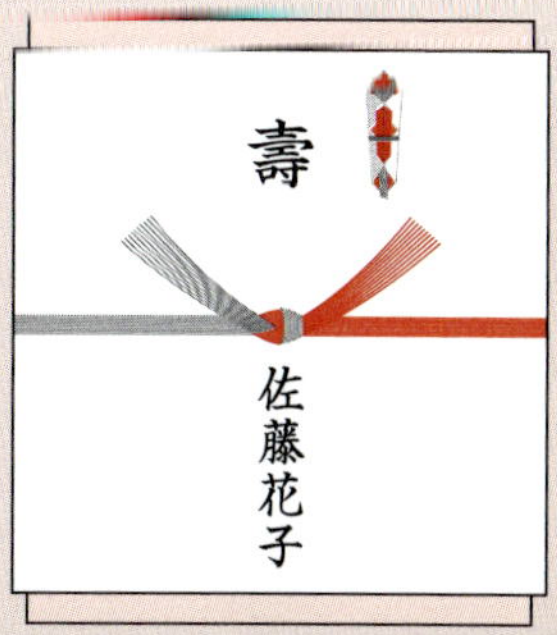

◎紅白ま結びののし紙
◎奉書紙を掛け、金銀または紅白の水引をま結びかあわび結びにし、右上にのしをつける

表書きの種類
壽《ことぶき》
寿
御土産
御挨拶

ご先祖さまへのお土産

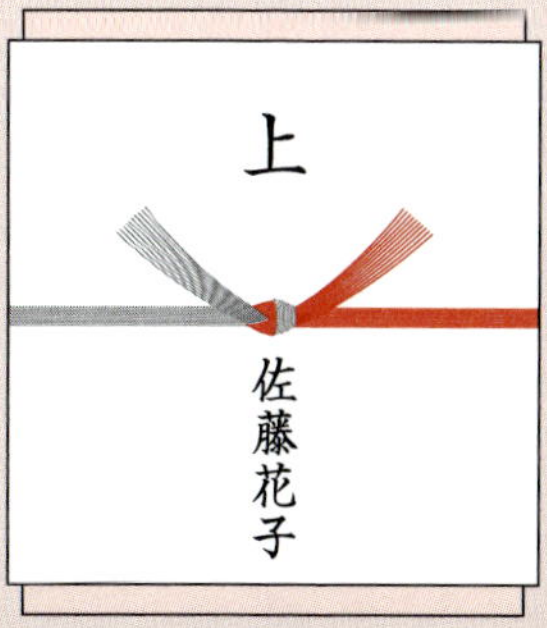

◎奉書紙を掛け、金銀の水引をま結びかあわび結びに結ぶ（のしなし）

表書きの種類
上《じょう》
寿
壽

※双銀ま結びの水引を用いる場合もあります。

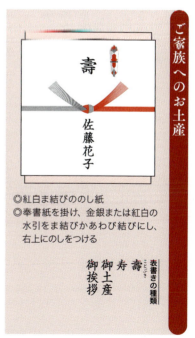

結婚式の招待状は、どのように返信すればいいですか？

招待状が届いたら、予定を確認し、できる限り早く返事を出します。欠席の場合は、あまり早く返信してしまうと調整を試《こころ》みずに最初から出席するつもりがなかったと思われてしまうこともあるので、一週間ほど時間を空けて返信するのがよいでしょう。出欠席がなかなか決められない場合は、主催者にその旨を連絡し、いつ頃までに結論が出るかを連絡しておきます。

主催者は出欠席が出揃った時点で人数を確定し、会場の席次などさまざまな準備を進めるため、期限間近になっても出欠席がはっきりしない場合は、やむを得ず欠席にします。出席に丸をつけた後、お祝いの言葉を添えます。名前を書くときには、自分の名前の文字が大きくなりすぎないように注意しましょう。

また欠席の記入の方法も出席の場合と同じですが、メッセージには気を付けましょう。欠席の理由が身内の不幸や病気などの場合は具体的な表現は避け、「やむを得ない事情により」などとします。さらに祝電やレタックスなどを用いて、出席はできない場合でもお二人に対するお祝いの気持ちを伝えるとよいでしょう。

■ 招待状　返信の書き方

返信には、出席・欠席のどちらかに丸をつけます。“御”は、受け取った人に対する敬語なので、一本線で消します。

“御芳名”の“御芳”も敬語ですので、消し忘れのないようにしましょう。

“寿”の文字を使って消す方法もありますが、文字が重なって汚く見えることもあるので、気を付けてください。

宛名面では宛名の下の“行”を一本線で消し“様”に書き直します。

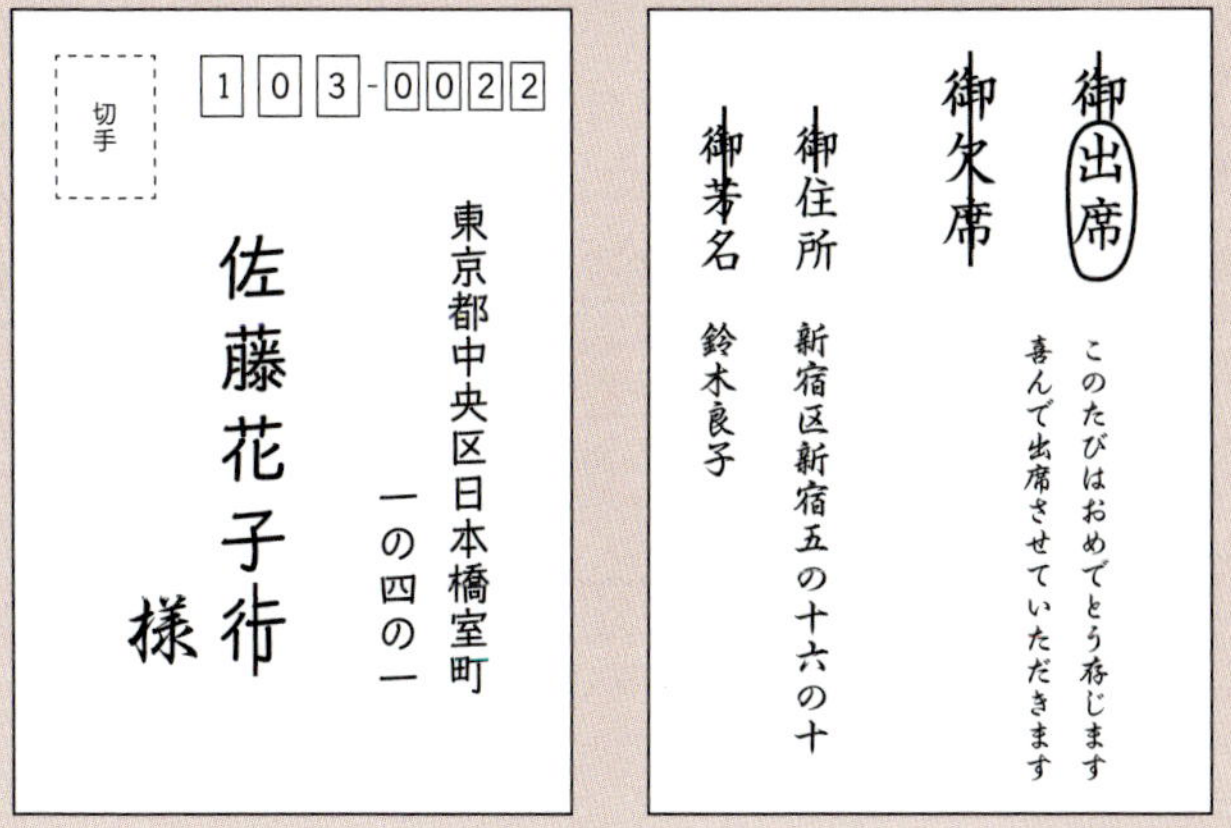

地方から参列してくださる方の交通費はどうすればよいですか？

一般的には、交通費だけでなく宿泊費も含めて全額を主催者が負担するのが丁寧です。全額が無理な場合は、せめて一部でも負担するのが望ましいですが、招待状を送る前に先方に相談し、最終的には相手方の判断におまかせします。また、親戚同士であれば、経費をお互いさまと考えることもあるようです。

いずれにせよ、遠くから出席していただく場合は、会場までの交通手段を調べて、その往復分のきりのよい数字を用意すると丁寧です。なお、全額負担することが決まっているのなら、その旨を電話で伝えるか、招待状の余白に書き添えてもよいでしょう。

結婚祝いの贈り方

結婚式に招かれたときのお祝い金の目安を教えてください。

お祝い金については、①身内、友人、同僚《どうりょう》、部下といった相互関係、②会場、規模、内容など、披露宴の状況を考えて決めるとよいでしょう。

お祝い金の金額について、まったく見当がつきません。

結婚のお祝い金の目安を掲載します。[▼26ページ参照]お付き合いの度合いや諸事情によって変わりますので、あくまでも目安として参考になさってください。

結婚祝いに現金ではなく、品物を差しあげたら失礼でしょうか？

結婚祝いを現金で贈ることが、最近では一般的です。受け取る側にもそちらを結婚費用や新しい生活の費用などに充当でき、品物が重複する可能性も少ないでしょう。

しかし、お二人の記念になるものを真剣に考えて贈ることは、けっして失礼ではなく、本来の結婚祝いの形ともいえます。

披露宴に招待されている場合には、一人当たりの費用に相当する金額か、それを上回る程度を目安にします。披露宴に招待されていない場合でもお祝いを差し上げたい際には、相手との関係を考慮し、披露宴に持参するお祝い金の金額にとらわれる必要はありません。

結婚祝いに適した品物選びのポイントを教えてください。

親しい関係であれば、相手の希望を伺《うかが》うとよいでしょう。また、結婚する二人が親との同居なのか、別世帯《せたい》なのかを確認することも大切です。

相手の希望に合わせて友人数人が一緒に一つの品物を贈ることも、品物選びの幅が広がってよいものです。

①日常生活に使うものでも自分では買いにくい高級品
②新しい家庭生活にすぐ役立つ実用品

③二人の記念になるもの
④重複しても無駄にならないもの
⑤デザイン性やアート性の高いもの
⑥趣味性の高いもので、相手の好みに合わせたもの
⑦観葉植物や花器などのインテリアアクセサリー
⑧二人仲良くペアのもの

結婚祝いに適したギフト

デジタルフォトフレーム　フォトフレーム　プリザーブドフラワー
電波時計　温湿度計　クッション　バスマット　ランチョンマット
ペアワイングラス　ペアコーヒーカップ　スプーン、フォークセット
花瓶　漆塗りの丸盆　取鉢揃　パスタ皿　片手鍋　ペアスリッパ
バスローブ　コードレスクリーナー　コーヒーメーカー
ホームベーカリー　フードプロセッサー　ワインホルダー
ワインクーラー　災害用避難袋一式　傘立て　ワイン
カタログギフト　旅行券　お食事券

結婚式の会場にお祝いの品を持参したら失礼でしょうか？

結婚式当日は取り込んでいるため、祝いの品は少なくとも、挙式十日前までには贈りたいものです。原則として現金でも品物でも、自宅に持参するのが正式ですが、こうした品物を配送する場合でも、カードや手紙にメッセージを添えて贈ると喜ばれます。

一方、現金によるお祝いの場合には、結婚式当日に受付に持参することが多いです。

親から子どもへの結婚祝いは、どうすればよいでしょうか？現金の場合はいくら贈ればよいでしょうか？

かつては、結納から結婚費用、嫁入り道具まで親がかりで、そのほかに親からあらためて結婚祝いを贈ることはありませんでした。

しかし、現在は、結婚のスタイルもさまざまですから、親から子どもへ生活用品の購入や新婚旅行費にあててもらいたいとして、祝儀袋に「壽」として現金を新郎新婦が揃っているときに贈ることもあります。金額は数十万から数百万とさまざまで、とくに決まりはありません。それぞれの家の事情に合わせて考えるとよいでしょう。

ご自宅に結婚祝いを持参する際の、正しい作法を教えてください。

結婚祝いは、正式にはご自宅に持参するものです。本来は、金品を十日前までの吉日の午前中に届けることが基本です。理由は、慶事《けいじ》は何よりも先にする、つまり祝う気持ちを表すことにつながるとされ、また先さまが午後に予定を入れやすいということからも、お祝いに伺《うかが》うのは午前中が好まれてきました。最近は午後三時頃まででかまわないとされているようですが、いずれにしても先方の都合に合わせることが大切です。

金品には、金銀または紅白のま結びかあわび結びの水引《みずひき》をかけ祝儀盆《しゅうぎぼん》にのせ、これに掛

子どもへの結婚祝い

◎金銀または紅白ま結びかあわび結びの祝儀袋

表書きの種類

壽
御祝

けふくさをかけ、紋入りのふろしきに包んで持参すると丁寧です。白木の盆や祝儀盆を用いない場合でも、せめてふろしきに包んで持参したいものです。[▼8ページ参照]

結婚祝い

◎金銀または紅白ま結びかあわび結びの祝儀袋
◎紅白ま結びののし紙

表書きの種類

御結婚祝
壽《ことぶき》
御慶《およろこび》（年上の方へ）
御歓《およろこび》（年下の方へ）
寿福
御祝
御贐《おはなむけ》
おはなむけ

豆知識　御贐《おはなむけ》の使い方

「御贐」として金子《きんす》を贈ることもあります。とくに東北地方に多くみられますが、新婦側へのお祝いとして、親戚などが新婚旅行の餞別という意味で「御贐」が使われています。さらに通常の結婚祝い（結婚式当日のお祝いも含め）とは別に、前もって品物を自宅に届けるときにもこの「御贐」が用いられています。また、これらのお祝いの他に清酒二本または酒肴料《しゅこうりょう》、新婚旅行に用いるお金を「御旅立」として添えることもあるようです。

結婚して七カ月経った方へお祝いを贈るのですが、のし紙はどのように書けばよいでしょうか？

紅白ま結びで、表書きは「御祝」にします。また、もしも年上の方に差しあげるなら「御慶《およろこび》」、年下の方に差しあげるなら「御歓《およろこび》」としてもいいでしょう。

時間が経ってから差しあげる結婚祝い

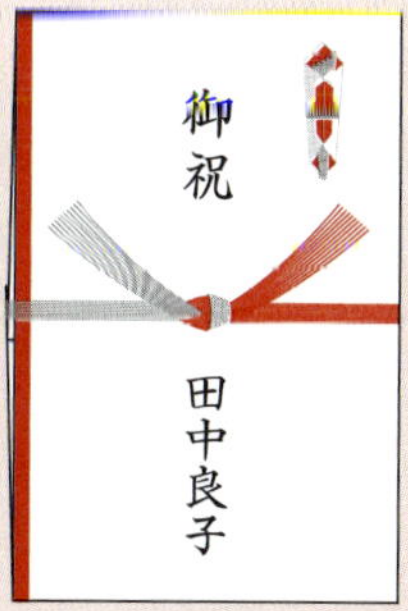

◎金銀または紅白ま結びかあわび結びの祝儀袋
◎紅白ま結びののし紙

表書きの種類
御祝
御慶《およろこび》（年上の方へ）
御歓《およろこび》（年下の方へ）

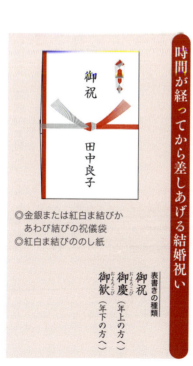

会費制の結婚式の場合、会費以外に何かお祝いを持って行ったほうがよいですか？

北海道などでは、以前から会費制の披露宴は一般的ですが、最近は全国的にかなり目にする機会が増えてきました。会費制の披露宴の場合は、会費自体がお祝いですので、その他にお祝いは、基本的に必要ないといわれますが、無理ない範囲で会費にプラスしてお祝いの気持ちを包むことや他に祝いの品を差しあげることもあります。

会費は、受付で財布から直接出して支払うのではなく、祝儀袋または白封筒に入れて持参します。会費とは別にお祝いを差しあげたい場合は、披露宴当日ではなく、事前に届けるか、後日、落ち着いてからお渡しするのがよいでしょう。

鏡、陶器などの割れものを結婚祝いに贈ってはいけませんか？

昔は、鏡や陶磁器は途中で割れたり、欠けたりするので、二人の仲が〝割れる〟として忌《い》み嫌われました。また、刃物も二人の仲を〝切り裂く〟として嫌われたようです。しかし、現代の生活に、鏡や陶磁器は必需品です。包丁やナイフも同様です。割れる食器は「幸せが増える」、刃物は「幸せを切り拓《ひら》く」とも考えられ、先方の二人が喜んでくださるものなら、今日では必要以上にこうしたタブーを気にすることもないでしょう。

また、贈りものの個数についても、三、五、七の奇数にとらわれず、対のものなど、状況によっては偶数を用いることもあります。

品物を贈る際に大切なのは、相手が希望するもの、満足していただけるものを選ぶことです。

豆知識

結婚式で気を付けたい言葉

結婚式ではスピーチやお祝いの電報を送るとき、贈り物をするときなどに〝別れる〟〝終わる〟〝切れる〟などを意味するものを避けます。お祝いごとですから十分に気を付けましょう。

忌《い》み言葉

出る　去る　別れる　切れる
終わる　離れる　帰す　返す
冷える　飽きる　嫌う　薄い
戻る　破れる　あせる　退《しりぞ》く
滅《ほろ》びる　流れる　落ちる　苦しむ
重ね重ね　たびたび　もう一度
再度　去年　思い切って　折り
返し　別便　病気　暇　死　涙
憂など

結婚式の装い

結婚式の装いは、男性の和装の場合は一種類ですが、男性の洋装、女性の和装と洋装それぞれ、新郎新婦との関係性やフォーマルの度合い、昼夜いずれかなどによって異なります。268ページから解説していきます。

■ 和装

黒留袖《くろとめそで》

羽織袴《はおりはかま》

※扇子を袴の左脇に差します

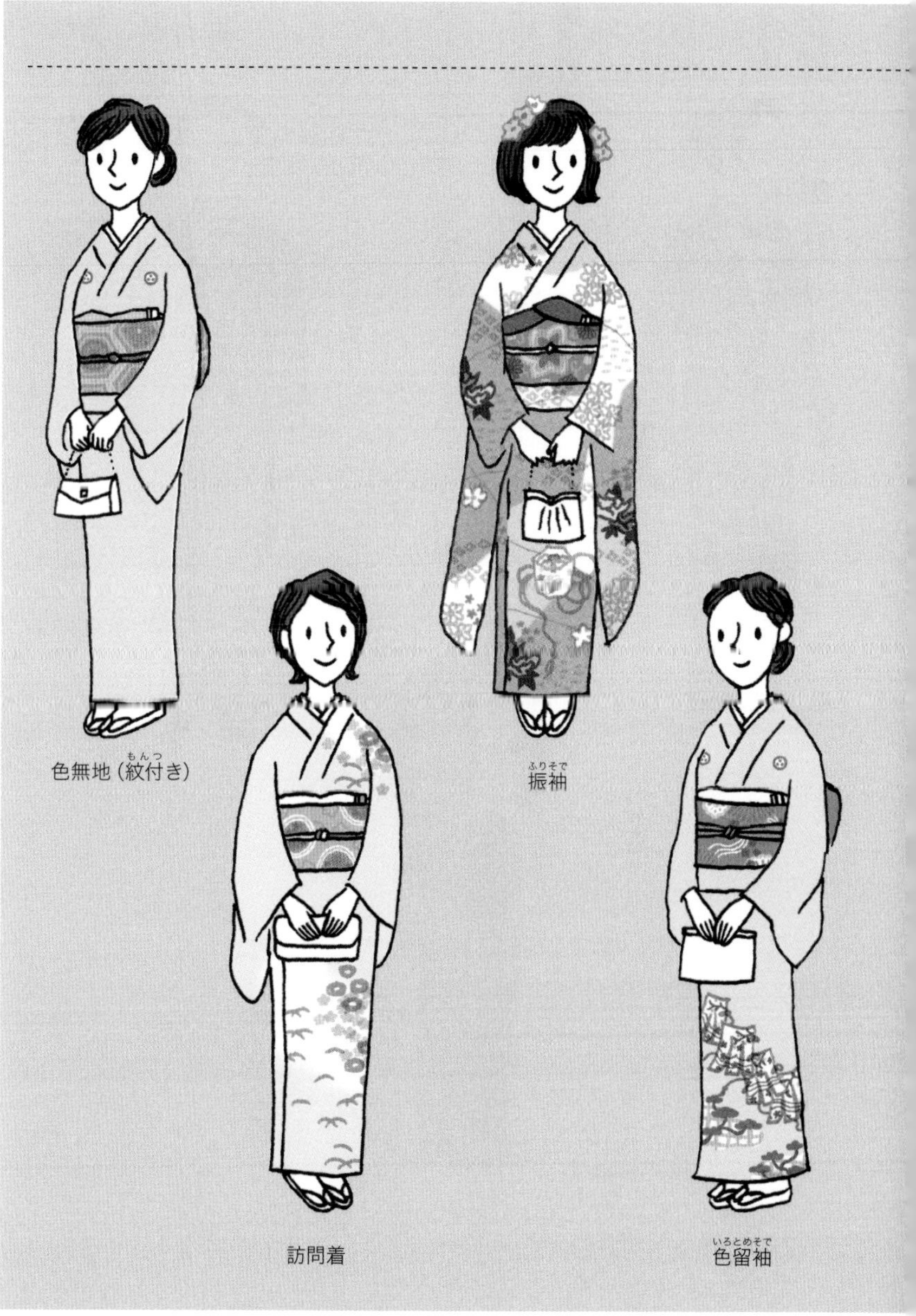

色無地（紋付《もんつ》き）

振袖《ふりそで》

訪問着

色留袖《いろとめそで》

■ 洋装 - 男性

タキシード

モーニングコート

燕尾服《えんびふく》

ダークスーツ

ディレクターズスーツ

ブラックスーツ

靴は黒革（カーフ）の紐結び（レースアップ）で、デザインはシンプルなストレートチップ（先端部にラインが1本入っているタイプ）か、プレーントウ（先端部に飾りのないタイプ）が基本です。

■ 洋装 - 女性

ディナードレス

アフタヌーンドレス

ロングドレス

フォーマルなワンピース

フォーマルなスーツ

両親編

神前式なので、紋付《もんつ》き羽織袴《はおりはかま》で出席したいと父が言っておりますが、新郎と重なるので着ないほうがいいでしょうか？

紋付き羽織袴は、男性の和装の正礼装です。父親のお立場で、お召しになってもよいものです。重要なことは、両家の父親の格式を合わせることです。

新郎の父が、モーニングではなくブラックスーツを着たいと言っています。新婦の父はどうしたらよいですか？

モーニングコートは正礼装で、ブラックスーツは準礼装です。服装の格式が違いますので、父親同士は合わせられることをおすすめします。こうした場合、新郎新婦が正礼装なので、両家ともモーニングコートで合わせることをおすすめいたします。

ブラックスーツ

モーニングコート

羽織袴

新婦の母は黒留袖《くろとめそで》を着るとおっしゃっています。新郎の母である私は、洋服でもいいでしょうか？

着物でも洋服でも、格式が合っていれば大丈夫です。黒留袖と同格の洋服は、昼間はアフタヌーンドレス、夜はロングドレスに共布のジャケットを合わせるとよいでしょう。アクセサリーなどで、上品にフォーマルの度合いを上げるのもおすすめです。

黒留袖

アフタヌーンドレス

ロングドレス

両親の装いのルール

新郎新婦の両親は、装いの格式をそろえることが大事です。例えば洋装の場合、昼（閉宴が夕方五時頃まで）と夜とでは、服装のルールが異なりますので気を付けましょう。また、男性が洋装で女性が和装という組み合わせでも、格式を合わせていれば問題ありません。現在は、多くのご両親が、モーニングコートと黒留袖という組み合わせです。

【母親】

●洋装――昼

・エレガントなアフタヌーンドレスが昼の正礼装です。肩や腕を出さない露出を控えた長袖が基本で、アクセサリーはパールなど光りをおさえたものが中心です。

アフタヌーンドレス

●洋装――夜

・夜は、光沢のある生地のロングドレスに共布のジャケットやディナードレスなどで、昼間より華やかに装いますが、肌の過度な露出は避けます。アクセサリー類は、光る素材のものも使えますが、母親の立場として新婦より目立たないように注意しましょう。

●和装

・五つ紋《もん》付《つ》きの黒留袖《くろとめそで》が正礼装です。

・色留袖《いろとめそで》も五つ紋付きのものは黒留袖と同格ですが、先方の母親と相談されると安心です。

【父親】

●洋装――昼

・モーニングコートが昼の正礼装です。

●洋装――夜

・燕尾服《えんびふく》やタキシードが夜の正礼装です。

●和装

・黒の五つ紋付き羽織袴《はおりはかま》が正礼装です。

燕尾服　モーニングコート

羽織袴　タキシード

色留袖　黒留袖　ディナードレス　ロングドレス

兄弟姉妹・その他親族編

妹の立場で出席しますが、ベージュのワンピースを着てもよいですか？

白は花嫁の色と言われています。純白以外にもオフホワイト、生成《きな》り、薄いベージュなど、白に近い色は避けた方が好ましいです。また、花嫁のお色直しのドレスの色にも重ならないように気を付けましょう。

弟が結婚しますが、独身の姉が着物を着る場合、振袖《ふりそで》でないといけませんか？

未婚の女性の第一礼装は、振袖と言われますが、色留袖《いろとめそで》でもよいです。準礼装の訪問着や色無地（紋付《もんつ》き）を着ることもあります。

振袖

訪問着

色留袖

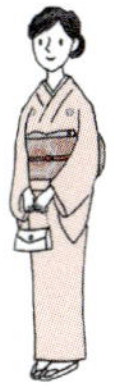
色無地

伯父《おじ》の立場で出席しますが、タキシードを着てもよいですか？

タキシードは夜の正礼装ですので、昼の場合は不向きです。また、夜の場合でも、両家の父親が燕尾服《えんびふく》やタキシードを着ていなければ、伯父のお立場では着用しないほうがよいでしょう。

兄弟姉妹・その他親族の装いのルール

両親と同様に、洋装の場合は昼（閉宴が夕方五時頃まで）と夜とでは、服装のルールが異なります。

【兄弟・その他親族（男性）】

●洋装——昼

・新郎新婦の父親より、やや控えめなディレクターズスーツやブラックスーツが一般的です。

●洋装——夜

・タキシードかブラックスーツが一般的です。

［姉妹・その他親族（女性）］

●洋装――昼

・エレガントなアフタヌーンドレスが昼の正礼装です。肩や腕を出さない露出を控えた長袖が基本です。

・セミアフタヌーンドレスが昼の準礼装です。フォーマルなワンピースやスーツもよいでしょう。

・いずれの場合も、アクセサリーはパールなどの光りをおさえたものが望ましいです。

●洋装――夜

・光沢のある生地のロングドレスに共布のジャケットやディナードレスなどで、昼間より華やかに装います。アクセサリーも光る素材のものを使用できますが、フォーマルな装いを意識します。何よりも、新郎新婦の身内としての立場をわきまえた服装を心がけることが重要です。

アフタヌーンドレス

フォーマルなワンピース

フォーマルなスーツ

ロングドレス

ディナードレス

列席者編

披露宴の受付を頼まれましたが、服装で気を付けることはありますか？

受付は、両家を代表してお祝いの言葉を受け、ご祝儀をお預かりする重要な立場です。女性の場合、お辞儀《じぎ》をするときに胸元が見えるような服装や、身体を動かす度に音がするようなアクセサリーを身に付けるのは避けましょう。あらたまった雰囲気になるようにこころがけることが大切です。

夏の結婚式なので、素足にミュールでもよいですか？

フォーマルなシーンでは、「素足は服をまとっていないのと同じ」と言われますが、一方、国内外を問わずあらたまった場でも素足が認められるようになりつつあります。しかし年輩の方など、素足を不快に思う方もいらっしゃるので注意が必要です。また、ミュールは床がカーペットでないと靴音が高くなってしまうため、フォーマルな席においては避けたほうがよいでしょう。プレーンなヒールのあるパンプスがおすすめです。

親友の結婚式なので、背中の大きく開いたドレスで華やかにお祝いしようと思いますが、大丈夫でしょうか？

おしゃれは大切ですが、挙式での肌の露出《ろしゅつ》はおすすめしません。披露宴の場合も、過度な露出は避けたいところです。花嫁よりも華やかにならないよう注意しましょう。

招待状に「平服で」とあった場合は、どうすればよいですか？

平服と明記してあっても、普段着でよいということではありません。女性の場合は、洋装ではフォーマルなワンピース、ツーピース、ドレッシーなパンツスーツでもかまいません。和装では、色無地や付け下げなどの略礼装が適しています。

男性の場合は、ダークスーツを着用するとよいでしょう。ネクタイはシルバーグレー系で、ポケットチーフを用いて華やかさを演出します。

列席者の装いのルール

親族と同様に、洋装の場合は昼（閉宴が夕方五時頃まで）と夜とでは、服装のルールが異なります。

ダークスーツ

ツーピース

フォーマルなワンピース

【女性】

●洋装——昼

・肌の露出をおさえ、肩や腕を出さないようにします。エレガントなアフタヌーンドレス、ある程度流行を取り入れたファッション性があるセミアフタヌーンドレスがよいでしょう。フォーマルなワンピースやスーツなどでもかまいません。すべての場合に共通することですが、結婚式の主役はあくまでも花嫁です。花嫁の色である白を身につけないことは常識として心得ておきましょう。

●洋装——夜

・光沢のある生地のロングドレスに共布のジャケットやディナードレスなどで、昼間より華やかに装います。アクセサリー類も光る素材のものを使えますが、花嫁よりも派手にならないよう注意が必要です。また、肌の過度な露出《ろしゅつ》は避けましょう。

●和装

・ミスの正礼装は、振袖《ふりそで》です。新婦がお色直しで振袖を着る場合には、列席者は色や柄に注意します。

・ミセスの正礼装は、黒留袖《くろとめそで》と色留袖《いろとめそで》です。黒留袖は新郎新婦の母親や既婚の親族が着用するものなので、列席者は準礼装で、訪問着、あるいは色無地（紋付き）を着るのが一般的です。

アフタヌーンドレス　フォーマルなワンピース　フォーマルなスーツ　ディナードレス　ロングドレス

【男性】

●洋装――昼

・準礼装であるディレクターズスーツかブラックスーツを着用します。ブラックスーツを着用する場合、シルバーグレーか黒白の縞のネクタイを結び、真珠や白蝶貝などのカフリンクスをつけて、ポケットチーフをあしらいます。また、ジャケットがシングルの場合は、ベストを着用してもいいでしょう。

・二十代までの若い方は、略礼服であるダークスーツ（無地または無地に近いもの）で、色合いはチャコールグレーかミッドナイトブルーでもいいでしょう。この場合、衿腰《えりこし》が高くダブルカフスの白いシャツにシルバーグレー系のネクタイ、さらにポケットチーフをあしらうと、よりフォーマルな印象を演出できます。

●洋装――夜

正礼装のタキシード、準礼装のファンシースーツ、または準礼装のブラックスーツです。

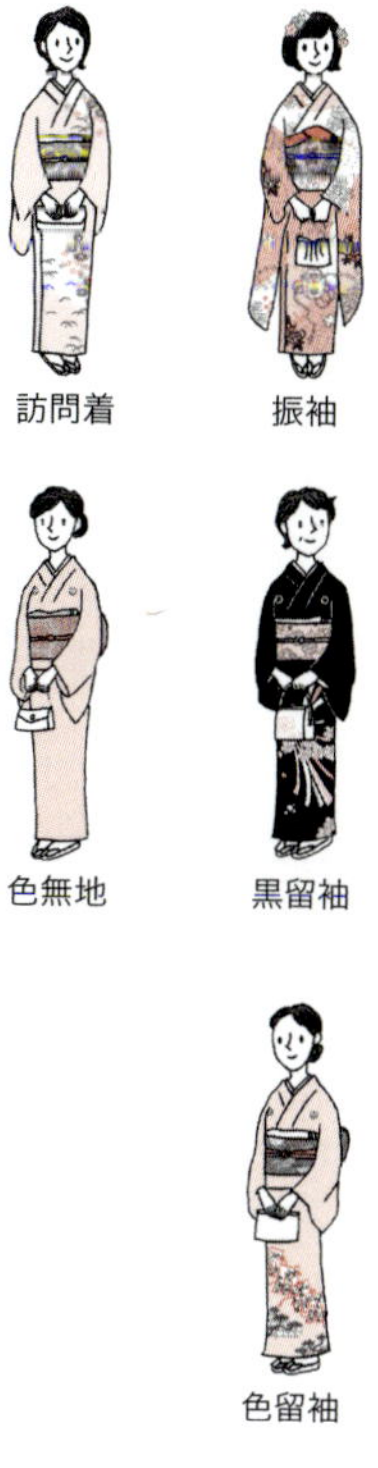

ディレクターズスーツ　ブラックスーツ　タキシード　ブラックスーツ

結婚式でお世話になった方へのお礼

お世話になった友人、知人へのお礼はどうすればよいですか？

披露宴の受付、写真撮影、司会など結婚式を盛り上げてくれた友人、知人に対しては、できれば披露宴前に、無理な場合は披露宴終了直後に、お礼の言葉を添えて謝礼をするのが一般的です。親しい友人で、お金での謝礼が失礼な場合や、他人行儀を好まないときなどは、新婚旅行先でお土産を買ったり、新居に招いたりしてお礼をしてもよいでしょう。

差しあげる方のリストを作成し、それぞれの金額や誰から渡すかなどを事前に決めておく必要があります。新札の用意や祝儀袋への名入れなども時間がかかりますので、余裕を持って準備しておきましょう。

お世話になった友人、知人へのお礼

◎紅白ま結びかあわび結びの祝儀袋《しゅうぎぶくろ》
◎紅白ま結びのポチ袋

表書きの種類
御礼
壽《ことぶき》
寿

名入れ
両家名
それぞれの姓

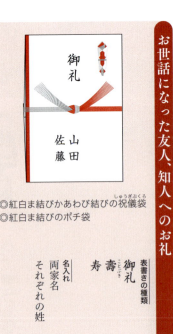

受付をそれぞれの家で頼んだ場合、それぞれの姓でお礼をすればいいですか？

結婚式のお礼は、基本的に両家で話し合って分担します。新郎が頼んだり、お世話になった方には新郎側から、新婦が頼んだり、お世話になった方には新婦側から、両方がお世話になった方には一つにまとめて両家から謝礼を贈るようにします。

謝礼は祝儀袋かポチ袋に「**御礼**」、「**寿**」、「**壽**」、「**御祝儀**《ごしゅうぎ》」などと表書きを記して贈るとよいでしょう。

受付へのお礼

◎紅白ま結びかあわび結びの祝儀袋
◎紅白ま結びのポチ袋

表書きの種類
御礼
寿
壽《ことぶき》
御祝儀《ごしゅうぎ》

結婚式場へ料金のほかにお礼をしたいと思っています。神式、仏式、キリスト教式、それぞれの体裁《ていさい》を教えてください。

神式挙式の場合

神社で挙式したときには、挙式料のほかに神社や神官の方に対してお礼をお渡しするのが通例です。

仏式挙式の場合

お寺などで仏前結婚式を挙げたときには、僧侶の方などに対してお礼をお渡しするのが一般的です。

教会挙式のお礼

教会へのお礼は、挙式料の代わりに適当な額を献金《けんきん》するのが一般的です。また、神父や牧師の方には、献金とは別にお礼をします。オルガン奏者や聖歌隊を頼んだ場合もお礼を差しあげましょう。

神式挙式のお礼

◎金銀または紅白ま結びかあわび結びの祝儀袋
◎白無地袋

表書きの種類

御初穂料《おんはつほりょう》
壽《ことぶき》
寿
御禮《おんれい》
御礼

仏式挙式のお礼

◎金銀または紅白ま結びかあわび結びの祝儀袋

表書きの種類

壽
寿
御禮《おんれい》
御礼

教会挙式のお礼

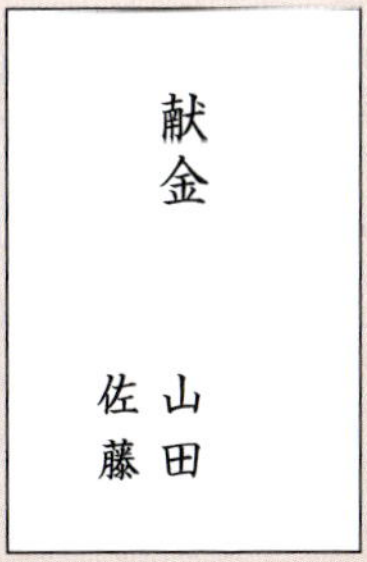

◎白無地袋

表書きの種類

教会へのお礼……
献金

神父・牧師へのお礼……
御礼

オルガン奏者・聖歌隊へのお礼……
お礼

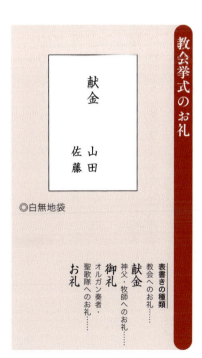

式場関係者へのご祝儀は、どういう方々まで差しあげればよいでしょうか？

結婚式場で、式当日にお世話をお願いする係りの方には、ご祝儀をお渡しするのが一般的です。一方、そうしたものはサービス料に含まれているということで、ご祝儀の受け取りを断るところもあります。式場のコーディネーターに相談するとよいでしょう。

宴会場の責任者、介添《かいぞ》え人、着付けの方、美容師、送迎車の運転手など、多くの方にご祝儀を差しあげることになります。予期せぬ方にお世話になることも考えられますので、当日用に少し余分に祝儀袋や新札を用意し、筆ペンなども準備しておくと安心です。一人ひとりに渡すことが大変な場合、担当ごとの責任者にまとめて差し上げることもあります。

着付けの方や美容師などに、新郎新婦が別々にお世話になった場合、名入れはそれぞれの姓にします。お礼の金額は、それぞれ五千円から一万円が一般的です。

式場関係者へのお礼

◎紅白ま結びかあわび結びの祝儀袋
◎紅白ま結びのポチ袋

表書きの種類
御祝儀《ごしゅうぎ》
壽《ことぶき》
寿

名入れ
両家名
それぞれの姓

主賓《しゅひん》の方（乾杯者も含む）へはお礼をすべきですか？

主賓の方にも、一般の出席者と同様に引出物を差しあげるので、お礼を差しあげなければならないということはありません。ただし、ご多忙中に出席してくださったことへの感謝の気持ちを表したい場合は、「御車代」と表書きしてお渡ししてもよいでしょう。金額は交通費の意味合いも含め自宅と式場の往復のタクシー代が目安です。差しあげ方は、受付の担当者に依頼しておくのがよいでしょう。

主賓の方へのお礼

◎金銀または紅白ま結びかあわび結びの祝儀袋

表書きの種類
御車代
御車料

名入れ
両家名
それぞれの姓

引出物《ひきでもの》

どうして〝引出物《ひきでもの》〟というのですか？のし紙に両家や二人の名前を書くのはなぜですか？

その昔、お客さまがいらっしゃるときに、馬を庭先に引き出して見せ、その馬を土産として贈ったことから、「客をもてなしたときに贈る物」「饗宴《きょうえん》のときに主人から来客へ贈る物」を〝引出物〟というようになりました。

つまり、引出物はあくまでも祝宴の主催者側が招待者に贈るお土産であり、お祝いを受けたお返しではありません。招待客全員に同じ引出物を出すという考え方は、こうしたところからきているようです。

また、引出物にはメインの品物にのし紙をかけ、両家の姓を書きます。なぜなら、引出物は両家から贈るものだからです。引出物を二品以上贈る場合でも、本来のし紙はメインの品物にのみかければよいのですが、最近では二品目にもかけ、二人の名前を書くことが通例になっています。これには新郎新婦の名前を披露する目的もあります。

さらに、地方によっては「松の葉」と表書きして、名前の披露とともに「いつまでも変わらず、よろしくご指導ください」という意味を込めて、二人の名前を書いて贈ります。

引出物はメインの品物と引菓子、さらに縁《えん》起物《ぎもの》（かつお節、紅白饅頭《まんじゅう》など）で二〜三品を用意する場合が多いです。しかし、引出物の品数や縁起物の考え方については、地域性が強く、品物選びの際は、ご両親やご親戚に相談をされるとよいでしょう。

引出物

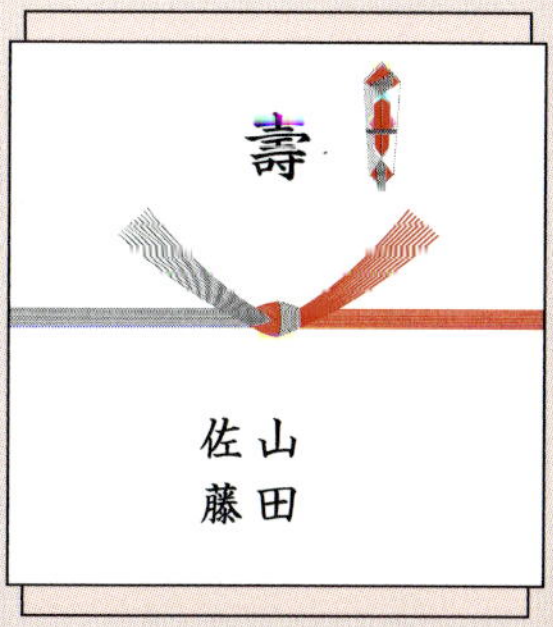

◎紅白ま結びかあわび結びののし紙

表書きの種類
寿
壽《ことぶき》
松《まつ》の葉《は》

名入れ
両家名
新郎新婦の名前

※地域、習慣などによってさまざまな考え方があります。

引出物《ひきでもの》選びの目安はありますか？

引出物は、両家からの結婚の記念として全員に同じものをお贈りすることが基本ですが、今はお渡しする先さまによって、引出物の内容を変える〝贈りわけ〟が増えてきました。親戚、会社関係、新郎友人、新婦友人などにわけて準備する場合もあります。

主に、一品目のメインの引出物を贈りわけすることが多く、二品目（引菓子）や三品目（縁起物《えんぎもの》）は、全員に同じものを用意されています。

引出物の目安は次の通りです。

（1）一品目（メインの引出物《ひきでもの》）

①親戚

・趣味が分かるので、個々に選んでもよいでしょう。記念の品として日常的に長く使っていただけるものがおすすめです。

予算……お祝い金を多くいただくことが多いので、四千円～一万円くらいと幅があります。

好適品…カタログギフト（食事券や温泉旅行が含まれるものなど）、フォトフレーム、置物、特選和洋食器

②会社関係（主に上司）

・高級感のあるものや格式のある名品、こだわりの伝わる逸品、またゲストの名入れをして特別感のあるものなどを選ぶとよいでしょう。

予算……お祝い金の予想が難しいですが、友人よりも丁寧にしたい場合では四～五千円が多いです。

好適品…カタログギフト、特選和洋食器、ゲストの名入れができる品（ハンガー、ふくさ）、有名産地タオル

③友人

・例えばシューケアセットのように、自分では進んで買わないけれど、あると便利な実用品が喜ばれます。また、自分が日頃使っていて、おすすめしたいものもよいでしょう。

・予算……三～四千円が主流です。

・好適品…カタログギフト、シューケアセット、ハンドソープ、ボディソープ、コスメを

含めたギフト、和洋食器、キッチングッズ

［贈りわけをする場合の注意点］

持ち帰りの手提げ袋は、できるだけ同じ大きさにします。また、式場には事前に贈りわけをしても大丈夫かを確認しておきましょう。そのときに、何品までなら可能か、区別の仕方に決まりはあるかなども聞いておくとよいでしょう。

（2）二品目（引菓子）

日持ちのする温度管理の要らないものがおすすめです。日持ちの短いデリケートなものを選ぶ場合は、式場での保管場所なども確認しないとトラブルの原因になるので、担当者と事前に打ち合わせするなど注意が必要です。

品物としては、年輪を重ねるという意味合いからバウムクーヘンが人気があります。その他、焼き菓子の詰め合わせ、クッキーの詰め合わせなどもおすすめです。

（3）三品目（縁起物《えんぎもの》）

縁起物は絶対外せないという方と、縁起物はまったく気にとめないという方に二分されるようです。しかし、列席者にお持ち帰りいただく袋の中に入れる品数は、奇数がよいとされていることもあり、第三のギフトとして縁起物を用意される方が増えています。好適品としては、かつお節とふりかけのセット、紅白饅頭《まんじゅう》、お吸い物セット、お赤飯などです。

披露宴の出席者にもお返しをするべきですか？

結婚祝に対するお返しは、披露宴に出席してくださった方には引出物《ひきでもの》をお渡しすることを考慮すると、基本は差しあげなくてもよいものです。もしも感謝の気持ちを示したい場合は、新婚旅行先でのお土産を差しあげてもよいでしょう。

結婚祝いのお返しはいつ頃までに贈ればよいでしょうか？

披露宴に招待していない方からお祝いをいただいた場合、挙式後一カ月以内にお祝いの半額程度の品物を「**内祝**」として贈るのが一般的です。挙式の数カ月も前にお祝いをいただいているとしても、挙式後にそのお礼と報告を兼ねて贈りましょう。

どうしても結婚式前にお返ししたい場合は、「**御礼**」でするとよいでしょう。名入れは、入籍前であればそれぞれのフルネームを書きます。

お祝い返しに、お茶を贈ってもよいでしょうか？

日本茶、コーヒー、紅茶などは多くの方が日常愛飲しているので、結婚祝いのお返しに贈っても、失礼になることはありません。

ただし、日本茶は弔事《ちょうじ》に使われることも多いため、好まれない方もいらっしゃいます。選ぶ際には、その点を考慮しましょう。

結婚祝いの返礼

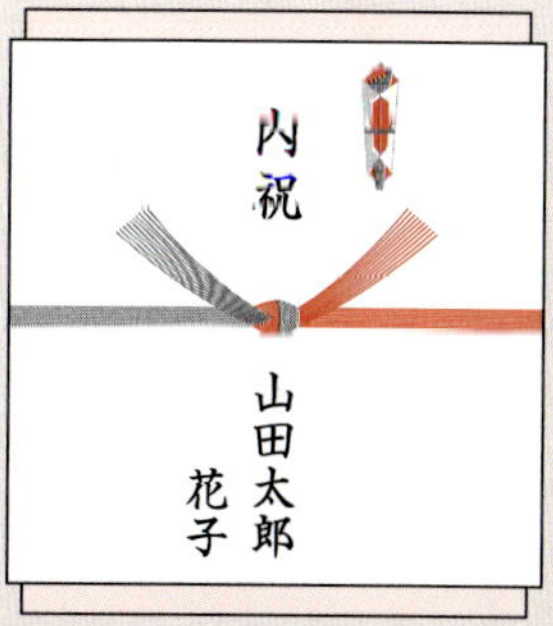

◎紅白ま結びかあわび結びののし紙

表書きの種類
内祝
御礼
お礼

名入れ
新姓名
新姓のみ

結婚祝いのお返しで、名入れを旧姓でしたいときはどうすればよいですか？
結婚の内祝いの名入れで、新婦の旧姓を入れてもよいですか？

基本的には、のし紙に旧姓を書くことはありません。結婚祝いのお返しは、「内祝」ですから、名入れは新郎のフルネーム、その左に新婦の名前を入れます。

どうしても旧姓を書きたいときは、かけ紙ではなく、配送伝票の依頼人の欄に旧姓を入れるとよいでしょう。

とはいうものの、新婦が祖母からお祝いをいただいてそのお返しをするときなど、贈る相手との関係によっては、新婦の名前だけを入れることもあります。

親の友人から娘に結婚祝いをいただいたので、親からお返ししようと思っています。名入れはどうしたらいいでしょうか？

贈る相手が、お嬢さまのことをご存じの方なら、名披露目《なひろめ》として、新郎のフルネームとお嬢さまの名前を入れるとよいでしょう。配送伝票の依頼人は親の住所と名前にするとよいでしょう。相手がお嬢さまをご存じない場合には、親御さんの姓を名入れし、親御さんの住所と名前でお贈りになるとよいでしょう。

親の友人からの結婚祝いの返礼

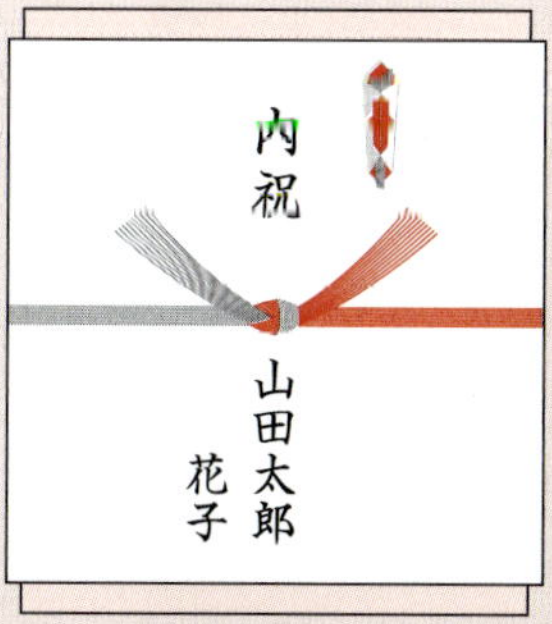

◎紅白ま結びかあわび結びののし紙

表書きの種類
内祝

名入れ
新姓名
親の姓
※場合により親の姓を名入れする

結婚式当日、新郎新婦から両家の両親に贈りものを渡すときの体裁《ていさい》はどうすればよいでしょうか？

水引《みずひき》は紅白ま結びかあわび結びで「感謝」、「御礼」、「御禮《おれい》」とします。名入れは、新郎新婦お二人の名前にするとよいでしょう。披露宴で渡すときは、外のしです。

結婚式の二次会で賞品を渡すときの、のし紙の体裁《ていさい》はどうすればよいでしょうか？

紅白ま結びかあわび結びののし紙で、表書きは「**こころばかり**」、「**○○賞**」、「**第○位**」、「**寿**」などとするとよいでしょう。名入れは新郎新婦お二人の名前がよいでしょう。

両親へ贈り物を渡すとき

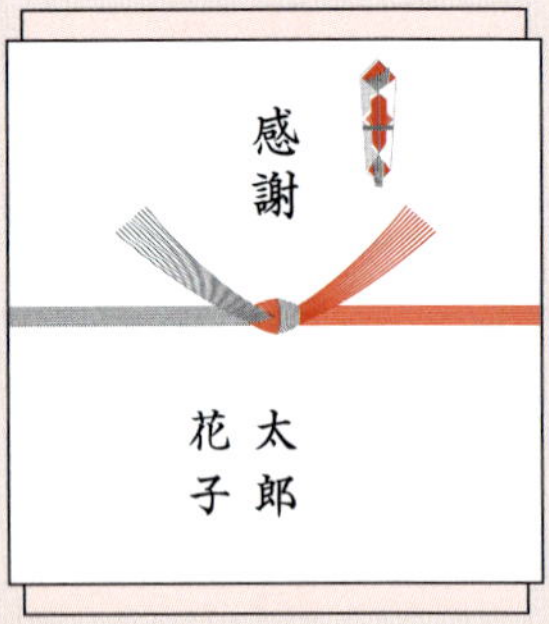

◎紅白ま結びかあわび結びののし紙

表書きの種類

感謝
御礼《おんれい》
御禮

二次会での賞品

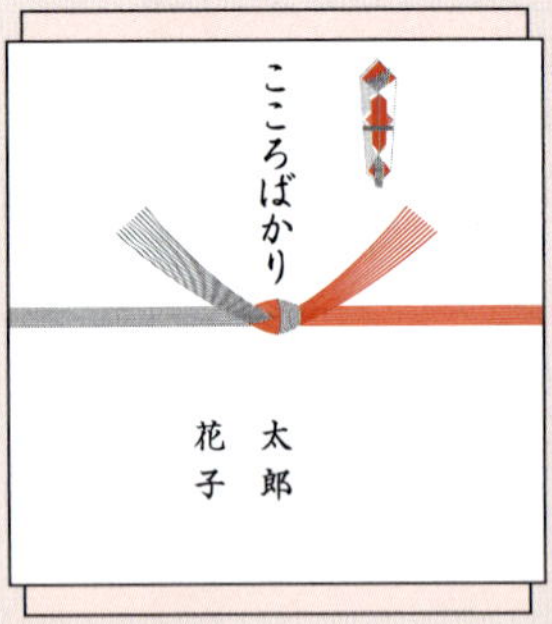

◎紅白ま結びかあわび結びののし紙

表書きの種類

こころばかり
○○賞
第○位
寿

結婚式後の挨拶回り

夫の実家、妻の実家に挨拶回りをするときに何を持参すればいいですか？

結婚式後初めて両家の実家へ二人が挨拶回りをするときは、ご両親が活用できるようなものを持参するとよいでしょう。また、新婚旅行のお土産などを持参して、旅行の報告とともに挨拶回りをする場合も多いようです。

結婚式後または新婚旅行後の挨拶回りの贈答に関するケースは、下記の通りです。

①夫の実家へのあいさつをするとき
②妻の実家へのあいさつをするとき
③新しい家庭、新しい夫婦として、挨拶回りをするとき
④ご近所への挨拶回りをするとき
…たとえば、夫の両親と同居する場合や両親と至近距離に住むような場合は、姑《しゅうとめ》に同行して嫁として紹介をしていただき、あいさつします。
⑤新居の隣近所へ挨拶回りをするとき
…たとえば、両親と別居の場合で、まったく新しいところに新居を構えるときには、新夫婦で近所の方々へごあいさつに伺《うかが》います。この場合、新婚のあいさつというより引っ越しのあいさつを兼ねて挨拶回りをするのがよいでしょう。

①夫の実家へのあいさつ

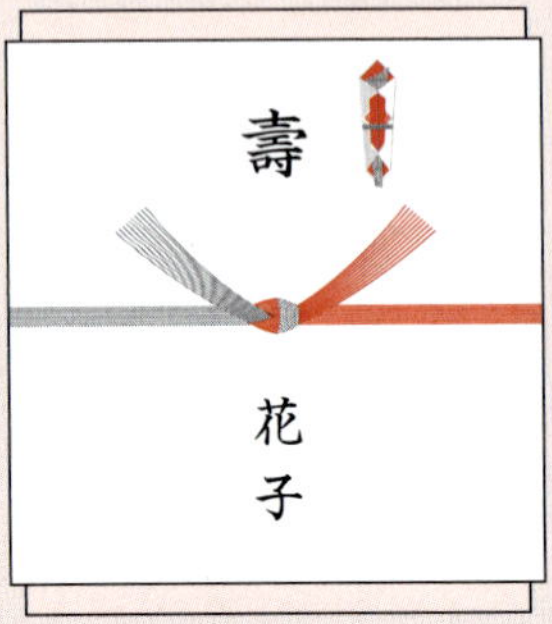

◎紅白ま結びかあわび結びののし紙

表書きの種類

壽《ことぶき》

寿

名入れ

妻本人から……

妻の名前

妻の両親から……

妻の実家の姓で

②妻の実家へのあいさつ

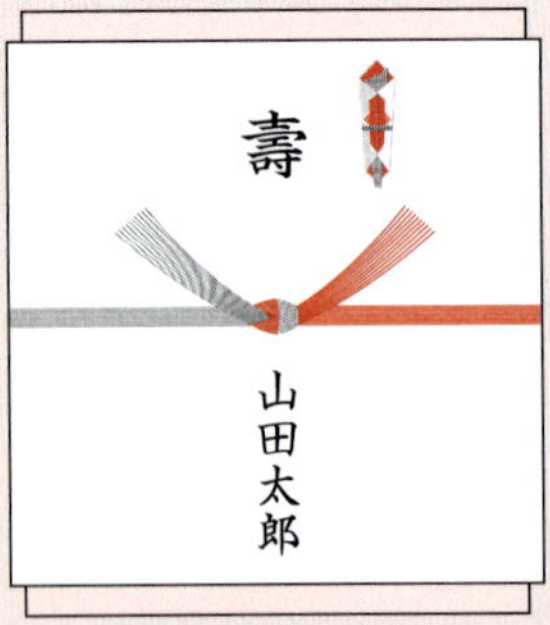

◎紅白ま結びかあわび結びののし紙

表書きの種類

壽《ことぶき》

寿

名入れ

夫本人から……

夫の姓名

夫の両親から……

夫の姓で

③新夫婦の挨拶回り

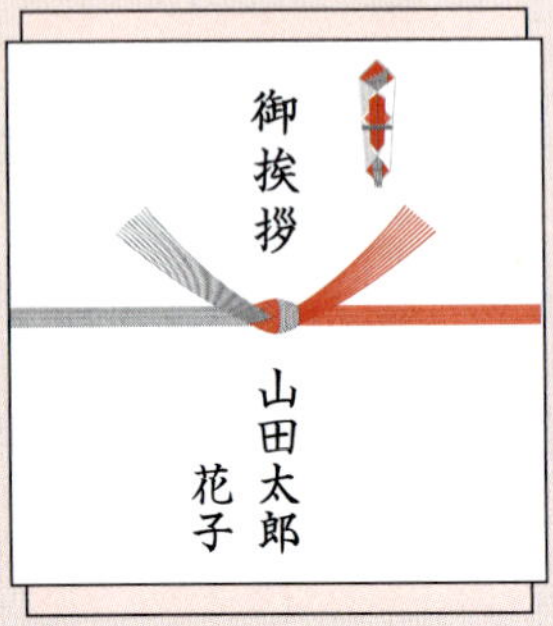

◎紅白ま結びかあわび結びののし紙

表書きの種類

御挨拶

壽《ことぶき》

寿

名入れ

二人の新姓と名前

または新姓のみ

④夫の実家の近所への挨拶回り

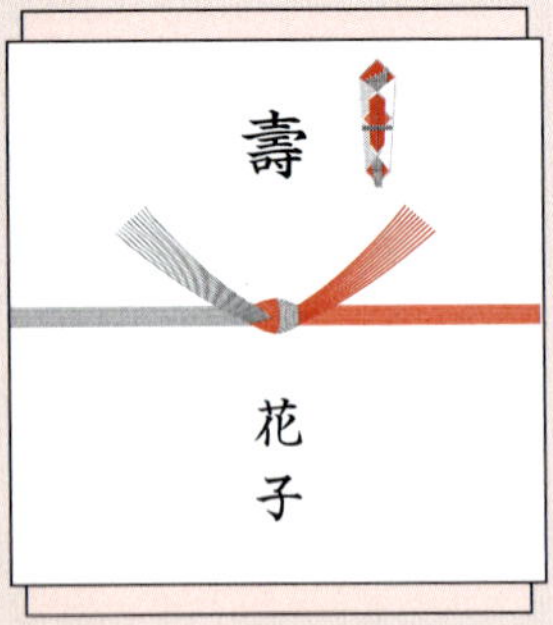

◎紅白ま結びかあわび結びののし紙

表書きの種類

壽《ことぶき》

寿

名入れ

新婦の名前

⑤新居の挨拶回り

◎紅白もろわな結びののし紙

表書きの種類
御挨拶
ご挨拶
こころばかり

名入れ
新夫婦の姓

※地域、習慣などによってさまざまな考え方があります。

※①と②は“末永く幾度も”という意味で紅白もろわな結びに「御挨拶」の表書きで贈ってもよい

養子縁組《ようしえんぐみ》のお祝い

養子縁組《ようしえんぐみ》のお祝いを贈るときの体裁《ていさい》を教えてください。

水引《みずひき》は紅白ま結びかあわび結びで、「壽《ことぶき》」と表書きした下に、名入れで渡すとよいでしょう。

養子縁組のお祝い

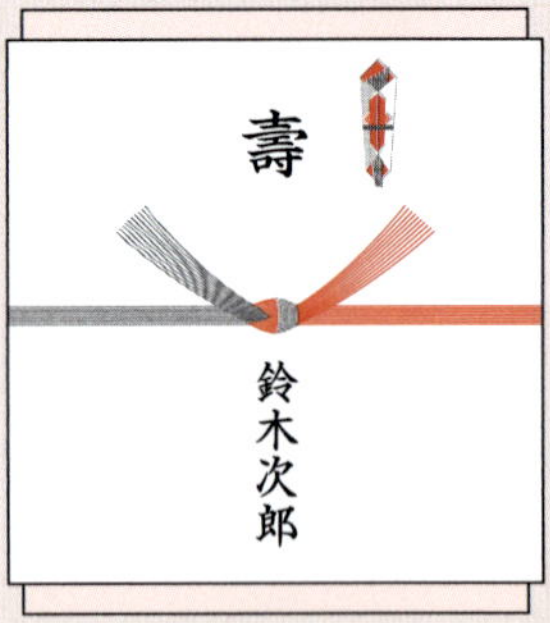

◎紅白ま結びかあわび結びののし紙

表書きの種類

壽

寿

婿養子《むこようし》の場合、引出物の名入れはどうすればよいですか？

姓を入れる場合は、お嫁さんの姓を向かって右側に、名前を入れる場合はお婿さんの名前を向かって右側に書くことが多いようです。

引出物の場合（姓を入れる）

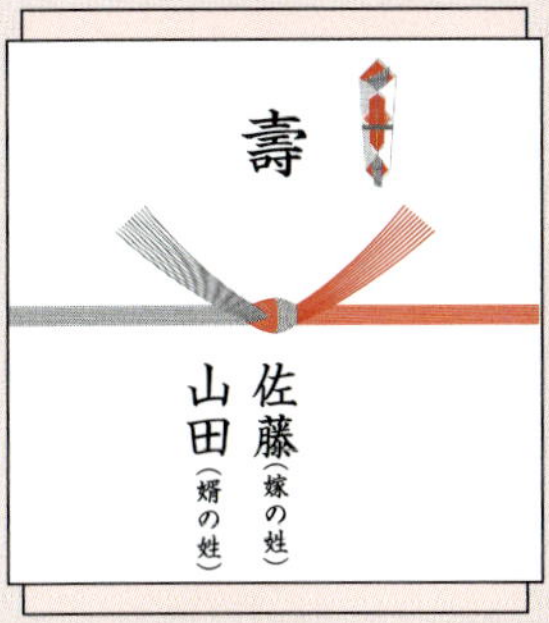

◎紅白ま結びかあわび結びののし紙

表書きの種類
壽《ことぶき》
寿

引出物の場合（名前を入れる）

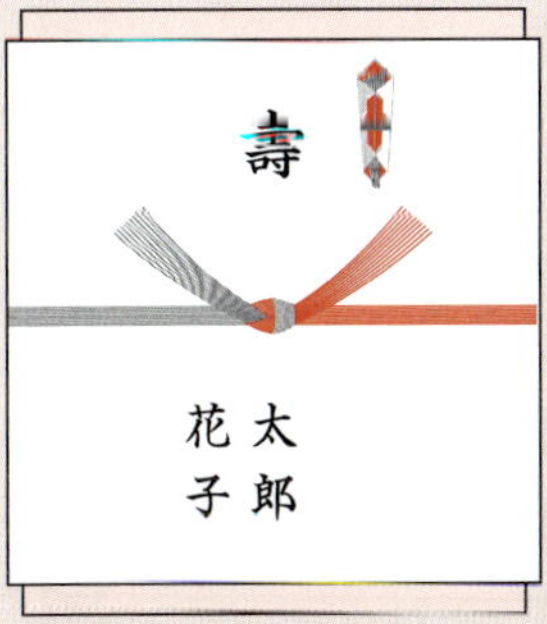

◎紅白ま結びかあわび結びののし紙

表書きの種類
壽《ことぶき》
寿

養子縁組《ようしえんぐみ》のお祝いのお返しを贈るときの体裁《ていさい》を教えてください。

内祝いの場合は、お嫁さんの姓の下にお婿さんの名前を書きます。さらに、お婿さんの名前の左側にお嫁さんの名前を書くとよいでしょう。

内祝いの場合（名前を入れる）

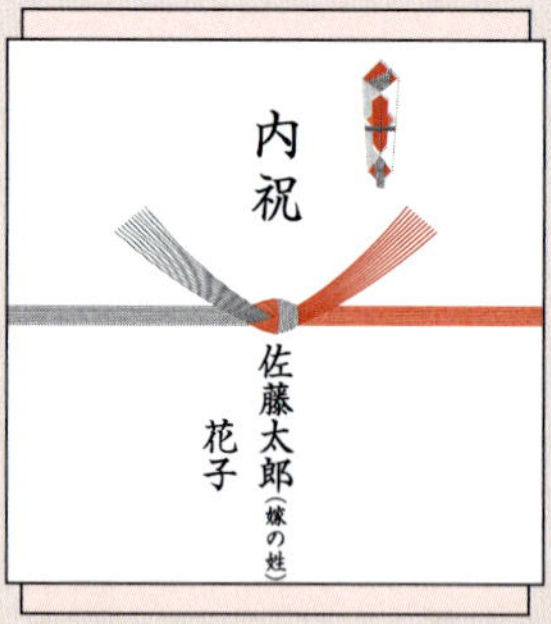

◎紅白ま結びかあわび結びののし紙

表書きの種類

内祝

第四章

通夜から法要の引き物まで

仏式◎通夜《つや》から法要までのしきたり

仏式◎通夜《つや》と通夜ぶるまい

〝通夜《つや》〟と〝通夜ぶるまい〟とは何ですか？

通夜

亡くなられた方を葬《ほうむ》る前に、親類や知人が集まり、ひと晩過ごすことを〝通夜〟といいます。昔の通夜は、遺族や近親者のみで、夜を徹して枕頭《ちんとう》（亡くなられた方の枕もと）で行われたので、通夜と呼ぶようになりました。

しかし、現代では〝半通夜〟といって、午後六〜七時頃から始まって、午後九時頃に終わるのが一般的になっています。その後、残った遺族や近親者は、ロウソクや線香を絶やさずに交代で遺体を一晩中守ることもあります。

故人《こじん》と親しかった方は、知らせを受けたら弔問《ちょうもん》にかけつけるのが礼儀といえるでしょう。

通夜ぶるまい

通夜が終わると（実際にはご焼香のすんだ方から）、喪家《そうか》（死者を出した家族のこと）では弔問に対するお礼とお清《きよ》め、さらには故人の供養《くよう》の意味を込めて、酒、ジュース、ビール、寿司、煮物、つまみなどの軽い飲食をふるまいます。これを〝通夜ぶるまい〟といいます。弔問された方はとくに用事がなければ、通夜ぶるまいを受けるようにします。

豆知識　神棚封じと仏壇封じ

神様は人の死を忌《い》み嫌うので、神棚を祀《まつ》っている家は、お祀りする神棚に穢《けが》れのないよう、忌明《きあ》けまで白い半紙などを貼って封印します。これを〝神棚封じ〟といいます。この間は普段の礼拝ができません。

同様に仏壇の扉を四十九日《しじゅうくにち》まで閉める風習があります。これは自宅を葬儀の場にする場合のことで、葬儀のための片付けや幕を張るときにホコリが入ったり、扉が邪魔になったりするので一時的に扉を閉め、葬儀が終わると開けました。いつの間にか四十九日まで閉めていなくてはいけないというように、意味合いが間違って伝えられています。仏教では人の死を忌み嫌うことはありませんが、宗派などによっても、微妙に異なることがありますので、お寺や神社に相談して行うようにしましょう。

〝会葬御礼《かいそうおんれい》〟とはどういうものですか？

〝会葬御礼〟とは突然のことにもかかわらず、通夜《つや》や葬儀にわざわざ来てくださった会葬者の方に、感謝の印として五百〜千五百円位のハンカチなどに清めの塩と〝御会葬御礼《ごかいそうおんれい》〟の挨拶状を添えてお渡しすることです（宗派によって、塩を用意しない場合もあります）。

これは、その場のお礼であり、香典返しなどとは別のものです。

ただし、地域によってはしきたりとして香典返しを会葬御礼《かいそうおんれい》とともに、当日のうちに差しあげることもあります。これを〝当日返し（即日返し）〟といいます。

仏式◎通夜《つや》や葬儀にかけつけるとき

お香典のほかに遺族の方に〝お慰め《なぐさ》〟を持参したいのですが、どのような体裁《ていさい》にすればよいですか？

お香典とは別に、〝淋《さび》し御見舞〟として、親族や近隣の方が菓子折り、寿司、お茶、酒肴《しゅこう》などを持ちより、ご遺族を慰めたり励ましたりすることもあります。「御悔《おくやみ》」のかけ紙をかけて持参されるとよいでしょう。

葬儀に伺《うかが》えないとき、お香典は自宅、葬儀場のどちらに送ればいいですか？

亡くなった方との関係にもよります。たとえば、知人が亡くなったけれど、どうしても葬儀に伺えないという場合には、まず、弔電《ちょうでん》を送り、お香典は現金書留で、お知り合いの方から喪主《もしゅ》の方の自宅に送るのがよいでしょう。その際は、手紙も同封することをおすすめいたします。

通夜・葬儀の見舞い

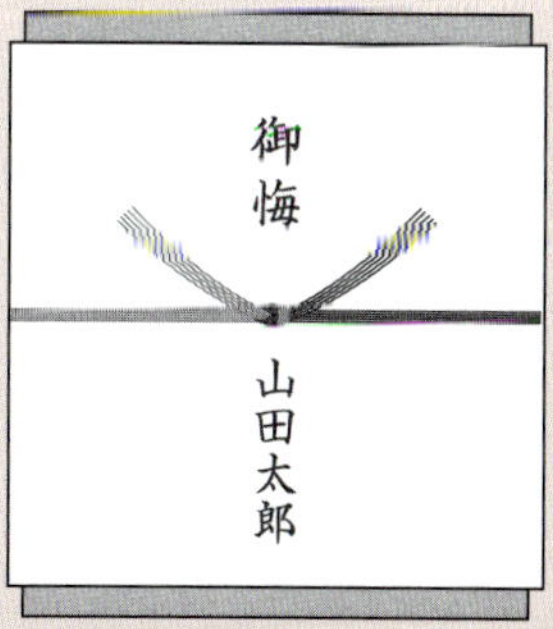

◎黒白、黄白ま結びのかけ紙
◎無地短冊

表書きの種類
御悔《おくやみ》
御悔み
淋し御見舞
さびし御見舞

通夜《つや》や葬儀に※お香典《こうでん》や供物《くもつ》を持参するときは どのような体裁《ていさい》にすればよいですか？

お香典や供物には、黒白ま結びの不祝儀袋《ぶしゅうぎぶくろ》やかけ紙を用います。表書きは、金子の場合は「**御霊前**《ごれいぜん》」が仏式、神式、キリスト教式を問わず、もっとも一般的に用いられます。ただし、浄土真宗は「**御佛前**《ごぶつぜん》」を用います。品物の場合は「**御供**《おそなえ》」、「**御供物**《おくもつ》」などとします。

仏式以外は蓮の模様のないものを用います。また、通夜の霊前に供える場合には、「**御悔**《おくやみ》」とすることもあります。

あらたまって差しあげたい場合は、旧字体を使うとよいでしょう。

※お香典は仏式の〝お香料〟のことです。本来お香は高価なものですので、金子《きんす》もそれなりの額を包みます。昨今では金額にかかわらず「不祝儀《ぶしゅうぎ》にお金を包んだもの」が〝お香典〟と呼ばれています。

香典や供物

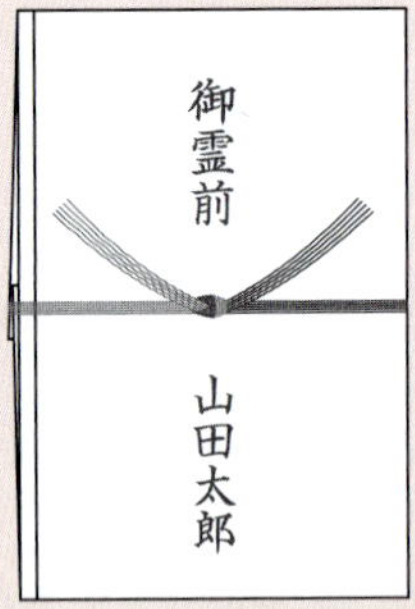

◎黒白、黄白または双銀ま結びかあわび結びの不祝儀《ぶしゅうぎ》袋

◎黒白、黄白ま結びのかけ紙

表書きの種類

金子……御霊前《ごれいぜん》 御靈前《ごれいぜん》 御香典《おこうでん》 御香奠《おこうでん》

品物……御供《おそなえ》 御供物《おくもつ》

通夜の霊前に供える……御悔《おくやみ》

※〝靈〟〝奠〟の拡大表記は81ページを参照。

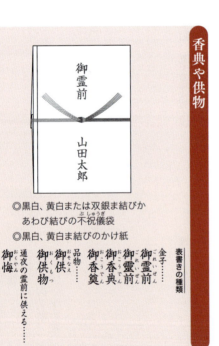

通夜《つや》と告別式では、どちらにお香典《こうでん》を持っていけばよいのですか？

通夜と葬儀（告別式）の両方に参列する場合は、通夜にお香典を持参するケースが多くみられます。そのような場合、葬儀（告別式）では、受付で記帳だけすればよいことになります。元来、通夜は遺族や近親者を中心に行い、告別式は一般の方がお別れをするのが通例でしたが、最近は一般の方の弔問《ちょうもん》も時間の取りやすさなどから、通夜に集中することが多くなっています。

無宗教の葬儀に持参するお香典の表書きは、どう書けばよいですか？

最近は、特定の宗教にとらわれず、故人や遺族などの意志を反映した形式で行う無宗教葬が増えています。現実には無宗教葬とはいっても、金子《きんす》を持参するケースが多く見られます。表書きは、どの宗教でも用いることができる「御霊前《ごれいぜん》」や「御花料」が適しています。

無宗教葬の香典

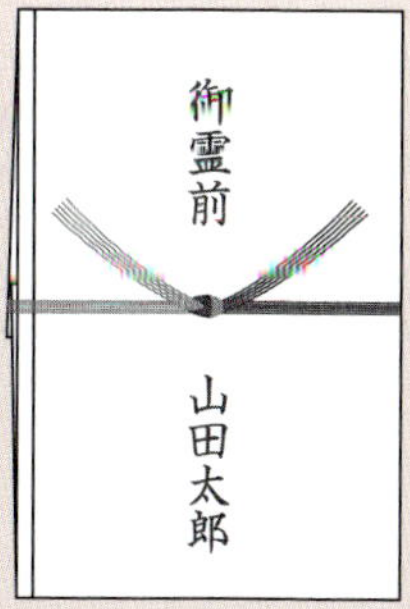

◎黒白、黄白または双銀ま結びかあわび結びの不祝儀袋《ぶしゅうぎ》（なにも模様のないもの）

表書きの種類
御霊前《ごれいぜん》
御花料

葬儀の日に、初七日《しょなのか》法要もある場合には、お香典《こうでん》はどうしたらよいですか？

一般には「御霊前《ごれいぜん》」として、初七日の分も含めて出される方が多いようです。しかし、地域によっては、「初七日忌《き》　御霊前」として別にお包みするところもあります。地元の慣習に沿って決めるようにしましょう。

初七日

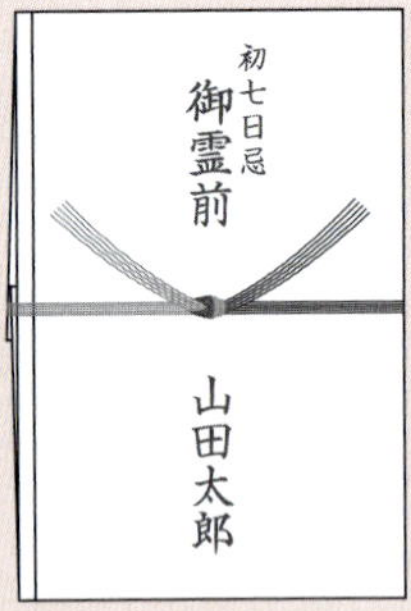

◎黒白、黄白または双銀ま結びかあわび結びの不祝儀《ぶしゅうぎ》袋

表書きの種類

初七日忌　御霊前

御霊前

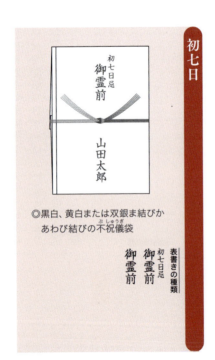

通夜《つや》や葬儀に〝生臭物《なまぐさもの》〟を供えてもよいですか？

仏式の場合には、殺生《せっしょう》を禁ずることから肉や魚などの生臭物はお供えしません。故人へのお供えとしては、祭壇に線香、ロウソク、果物、落雁《らくがん》などの菓子折り、故人のお好きだったものなどを持参することがあります。

通夜・葬儀のお供え

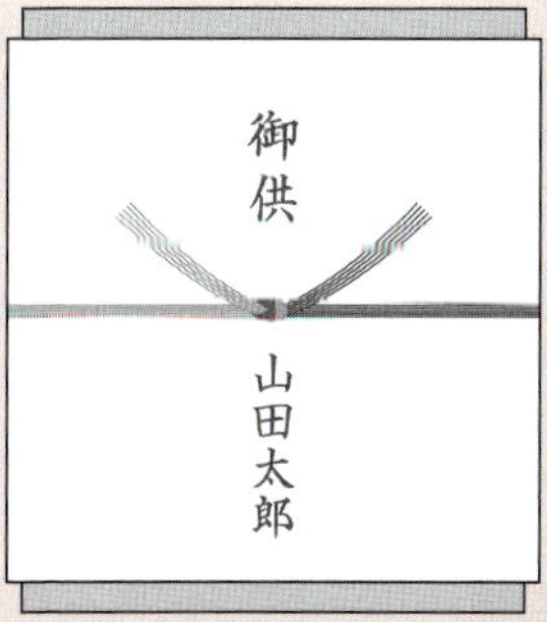

◎黒白、黄白ま結びのかけ紙

◎黒白、黄白または双銀ま結びかあわび結びの不祝儀《ぶしゅうぎ》袋

表書きの種類

品物……御供《おそなえ》　御供物《おくもつ》

金子……御供料《おそなえりょう》　御供物料《おくもつりょう》

通夜《つや》に生花《せいか》を贈ってもいいですか？

一般に生花を贈るのは、近親者や故人《こじん》とゆかりの深かった方が多いようです。また、花輪は地域によっても違いますが、団体や公的立場にある方が贈る場合がよくみられます。

いずれの場合も、通夜、葬儀の会場や儀式の内容などによって、贈ってもいいかどうかの状況が変わります。「花輪は近所の迷惑になるのでご遠慮ください」「生花はこちらで一括して手配済みですので、持ち込みはご遠慮ください」などというケースもあるので、事前に確認してから手配してください。

どうしても〝お花代〟としてお金を贈りたいときには、黒白ま結びの不祝儀袋《ぶしゅうぎぶくろ》、または、白無地袋に、「**御供花料**《ごきょうかりょう》」と表書きして贈りましょう。

供花の代わりに現金を贈る

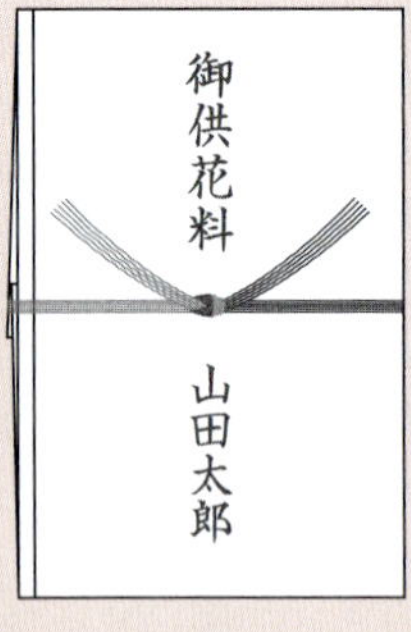

◎黒白、黄白または双銀ま結びかあわび結びの不祝儀袋《ぶしゅうぎ》

◎白無地袋

表書きの種類

御供花料《ごきょうかりょう》

御花料

会社役員が急逝《きゅうせい》されたときに、会社としてはどう弔意《ちょうい》を表せばよいでしょうか？

会社としては、ご遺族に対して、自宅や斉場宛に弔意を込めて〝弔電《ちょうでん》〟を打つ方法があります。とくに、遠方の場合や会社や組織を代表して弔意をあらわす場合には、この方法がよいでしょう。

また、会社関係の通夜《つや》、葬儀に際し、会社名で香典《こうでん》や功労金を贈る場合には、表書きは次の通りです。

会社からの弔慰

◎黒白、黄白または双銀ま結びかあわび結びの不祝儀袋《ぶしゅうぎ》

表書きの種類

御弔料《おとむらいりょう》
御弔典《ごちょうでん》
弔慰《ちょうい》
功労餞別金
御功労

社長自ら参列する葬儀に弔電《ちょうでん》を打つべきですか？

基本的には、弔電を打つ必要はありません。会社として弔意《ちょうい》を表したいときは、会社名ならびに社員一同として打つとよいでしょう。

「通夜《つや》、葬儀は近親者のみで執り行います」という場合には、親族以外は行かないほうがいいですか？

基本的には、親族以外は遠慮したほうがよいでしょう。後日、本葬があると考えられる場合などは、取り込み中のときに押しかけるのは配慮に欠けるので、通夜、密葬などへの出席は遠慮すべきです。

仏式◎葬儀でお世話になった方へのお礼

葬儀を手伝ってくださった方へのお礼はどのようにすればいいですか？

通夜《つや》や葬儀を手伝ってくださった方には、喪主《もしゅ》としてこころを込めてお礼をする必要があります。

重要な役割を担ってくださった方へのお礼

葬儀委員長や葬儀委員などとして手伝ってくださった方には、後日、ビール券、図書カード、商品券、お仕立券つきワイシャツ生地、お食事券などのお礼の品、または金子を持参して、お礼を申し上げましょう。世話人代表（葬儀委員長など）の方には、当日は、帰りにお車代を渡す配慮も必要です。

なお、親しい友人に葬儀委員長などの大役《たいやく》を務めていただいたときには、後日、落ち着いたら会食の席をもつのも一つの方法です。

雑用を手伝ってくださった方へのお礼

雑用を手伝ってくださった方々には、「御礼」、「志」などとして、お礼を差しあげるか、食事などで労をねぎらいましょう。また、葬儀会場がご自宅だったときには、葬儀後早めにご近所へのあいさつも忘れず行います。

その他のお礼

送迎のハイヤー、マイクロバス、霊柩車の運転手、火葬場の係員、控え室の方たちなど、お

世話人へのお礼／関係者へのお礼

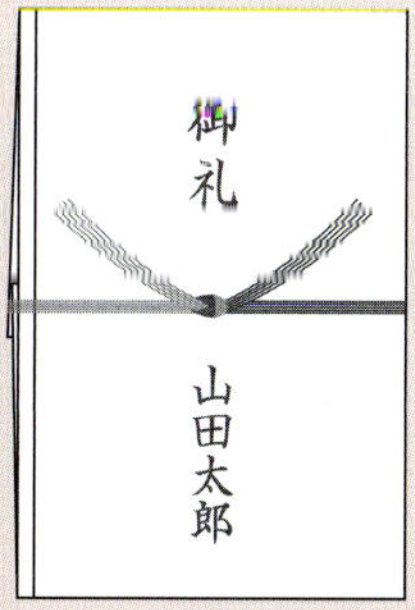

◎黒白、黄白ま結びかあわび結びの不祝儀袋《ぶしゅうぎぶくろ》
◎白無地袋

表書きの種類
御礼
志
御車代

関係者へのお礼

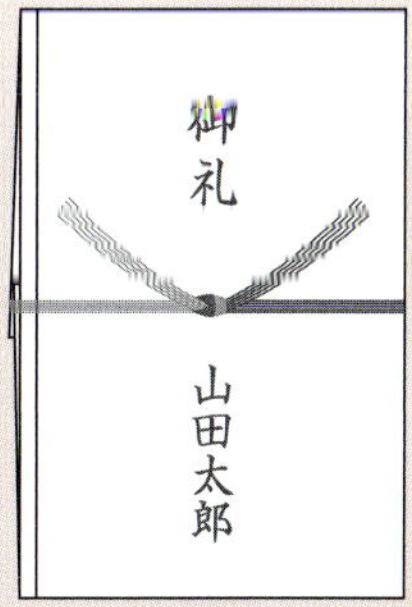

◎黒白、黄白ま結びかあわび結びの不祝儀袋《ぶしゅうぎぶくろ》
◎白無地袋
◎ポチ袋

表書きの種類
御礼
志

世話になった方々へお礼の金子《きんす》を渡します。この場合は、葬儀社に相談するとよいでしょう。

仏式◎僧侶の方やお寺へのお礼

葬儀のとき、僧侶の方へのお礼はどういう形で渡すのがよいですか？

僧侶の方やお寺などへのお礼は、当日にわざわざ来ていただいた場合には「御車代」、お食事を差しあげない場合は「御膳料《おぜんりょう》」としてお渡しします。別に葬儀後数日中に、お礼のあいさつに伺《うかが》い、そのときに「御布施」（戒名《かいみょう》料を含む）を届けます。最近はお布施も当日にお渡しすることが多くなっています。

お布施以外で品物を差しあげたいときは、無地短冊に「御礼」、「御供」と書きます。包装紙は控えめな色のものがよいでしょう。

僧侶の方や寺へのお礼

◎白無地袋

表書きの種類

御布施《おふせ》
御法礼
御礼

お布《ふ》施《せ》を包むときの表書きはどうすればよいですか？

「御布施」と表書きして、白無地袋に入れます。お布施とは、僧侶の方へ読経《どきょう》や戒名《かいみょう》をいただいたお礼としてお渡しするものです。手数料のようにも受け取られる可能性のある「読経料」や「戒名料」という表書きは用いないほうがよいでしょう。年忌法要《ねんきほうよう》などでもお世話になり、一回限りのことではありませんし、お寺に不幸があったわけでもないので、黒白の水引のかかった不祝儀袋《ぶしゅうぎぶくろ》でなくてもかまいません。

御車代・御膳料《おぜんりょう》など

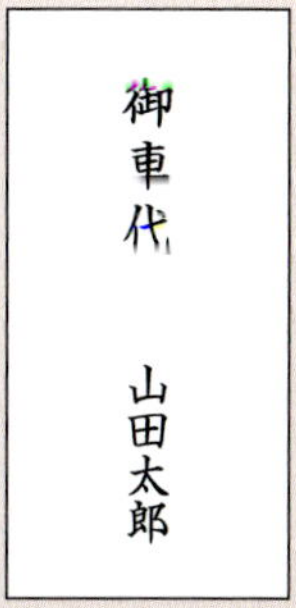

◎白無地袋

表書きの種類
御車代
御膳料《おぜんりょう》
御斎料《おときりょう》

※「御布施」の袋より控えめなものを選ぶ。

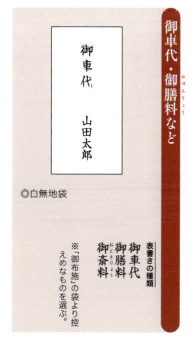

僧侶の方にお布施《ふせ》をお渡しするときの決まりごとはありますか？

お渡しする際は直接手渡しではなく、お盆やお盆代わりの菓子折りの上に乗せて差しあげると丁寧でよいでしょう。

お布施《ふせ》はどのくらい包めばよいですか？

お布施に一般的な相場はありませんが、檀家《だんか》の取り決めがある場合もありますので、直接お尋ねになるとよいでしょう。もし、菩提寺《ぼだいじ》ではなく、葬儀社にお願いして手配していただいた僧侶の方であれば、その葬儀社にお聞きになるとよいでしょう。

父の十三回忌《き》のお布施《ふせ》、お膳料《ぜんりょう》はいくらにしたらいいですか？ 父の十三回忌、母の二十三回忌、主人の十七回忌の併修《へいしゅう》の場合には、お布施はいくらにしたらいいですか？

お寺に尋ねても教えてただけない場合には、前回の法要（十三回忌なら七回忌のとき）と同じ程度の額にすればよいでしょう。

また、十三回忌、十七回忌、二十三回忌の併修《へいしゅう》の場合には、七回忌のときの倍程度の額が一般的なようです。また、僧侶の方にお食事を差しあげないときは、別に「御膳料」として五千円か一万円をお渡しするとよいでしょう。

お布施

お布施の目安の額をまとめました。基本はご自分の気持ちを包むわけですが、わからない場合は「誠に恐縮ですが、いかほどをお包みすればよいかを教えていただけますか」などと伺《うかが》ってみましょう。地域やお寺によって異なる考え方もありますが、以下の金額を「お気持ちで……」などといわれた場合の参考になさってください。

※金額は一つの目安です。

戒名《かいみょう》・法名《ほうみょう》・法号《ほうごう》

道号・戒名・信士（信女）　十～五十万円

道号・戒名・居士（大姉）　三十～七十万円

○○院・道号・戒名・信士（信女）　約五十～七十万円前後

○○院・道号・戒名・居士（大姉）　約百万円前後

御布施（読経《どきょう》料）

四十九日《しじゅうくにち》法要（納骨法要も行う場合）　五～十万円

新盆《にいぼん》　二～五万円

一周忌《き》・三回忌　三～五万円

七回忌以降　檀家《だんか》であるかどうかなどで違うが、一般的には二万円位から。一般に三回忌まではとくに丁寧に供養するとされている。

併修の場合　普通額の一・五～二倍を目安とする。

どの場合でもほかにお食事を差しあげずにお帰りのときは、お膳料として五千～一万円ほど。お越しいただいたお車代として五千～一万円程度を差しあげます。

※金額は一つの目安です。

法事をお願いするためにお寺に伺《うかが》うとき、品物の体裁《ていさい》はどうすればいいですか？

僧侶の方などに、法事のお願い、または普段やお彼岸などのお墓参りのあいさつに品物をお渡しする際は、紅白もろわな結びののし紙でよいでしょう。品物は、日持ちのするお菓子、お茶などがよいでしょう。

法事をお願いするとき

◎紅白もろわな結びののし紙
◎無地短冊

表書きの種類
御伺《おうかがい》
御挨拶
御供《おそなえ》

一周忌《き》法要のお布施《ふせ》は、薄墨で書くのですか？また、新札、古札、どちらがいいですか？

お布施は、僧侶の方に対するお礼なので、薄墨で書く必要はありません。また、お札は新札のほうがよいでしょう。

仏式◎戒名《かいみょう》・法名《ほうみょう》・法号《ほうごう》

戒名《かいみょう》とは何ですか？

本来、戒名は生前に入信して与えられるべきもので、文字通り戒律《かいりつ》が授けられるときに与えられる名前です。現代は亡くなった方に授戒《じゅかい》して戒名を与えることが一般的となりました。実際は枕づとめ（枕元で行う行事のこと）のあと、納棺《のうかん》までにいただくことが多く、遅くとも葬儀までには付けていただくようです。

戒名《かいみょう》はどうしても付けなければいけませんか？

故人が生前に戒名を拒否していた場合には、その気持ちを尊重して、葬儀はもちろん、その後も俗名で通すことがあります。

最近は、戒名を付けずに俗名のまま無宗教葬を行う方が増えてきました。戒名がなくて困ることとしては、位牌《いはい》が作れず、手を合わせる対象がなくなることを挙げる方もいらっしゃいますが、位牌は俗名でも作ることはできます。無宗教で戒名がない場合は、位牌には〝○○○○之霊位〟というように、生前の名前を表面に記します。裏面には没年月日、行年《ぎょうねん》（享年《きょうねん》）を記します。

ただし、お墓を寺院墓地にする場合や、葬儀をお寺にお願いする場合は、お寺の僧侶の方とよくご相談されることをおすすめします。寺院墓地の場合、僧侶の方に戒名を付けていただかないと墓石に戒名を刻むことができず、お墓に入れなくなってしまうからです。

しかし、公営や民間の霊園などであれば、戒名がなくてもお墓に入ることは可能です。

葬儀までに戒名《かいみょう》が間に合わないときはどうすればいいですか？

家の宗派がわからなかったり、菩提寺《ぼだいじ》が遠くて近くのお寺に依頼した場合なども俗名で葬儀をします。その場合には、後日、菩提寺に相談して戒名を付けていただき、そのときに位牌《いはい》も一緒にお願いするとよいでしょう。

宗派によって、戒名《かいみょう》の呼び方は違いますか？

戒名とは、あくまでも一般的な呼び名で、正式名称は宗派によって異なるようです。天台宗《てんだいしゅう》、真言宗《しんごんしゅう》、浄土宗《じょうどしゅう》、曹洞宗《そうとうしゅう》、臨済宗《りんざいしゅう》など戒律《かいりつ》（授戒《じゅかい》）のある宗派は〝戒名〟といいますが、浄土真宗《じょうどしんしゅう》では〝法名〟、日蓮宗《にちれんしゅう》では〝法号〟といいます。

◎戒名……禅宗その他の宗派
◎法名……浄土真宗

◎法号……日蓮宗

戒名《かいみょう》には文字数の多いものや少ないものがあるのはなぜですか？

正式な戒名は、どのような方でも二文字と決められており、生前の俗名や経典《きょうてん》にちなんだ名前が授けられます。それに、仏弟子としてのランク付けをする〝位号《いごう》〟、故人の人柄や趣味などにちなんだ〝道号《どうごう》〟、生前の信仰の深さや社会への貢献に対してつけられる〝院《いん》号《ごう》〟〝院殿号《いんでんごう》〟などが加わり、現在ではこれらを総称して〝戒名〟と呼んでいます。

ただし、院号、院殿号は大変に位の高いものとされていて、一般には〝位号〟をつけた戒名が多くなっています。

■ 位号の見分け方

男子の場合

①大居士（だいこじ）、居士（こじ）
②大禅定門（だいぜんじょうもん）、禅定門（ぜんじょうもん）
③清信士（せいしんじ）、信士（しんじ）

女子の場合

①清大姉（せいたいし）、大姉（だいし）
②大禅定尼（だいぜんじょうに）、禅定尼（ぜんじょうに）
③清信女（せいしんにょ）、信女（しんにょ）

子供の場合

中学生位までの男子
　大童子（だいどうじ）、清童子、童子
中学生位までの女子
　大童女（だいどうじょ）、清童女、童女
幼稚園児位までの子ども
　孩児（がいじ）、孩女（がいにょ）

赤ちゃんの場合

　嬰子（えいじ）、嬰女（えいにょ）
名前のない赤ちゃん
　死生児、水子

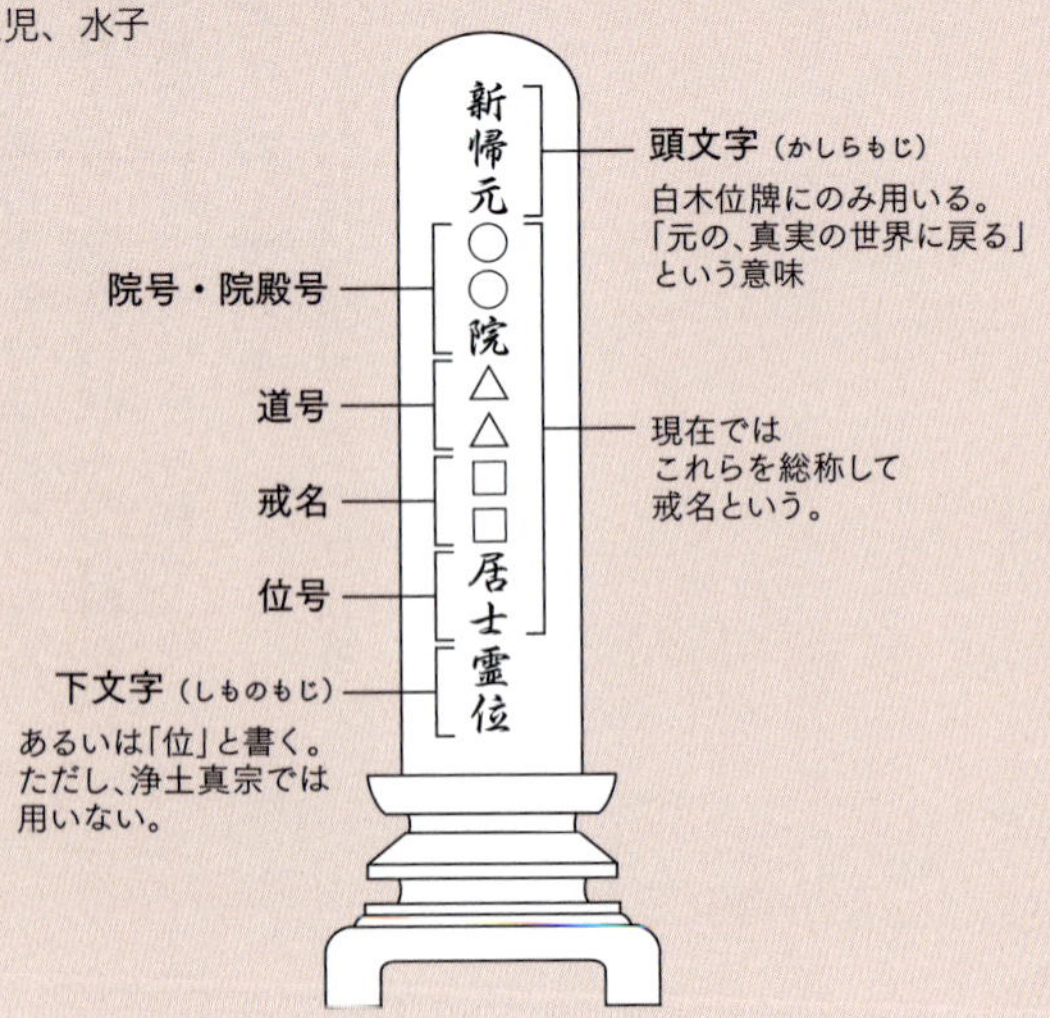

白木《しらき》の位牌《いはい》に書いてある梵字《ぼんじ》などは、本位牌にも記すのですか？

白木の位牌には、次のような文字が書いてあります。

頭文字《かしらもじ》（冠字《かむりじ》）…空《くう》、妙法《みょうほう》、法名《ほうみょう》
上文字《かみのもじ》…新帰元《しんきげん》、新円寂《しんえんじゃく》
下文字《しものもじ》（置字《おきじ》）…霊《れい》、位《い》
梵字…  ア字の梵字（真言宗《しんごんしゅう》）、  キリーク（浄土宗《じょうどしゅう》）

これらは、本位牌を作る段階でそのまま入れる場合もあれば、省《はぶ》かれる場合もあります。どちらにするかは、ご先祖様の位牌に準ずるということもありますが、最終的にはお寺の僧侶の判断になります。

主な宗派の戒名《かいみょう》の見分け方を教えてください。

香典《こうでん》返しの挨拶状を印刷されるとき、僧侶の方からいただいた戒名をご覧になって、宗派などが不明の際などに、参考にしてください。

◎浄土宗の場合（戒名）

「阿」は、御本尊である〝阿弥陀仏〟からとったもので、浄土宗の最高の尊称とされています。また、道号の位置には〝誉号《よごう》〟〝空号《くうごう》〟などが選ばれやすいようです。なかでも、浄土宗西山派では、法然上人《ほうねんしょうにん》が〝源空法然《げんくうほうねん》〟と称したことから空号が好まれやすくなっています。

◎天台宗の場合

頭に梵字《ぼんじ》が入ることが多い傾向にあります。叡山《えいざん》派では大日如来をあらわす梵字、それ以外では阿弥陀如来をあらわす梵字が入ります。

◎真言宗の場合

頭に大日如来をあらわす梵字が入ります。

◎浄土真宗の場合（法名）

この宗派では〝釋《しゃく》〟の文字を用います。これは仏弟子はみな仏教の開祖、釈迦《しゃか》の姓を名乗るという考えにもとづいています。男性には〝釋〟を、女性には〝釋尼《しゃくに》〟を付けます。その場合〝尼〟の文字をやや小さく書くこともあります。また、浄土真宗では院号を付けることがあっても、道号や位号は付けないという特徴があります。

◎日蓮宗の場合（法号）

法号には祖師、日蓮聖人の〝日〟をつける傾向がみられます。また、道号には〝妙法蓮《みょうほうれん》華経《げきょう》〟から男性は〝法〟を、女性には〝妙〟を用いることが多いようです。

戒名と頭文字や下文字《しものもじ》の区別が不明のときには、名付けていただいたお寺に確認しておくことが大切です。

仏式◎供物《くもつ》（お供え）

不幸のときの供物は宗教によって異なるって本当ですか？

仏式、神式、キリスト教式では、それぞれお供えする供物が違います。

仏式

線香、抹香、ロウソク、菓子、果物など。生花《せいか》や故人の好物を供えることもある。肉や魚などの生臭物《なまぐさもの》は供えない。

神式

鮮魚、果物、野菜、乾物など海の幸、山の幸と酒を供える。神式では故人が生前に好んだものであれば肉や魚を供えてもよいので、精進《しょうじん》（肉食を断つこと）や香をたく習慣はない。

キリスト教式

カトリックの場合、祭壇に供物は供えない。花を贈りたいときは自宅に届ける。プロテスタントの場合は献花のみとする。

豆知識

〝供物〟とは？

神仏や先祖、故人の霊に対して供《そな》え奉《たてまつ》るものを供物といいます。仏式では〝焼香〟し、神式では〝榊《さかき》〟をたむけ、キリスト教式では〝花〟を献《けん》ずることを基本としたことから、各宗教のお供えの品物と関連していると考えられます。

ご厚志《こうし》辞退とある場合は、どうしたらよいのですか？

死亡通知などには「ご厚志はご辞退申しあげます」と記載されていることがよくあります。これは「供物《くもつ》、供花《きょうか》、香典《こうでん》などはいっさい遠慮させていただきます」という意味です。しかし、通夜《つや》・葬儀のときにお香典を持参して、周りの状況に合わせるということもあります。

一方、「供物、供花の儀はご辞退申し上げます」という場合は、「供物、供花は受け取りませんが、香典は受け取ります」という意味です。

四十九日《しじゅうくにち》前に品物を差しあげるときのかけ紙の体裁《ていさい》を教えてください。
友人の母親が亡くなったことを喪中《もちゅう》はがきで知ったのですが、どんなお悔《く》やみをすればいいですか？
葬儀を終えた方にお線香を贈りたいときはどうすればいいですか？

葬儀を仏式で行った場合には、「御供《おそなえ》」として贈るとよいでしょう。お線香を贈るのは、仏式で葬儀をされたことがわかっている場合です。

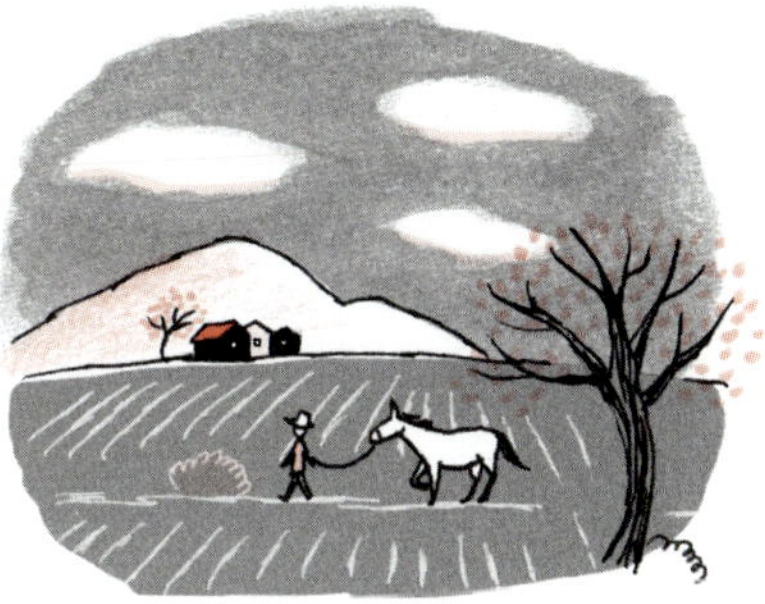

葬儀の前後で品物を贈るとき

表書きの種類
御供《おそなえ》
御供物《おくもつ》

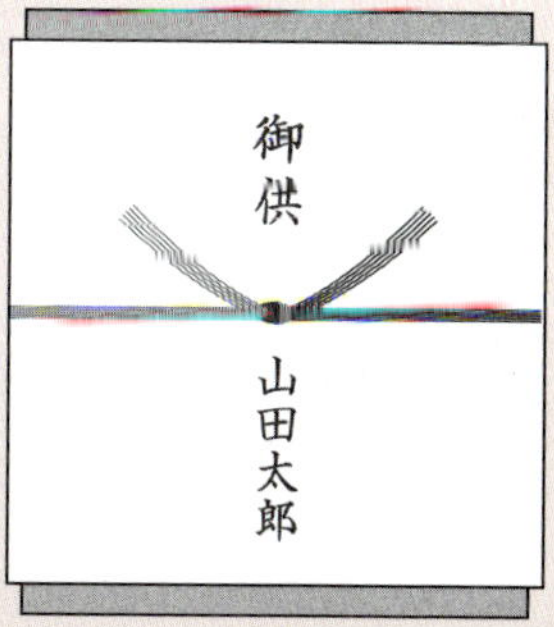

◎黒白、黄白ま結びのかけ紙

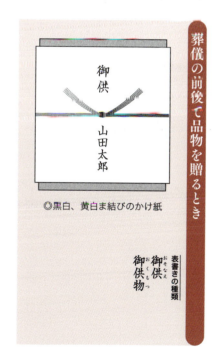

お花をいただいた方へのお返しの品物のかけ紙はどうすればよいですか？

「志《こころざし》」でお返しするとよいでしょう。忌明け前にいただいた場合は、香典返しと同様にします。忌明《きあ》け後に頂戴したときは、いただいてから一週間から十日ほどたって、残らないもの、食べるもの、消耗品のタオルなどを贈りましょう。予算は、お花の値段の三分の一から二分の一程度が目安です。

お花のお返し

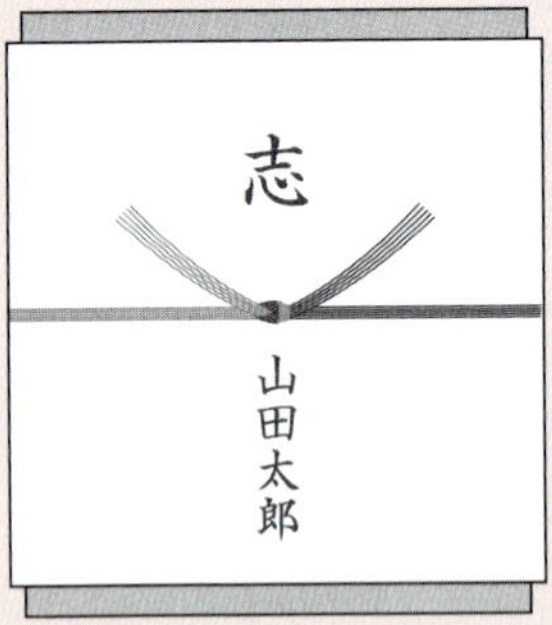

◎黒白、黄白ま結びのかけ紙

表書きの種類

志《こころざし》

仏式◎香典《こうでん》返し

香典返しは、いつ頃までにすればよいですか？

香典返しは、通常は忌明《きあ》け法要の日以降にお届けします。四十九日《しじゅうくにち》の忌明け法要までは忌中《きちゅう》ですから、その間は礼状や香典返しも控え、弔問《ちょうもん》の答礼は忌明け後にします。

香典返しは「おかげさまで四十九日（満中《まんちゅう》陰《いん》）の法要を滞りなく相営み忌明けいたしました」というごあいさつでもあるのです。

豆知識 当日返しと忌明け返し

当日返し（即日返し）

通夜《つや》、葬儀の当日に、お礼の気持ちを込めて、直接香典返しを渡すことで、"その場返し"ともいいます。

会葬者が受付へお香典を差しあげ、帰りのとき品物に、「会葬のお礼と、これをもちましてお香典返しとさせていただきます」などとする挨拶状をそえて渡します。

喪家《そうか》にかかる香典帳の整理や発送などの負担を軽減しますが、香典の額に関係なく同じ金額のものをお渡しするため、高額の方に対して"気持ちがすまない"として四十九《しじゅうくにち》日の忌明け後に挨拶状を添えて返礼する方が多くみられます。

忌明け返し

葬儀当日は会葬《かいそう》御礼《おんれい》を差しあげ、四十九日の忌明けをまって「おかげさまをもちまして、四十九日（満中陰《まんちゅういん》）の法要を滞りなく相営み忌明けいたしました」として、忌明けの挨拶状を添えて返礼します。

香典《こうでん》返しはどのくらいのものを贈ればいいですか？

香典返しの目安は、一般に〝半返し〟といわれ、香典の三分の一から半分を返す方が多くみられます。実際は、香典には不時《ふじ》の出費の相互扶助《そうごふじょ》という意味もあるので、亡くなられた方の立場や関係をもとに判断されるのがよいでしょう。現役のご主人を亡くした場合などは、半返しではなく、こころばかりのものであってもかまいません。

とくに親族で高額の香典を包まれた方は、相互扶助の目的が強いと考えられるので、額にとらわれなくてもよいでしょう。

香典《こうでん》返しのかけ紙はどうすればよいですか？

香典返しのかけ紙には、黒白ま結びの水引《みずひき》に「志《こころざし》」と表書きします。ただし、関西地方を中心に、七七日忌後の香典返しを中陰《ちゅういん》（四十九日間）が満ちたとして「満中陰志《まんちゅういんし》」、繰上げ忌明《きあ》け五七日忌を「忌明志《きめいし》」（きあけしと呼ぶこともあります）としているケースもあります。いずれもかけ紙は、黒白ま結びではなく、黄白《きしろ》の水引が多く使われます。

香典返し

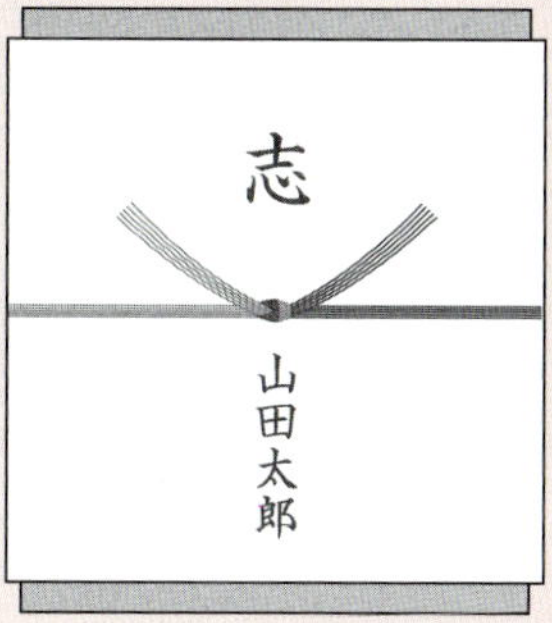

◎黒白ま結びのかけ紙

表書きの種類

志

関西地方の香典返し

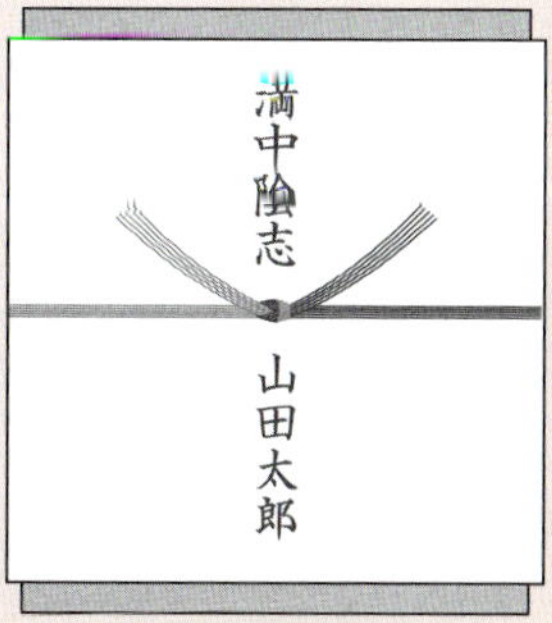

◎黄白ま結びのかけ紙

表書きの種類

満中陰志

満中陰志《まんちゅういんし》

忌明志《きめいし》

高額の香典《こうでん》返しはどのようにしたらいいですか？

額が三万円から五万円程度になってしまう高額の香典返しの場合には、有名ブランドの雑貨や食器、高級料亭・レストランの食事券などが選べるカタログギフトを贈るのもよいでしょう。

また、贈る相手との関係によっては、商品券にかけ紙をかけ、二千円程度の菓子をお盆代わりにして、弔事《ちょうじ》用包装紙で包んで一緒に贈ってもよいでしょう。その場合、菓子にはかけ紙をかけません。

香典《こうでん》返しといっしょに、生花《せいか》分も含めて返してよいですか？

親しい間柄を中心として、香典とは別にお花を贈る場合がよくあります。お花をいただいた側としては、お花に対するお礼もかたちに表したいところですが、香典返しに含めるかどうかは悩ましいところです。生花は高額なものも多くあり、まとめてお返しをなさる場合もありますが、香典返しと生花のお礼をまとめる場合、先さまが合算されているのにお気づきにならないことも考えられますので、別々にお返しをするほうが丁寧な対応といえるでしょう。別々にお返しする際の生花のお礼の体裁は次の通りです。

生花のお礼

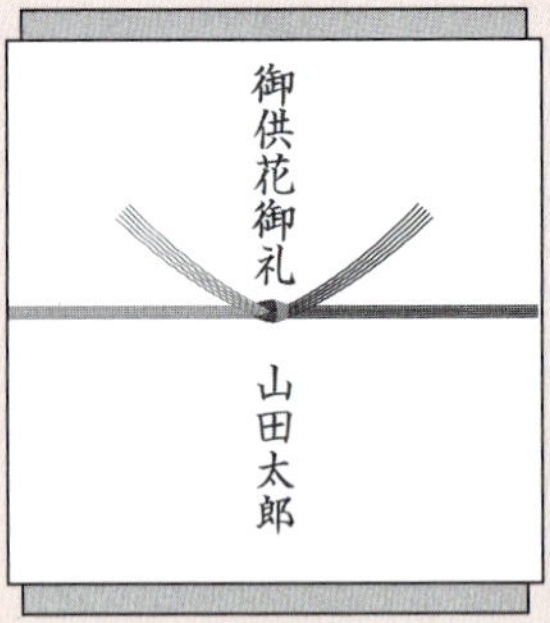

◎黒白、黄白ま結びのかけ紙

表書きの種類

御供花御礼《ごきょうかおんれい》
御礼

香典《こうでん》返しが、亡くなってから三カ月先になると よくないと言われましたが、どういう意味ですか？

このようなことを〝三月《みつき》またぎ（三月掛《みつきが》け）〟といい、お祝い事や弔事《ちょうじ》のお返しなどを三カ月にわたって行うのはよくないというある種の迷信です。

とくに四十九日《しじゅうくにち》の法要が三カ月目にまたがることは、「始終苦《しじゅうく》が身（三）に付く」ということでよくないと言われています。ただし、現実には月中以降にお亡くなりになると、忌明《きあ》けが三カ月にまたがってしまいます。それを気にされる親戚などがいらっしゃる場合は、お寺の僧侶の方などに相談されるとよいでしょう。

喪中《もちゅう》はがきを出したら、あとからお香典をいただきました。香典《こうでん》返しはどのようにすればいいですか？

香典をいただいたら、一週間から十日後に先方に着くように、「志《こころざし》」のかけ紙で、三分の一から二分の一の額を目安に、お返しをするとよいでしょう。

嫁いだ娘が喪主《もしゅ》として香典《こうでん》返しをするときの名入れの仕方を教えてください。

嫁《とつ》がれたお嬢さまが喪主を務めた場合、かけ紙への名入れはお嬢さまの新姓を入れるのが一般的です。どうしても旧姓を書きたい場合は、かけ紙に旧姓の○○家と入れるか、配送伝票などに新姓の名前の後に（　）で旧姓の○○家を入れるとよいでしょう。

香典《こうでん》の一部を寄付するときには、みなさんにどのようにお知らせすればよいですか？

故人《こじん》の遺志を尊重し、なおかつお香典を寄せてくださった方々にも返礼をするため、小額の香典返しを用意し、寄付先や寄付の趣旨を記した挨拶状を添えるとよいでしょう。寄付先によっては、故人の名前を入れた挨拶状を用意してくださる場合もあります。

弔電《ちょうでん》だけの方や生花《せいか》、花輪のみを供えてくださった方にも、お返しはするべきですか？

弔電や生花を供えてくださった方には、忌明《きあ》けの挨拶をかねて、礼状や挨拶状を出すなどして相応《そうおう》の対応を心がけましょう。〔▼挨拶状の文例―３３７ページ参照〕

ただし、高価な弔電、生花に対しては三分の一程度のお返しはしたほうがよいでしょう。

香典《こうでん》返しと御見舞御礼を同時に送る場合は、どうしたらよいですか？

本来は、お見舞に対するお礼を先にするべきですが、現実には通夜《つや》・葬儀の準備および後片付けなどに追われ、香典返しと一緒になってしまうケースが多くみられます。その場合、香典返しは「志《こころざし》」、お見舞いの返礼は「御見舞御礼」の表書きで、両方とも黒白ま結びの水引のかけ紙で体裁《ていさい》を整えます。

〝仏が重なる〟として、同送を嫌う方もいらっしゃいますが、それは弔事《ちょうじ》用途の品物を二つ重ねて送る場合のことで、この場合は用途が異なるため問題はありません。

香典《こうでん》返しがお盆やお彼岸《ひがん》に届くのは避けたほうがよいですか？

お盆やお彼岸はご先祖様を供養《くよう》する大切な時期です。お盆やお彼岸に品物が届いて縁起が悪いということではなく、品物が届くことで先さまをわずらわせたくないという気持ちの表れでもあります。できるだけお盆やお彼岸を避ける配慮が大切でしょう。

砂糖はお祝いのイメージがありますが、香典《こうでん》返しに使ってもよいですか？

昔は白い砂糖が貴重品であり、その貴重なものを祭壇《さいだん》にお供えする〝供糖《くとう》〟というものがあります。葬儀のときなどには、白い砂糖と緑の砂糖（中身は白い砂糖）を供えることもあります。

砂糖は慶事《けいじ》用だけではないので、香典返しに使っても問題はありません。ただし、砂糖は華やかなパッケージのものが多いですし、最近は砂糖を使う家庭も減っているので、贈るときには注意が必要です。

香典《こうでん》返しをいただいたら、先さまにお礼や報告の電話をしてもいいですか？

基本的に礼状や電話は必要ありません。香典返しに対する礼状は、「不祝儀《ぶしゅうぎ》が繰り返される、後をひく」という意味で昔から忌《い》み嫌われ、失礼とされてきました。

ただし、何らかの形で気持ちを示したいときは、葬儀の慌しさがおさまって、あらためて悲しみや寂しさが深まる忌明《きあ》けの頃に、〝お見舞状〟を出したり、電話で力づけて差しあげたりするとよいでしょう。その際に「ご丁寧なごあいさつをいただきまして」と香典返しを受け取った報告をさりげなくするとよいでしょう。

■ 返礼挨拶状の文例 1

仏式

謹啓
先般父一郎永眠の際には
ご丁重なご弔詞をいただきかつ又
ご芳志を賜りまして誠に有難く
厚く御礼申しあげます

戒名

七七日忌の法要を営みました
供養のしるしまでに心ばかりの品を
お届け申しあげますのでお納め
くださいませ
書面にて失礼ではございますがまずは
お礼かたがたご挨拶申しあげます
敬具

※1
令和○年○月○日

山田太郎 ※2

神式

謹啓
先般父一郎帰幽の際には
ご丁重なご弔詞をいただきかつ又
ご芳志を賜りまして誠に有難く
厚く御礼申しあげます
五十日祭を営みました
謝意を表したく心ばかりの品をお届け
申しあげますのでお納めくださいませ
書面にて失礼ではございますが
お礼かたがたご挨拶申しあげます
敬具

※1
令和○年○月○日

山田太郎 ※2

※１忌日該当日
※２施主名

表現は記載の限りではなくさまざまです。
文例の内容は地域、時代、慣習、宗教によって異なる場合があります。

■ 返礼挨拶状の文例 2

キリスト教式

謹啓
先般父一郎召天※3の際には
ご懇篤なるご弔詞をいただきかつ又
ご鄭重なるご芳志を賜り誠に
ありがたく厚く御礼申しあげます
本日諸式滞りなく相済ませました
霊前にお寄せ頂きましたご芳志に
対し謝意を表したく心ばかりの
品をお届け申しあげますのでご受納
くださいませ
まずは略儀ながら書中をもって
謹んでご挨拶申しあげます
敬具
令和※1○年○月○日
山田太郎※2

宗教を問わない文

謹啓
このたび父一郎永眠に際しては
ご丁重なご弔詞をいただきかつ又
ご芳志を賜りまして誠に有難く厚く
御礼申しあげます　おかげ様で
諸事万端滞りなく相済ませました
お寄せいただきましたご厚情に
謝意を表したく心ばかりの品を
お届けいたします
何卒お納めくださいますよう
お願い申しあげます
書面にて失礼ではございますが
お礼にかえさせていただきます
敬具
令和※1○年○月○日
山田太郎※2

※1忌日該当日
※2施主名
※3"召天"はプロテスタントの方、
カトリックの方には"帰天"を使います。

表現は記載の限りではなくさまざまです。
文例の内容は地域、時代、慣習、宗教によって異なる場合があります。

■ 返礼挨拶状の文例 3

死亡の通知状（文例）

謹啓
○○の候　皆様におかれましてはますますご清祥のことと
拝察いたします
先般　父　一郎　儀　去る十月十日永眠いたしました
葬儀は故人の遺志によりまして家族葬として執り行わせて
いただきました
早速お知らせ申しあげるべき処でございましたがご報告が
遅くなりましたことを深くお詫び申しあげます
ここに故人に賜りましたご厚情に深謝し謹んで御礼
申しあげます
謹白
令和○年十一月二十三日
山田太郎

会葬礼状（文例）

亡父　一郎　葬儀に際しましてはご多用中のところ
遠路わざわざご会葬いただきご鄭重なるご厚志を賜り
ご芳情の程有難く厚く御礼申しあげます
故人生前中は一方ならぬご厚情を戴きましたことを
深謝申しあげます
早速拝趨の上ご挨拶申しあげるべき処略儀ながら書中を
もって謹んで御礼申しあげます
令和○年　十一月二十三日　通夜
十一月二十四日　葬儀告別式
〒一六〇ー〇〇二二
東京都新宿区新宿五ー一八ー十
喪主　山田太郎
外　親戚一同
尚　本日は何かと混雑に取り紛れ不行届きの段悪しからずご容赦下さいますよう
お願い申しあげます

弔電への礼状（文例）

謹啓
○○の候　皆様におかれましてはますますご清祥のことと
拝察いたします
弊社　会長　故　山田　一郎　の社葬に際してはご鄭重なる
ご弔電を賜りご芳情のほど厚く御礼申しあげます
お蔭様で葬儀も滞りなく相済ませることができました
ことをご報告申しあげます
略儀ながら書中をもってご挨拶申しあげます
謹白
令和○年十一月二十三日
株式会社○○○
葬儀委員長　山田太郎
取締役社長　山田次郎
喪主　山田三郎

供花への礼状（文例）

謹啓
○○の候　皆様におかれましてはますますご清祥のことと
拝察いたします
この度　父　一郎　永眠にあたりましてはお心のこもった
ご供花を賜り誠にありがたく厚く御礼申しあげます
おかげ様で葬儀も滞りなく相済ませました
早速拝趨の上ご挨拶を申しあげるべきところ略儀ながら
書中をもって御礼申しあげます
謹白
令和○年十一月二十三日
山田太郎

表現は記載の限りではなくさまざまです。
文例の内容は地域、時代、慣習、宗教によって異なる場合があります。

法要のとき、御霊前《ごれいぜん》と御仏前《ごぶつぜん》はどちらを使うのですか?

四十九日《しじゅうくにち》の忌明《きあ》け法要当日から、「御佛前」を使います。なぜなら、故人が極楽浄土《ごくらくじょうど》に行くことができるかどうか決まる日、すなわち〝成仏《じょうぶつ》する日〟の供養《くよう》だからです。しかし、四十九日の忌明け法要は、死者が成仏できるように僧侶の方に読経《どきょう》を上げていただく法要であり、まだ、成仏しておらず、「御霊前」とする考えもあります。

また、現在は四十九日の前に法要をされることも多いですが、その場合も法要によって成仏できるとして「御佛前」とする考えと、まだ中陰《ちゅういん》(死後四十九日間)であり、霊は成仏していないので「御霊前」とする考え方があります。

宗派、地域によっても、さまざまな考え方があるため、それに従うことをおすすめしますが、どうしてもわからない場合は「御香典《おこうでん》」などで差しあげてもよいでしょう。また、故人が好みだった物を供えたいときには「御供《おそなえ》」とします。

なお、蓮の模様のない「御霊前」の袋は神式、キリスト教式を問わず、金子《きんす》を贈る際に用いることができます。先方の宗教がわからないときにも、「御霊前」にするとよいのですが、ただし浄土真宗《じょうどしんしゅう》系には適しません。仏式以外の場合は〝ごれいぜん〟と呼ばずに〝みたまえ〟と読みますので、〝みたまえ〟に供えると理解されるとよいでしょう。

四十九日《しじゅうくにち》の法要とは何ですか？

四十九日の法要は、〝七七日忌《なななのか》〟（なななぬかと呼ぶこともあります）に行われる法要です。この日の審判で故人の霊が極楽浄土《ごくらくじょうど》へ行くことができるかどうか決定されるといわれていて、初七日同様、たいへん重要な日となっています。一般的にはこの〝七七日忌〟を忌明《きあ》けとして、近親者を招き、僧侶の方を迎えて法要をしますが、〝追善供養《ついぜんくよう》〟とも呼んでいます。

亡くなった当日から数えて七日ごとに、初七日《しょなのか》、二七日《ふたなのか》、三七日《みなのか》として営まれる法要を

忌明け法要

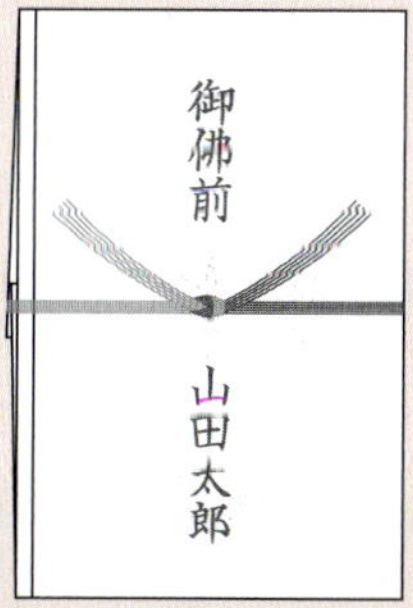

◎黒白、黄白または双銀ま結びかあわび結びの不《ぶ》祝儀《しゅうぎ》袋

◎黒白、黄白ま結びのかけ紙

表書きの種類

金子……御佛前《ごぶつぜん》／御仏《ぶつ》前、御霊前《ごれいぜん》／御靈《れい》前、御香典《おこうでん》／御香奠《でん》

品物（かけ紙）……御供《おそなえ》／御供物

品物の代わりに贈る金子……御香料、御供料／御供物料

〝中陰《ちゅういん》法要〟ともよんでいますが、もっとも遅い七回目の七七日を〝満中陰《まんちゅういん》法要〟ともよんでいます。

なお、法要の日は遺族や親族、お寺の都合に合わせて、繰り上げ法要としての〝五七日《いつなのか》忌法要〟または〝七七日忌法要〟を営むのが通例となっています。具体的には、土曜日か日曜日が多く、本来の日よりも早めに行います。このことは「慶事《けいじ》は引き延ばしても、弔事《ちょうじ》は繰り上げる」という昔からの言い伝えからのようです。

このように三十五日または四十九日を忌明け法要として大がかりに行うことが多く、合わせて納骨式もこの日に行うケースが多くみられます。
※七日ごとの供養とは別に、月ごとにめぐってくる命日（月忌《がっき》ともいう）に、家族で仏壇に礼拝する〝月忌法要〟をする家庭もあります。

四十九日《しじゅうくにち》法要のお香典《こうでん》を、持参ではなくお送りしてもいいですか？

四十九日法要の案内状がきて、どうしても伺《うかが》えない場合は、不祝儀袋《ぶしゅうぎぶくろ》にお香典を入れて、現金書留で施主《せしゅ》あてに送ります。

葬儀のお香典《こうでん》のお返しと四十九日《しじゅうくにち》法要のお返しを一緒に贈る場合の〝かけ紙〟はどうすればよいですか？

葬儀のお香典返しには、「志《こころざし》」（関西は「満中陰志《まんちゅういんし》」など）としてご挨拶状を付けて送ります。これらは四十九日法要のお返しと同時に贈るものではありません。法要は前倒しに営むときもあり、法要にいらした方へは、当日、引き物をお渡しします。法要にはお越しになれずお香典やお供えをいただいた方へは、葬儀の香典返しが届いてから数日後に四十九日の法要のお返しが届くようにします。

四十九日法要のお返し

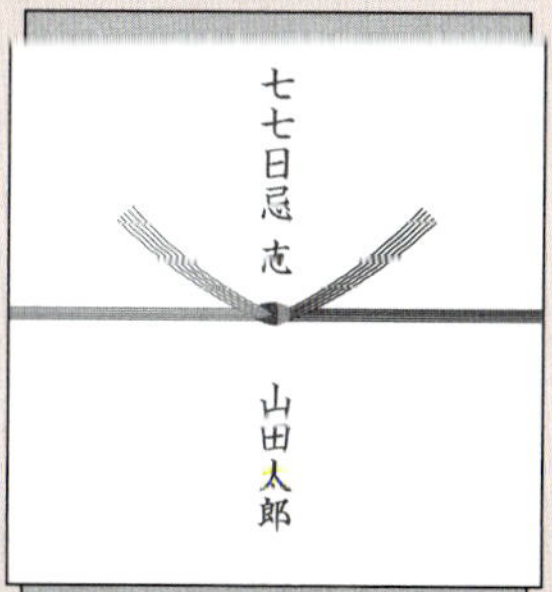

◎黒白、黄白ま結びのかけ紙

表書きの種類

七七日忌《なななのか》　志《こころざし》

四十九日《しじゅうくにち》法要の準備は、どのようにしたらよいですか？

香典返しの準備と同様に、四十九日法要の準備にも、思いのほか時間と労力がかかるものです。ここでは何をどのように準備すればよいかを記します。

●事前に準備すること

①日程を決める

僧侶の方の予定を最優先に決めましょう。四十九日の法要を執《と》り行いたい旨を僧侶の方に伝え、日程と法要の場所も伝えた上で、お寺の都合を確認します。法要は故人の忌日《きにち》に営むのが理想ですが、実際には忌日の直前の土日に行うことが多くなっています。

②案内状の送付

四十九日の法要を遺族や親族のみで行う場合には電話連絡でもよいですが、知人、友人、仕事の関係者まで幅広く招く場合には案内状を送ります。その際、往復はがきなどで、出欠席を確認するようにします。

③本位牌《ほんいはい》の手配

本位牌（塗り位牌）を仏具店で購入し、戒名《かいみょう》などを入れていただきます。本位牌は僧侶の方に入魂供養《にゅうこんくよう》をお願いし、忌明《きあ》け後は仏壇に安置します。通夜のときに用意した白木《しらき》の位牌はお寺に納めます。

④石材店と管理事務所への連絡

一般的には、四十九日の法要のときに納骨法要《のうこつほうよう》も行うことが多くなっています。それに合わせ、石材店へは墓石への戒名などの彫刻をお願いしておきます。霊園などの場合は、法要の準備（焼香台・お花・椅子など）をどこで手配してもらえるのか、事前に確認しておくとよいでしょう。また、墓地の管理事務所へは火葬場で受け取った〝埋葬《まいそう》許可証〟と墓地の〝使用許可証〟を提出します。その際、印鑑も必要になります。

⑤お斎《とき》（会食）の準備

四十九日の法要の後で、お斎（会食）を行う場合は、仕出し料理の手配や料亭の予約などを事前にしておく必要があります。お寺や石材店から手配してもらえる場合もあるので確認しておきましょう。

⑥引き物の手配

法要の後で参列者にお渡しする引き物を手配します。一家族から複数参列していたとしても、全員に引き物を渡す必要はなく、一家族に一つでかまいません。また、僧侶の方にも「御本尊《ごほんぞん》様にお供えください」とお伝えし、他の参列者と同様の引き物を差しあげます。

●当日、持参するもの

遺骨《いこつ》、遺影《いえい》、本位牌、白木の位牌、埋葬《まいそう》許可証、墓地使用許可証（お墓の権利証）、印鑑、御布施《おふせ》（四十九日の法要、納骨法要、新しいお墓の場合は開眼法要《かいげんほうよう》をまとめて渡す）、石材店への謝礼、参列者への引き物。

※このほか、僧侶の方がお斎を辞退したときは、お膳料《ぜんりょう》をお渡しします。また、お寺以外で法要を行ったときは、お車代をお渡しします。

お墓が決まっていない場合、納骨はどのタイミングで行ったらよいですか？

四十九日《しじゅうくにち》の法要までにお墓が間に合わないということであれば、納骨は一周忌《き》や三回忌を目安に行うようにします。

もともと、納骨は忌日《きにち》法要や年忌《ねんき》法要と一緒にしなくてはならないということではありませんが、親戚などに来ていただくのが大変なこともあり、時期的に近い法要に納骨を合わせることが多くみられます。それまで、遺骨は自宅の祭壇に安置するか、お寺や霊園の納骨堂に預かっていただくことになります。

忌明《きあ》けが過ぎてしまった場合でも、法要をしてよいですか？

法要は亡くなった方の冥福《めいふく》を祈り、その霊をなぐさめるために、忌日《きにち》や命日に営むものです。忌明けまでに法要ができなかったからといって、いつでも法要をしてよいということではありません。人が亡くなってから、四十九日間を中陰《ちゅういん》といい、その期間の七日目ごとを〝忌日〟として法要を営みます。

最近は、初七日《しょなのか》の法要と四十九日の法要以外は省略されることが多いようですが、四十九日の法要は故人の霊が極楽浄土《ごくらくじょうど》に行けるかどうかが決定し、この日をもって〝忌明け〟となる最も重要な法要とされています。

この時期に法要ができなかったということであれば、忌日法要としては最後となる百か日法要を行うとよいでしょう。その場合には、お寺の僧侶の方に相談し、ご意向を確認すると安心です。

〝偲《しの》ぶ会〟に出席するとき、金子《きんす》はいくらぐらい、どのような袋で持参すればよいですか？

〝偲ぶ会〟や〝お別れ会〟は、ご遺族と近親者だけで葬儀を済ませ、後日あらためて故人《こじん》やご遺族と親交のある友人、知人、会社の関係者などをお招きして故人との最後のお別れをしていただく告別式を中心とした式のことです。名称も、〝偲ぶ会〟〝追悼《ついとう》会〟〝お別れ会〟などさまざまです。

また、主催者によって、会費制の場合、香典・供物《くもつ》・供花《きょうか》はいっさい辞退されるというものもあり、案内状をよく確認することが大切です。通常、会費制の場合は、案内状に金額が明示されているケースが多くみられます。

偲ぶ会・お別れ会に持参するとき

表書きの種類
御偲
御偲ぶ
御花料

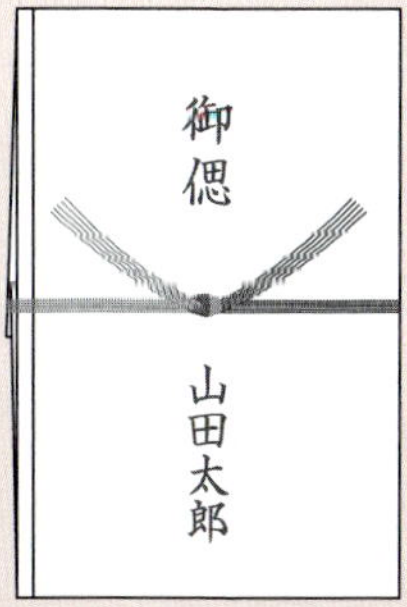

◎黒白、黄白または双銀ま結びかあわび結びの不祝儀《ぶしゅうぎ》袋
◎白無地袋

ホテルで行われる〝偲《しの》ぶ会〟に出席します。「平服《へいふく》で」と書いてありますが、どのような服で行けばいいですか?

最近増えている〝偲ぶ会〟や〝お別れ会〟に、「平服で」という案内があれば、男性の場合は濃紺かチャコールグレーの無地のスーツに白いワイシャツ、地味なネクタイで、また女性の場合にもそれに準じて、控えめな色(茶系・ベージュ系は避ける)の洋服を着るとよいでしょう。

百《ひゃっ》か日《にち》法要にもお香典《こうでん》は持っていくべきですか?

亡くなった当日から数えて百日目に営む法要を〝百か日法要〟といい、新しく仏様の仲間入りをした故人《こじん》の近況をたずねる法要です。お招きを受けたら、金子《きんす》や故人がお好きだった物を仏前に持参するとよいでしょう。

別名〝卒哭忌《そっこくき》〟ともいうように、亡き人を偲《しの》んで哭《な》くのを卒業するのがこの頃とされ、一つの区切りの時期となります。

百か日法要以降に不祝儀袋《ぶしゅうぎぶくろ》を持参する場合、薄墨ではなく濃い墨にする場合もあります。百か日法要は、ほとんどの場合、内輪で営むことが多くなっています。

百か日の法要

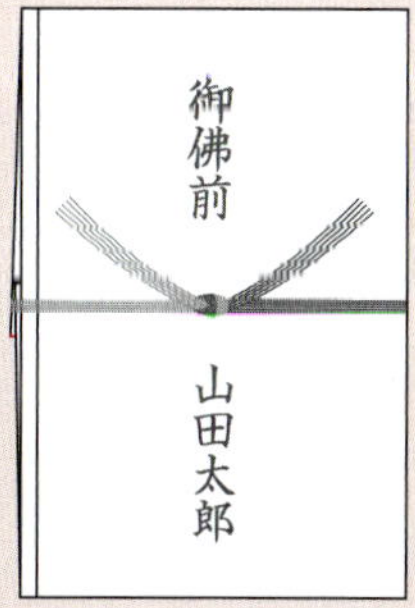

◎黒白、黄白または双銀ま結びかあわび結びの不祝儀《ぶしゅうぎ》袋

◎黒白、黄白ま結びのかけ紙

表書きの種類

金子……御佛前
御仏前

品物……御供物《おくもつ》
御供《おそなえ》

百か日法要のお返し

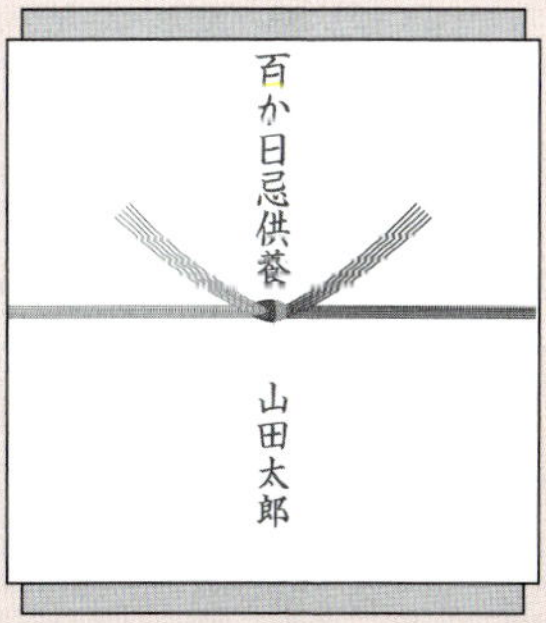

◎黒白、黄白ま結びのかけ紙

表書きの種類

百か日忌供養
志

三回忌《き》の追善《ついぜん》演奏会があり、お酒を持参します。体裁《ていさい》はどうしたらよいですか？

故人の冥福《めいふく》を祈って行う供養《くよう》を〝追善《ついぜん》供養〟といいます。追善供養では、主に法要が行われますが、歌舞伎の世界などでよく耳にする〝追善公演〟をはじめ、芸事、習い事の世界でも、さまざまな形で追善供養が行われています。故人を偲《しの》んで行われる〝追善演奏会〟もその一つといえるでしょう。

こうした際には、無地短冊に、「御偲《おんしのぶ》」、「こころばかり」と書き、控えめな色の包装紙で贈るのがよいでしょう。

豆知識　お施餓鬼《せがき》って？

字のように「餓鬼《がき》に施す」という意味です。〝餓鬼〟とは六道（地獄道、餓鬼道、畜生《ちくしょう》道、修羅《しゅら》道、人間道、天上道）のうち、餓鬼道に落ちて苦しんでいる亡者《もうじゃ》のことをいいます。

餓鬼道に苦しむ餓鬼に施しをして、その供養《くよう》の報恩《ほうおん》が巡りめぐってご先祖様に届くというのです。

百か日法要やお盆の頃にお寺で〝施餓鬼会《せがきえ》〟が営まれることが多いようです（浄土真宗以外）。このとき、お布施（五千円程度）を差しあげ、供養の塔婆《とうば》を立てたりします。

仏式◎年忌法要《ねんきほうよう》（年回忌）

年忌法要は何年ごとにやるのが正式ですか？

一周忌《き》以降は、亡くなった年も入れて数えるので、満二年で三回忌となります。その後は、七回忌、十三回忌までは欠かせない年忌法要といわれます。

それ以降は、十七回忌、二十三回忌、二十七回忌、三十三回忌と続き、一般にはこの三十三回忌で供養を終えることが多いようです。三十三回忌をもって、完全に成仏《じょうぶつ》したと考えられ、〝弔《とむら》い上《あ》げ〟ともいわれています。

五十回忌、百回忌などもありますが、これは仏教諸派で、宗祖や中興《ちゅうこう》の祖などに対して、五十回忌以降、五十年ごとに遺徳《いとく》を追慕《ついぼ》する報恩《ほうおん》の法会《ほうえ》を〝遠忌《おんき》〟と呼びます。

法要の引き物に適したものは何ですか？

供養《くよう》のあとで、招いた方に差しあげる手土産を〝引き物〟と呼びます。法要の引き物には食べてなくなる物、消耗品、日常の実用品がよいでしょう。お持ち帰りいただくので、かさばらず、軽くて、小さい物が好適品といえます。心からの御礼の気持ちと感謝の意を込めて贈りましょう。

具体例

煎餅《せんべい》　クッキー　ようかん　鹿《か》の子　お茶　椎茸《しいたけ》
佃煮《つくだに》　海苔《のり》　コーヒー　紅茶　お吸い物　タオル
ハンカチ　バス＆シャワー用品　カタログギフトなど

法要の引き物

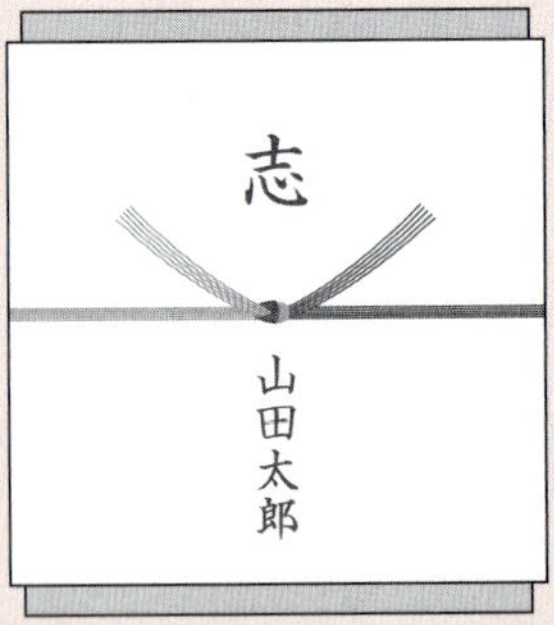

◎黒白、黄白ま結びのかけ紙

表書きの種類

志《こころざし》
茶《ちゃ》の子《こ》

父の五十回忌《き》法要を「お祝いです」とお寺の住職の方にいわれました。引き物の体裁《ていさい》はどうすればよいですか？

両親の五十回忌法要は、誰でもできるわけではありません。早く両親を亡くしたのに、今日の自分があることを感謝して、紅白の水引でお祝いすることも珍しくありません。

その一方で、両親を亡くしたことに変わりはなく、紅白で祝う気持ちになれないからと、黒白のま結びを使う方もいらっしゃいます。

明確な決まりがあるわけではないので、法要を催す側の気持ちをかけ紙に表すようにするのがよいでしょう。

仏式の法要

●忌日《きにち》法要

七日後	初七日《しょなのか》忌
十四日後	二七日《ふたなのか》忌
二十一日後	三七日《みなのか》忌
二十八日後	四七日《よなのか》忌
三十五日後	五七日《いつなのか》忌
四十二日後	六七日《むつなのか》忌
四十九日後	七七日《なななのか》忌
百日目	百か日《ひゃっかにち》忌

●年忌《ねんき》法要

一年後	一周忌
二年後	三回忌
六年後	七回忌
十二年後	十三回忌
十六年後	十七回忌
二十二年後	二十三回忌
二十六年後	二十七回忌
三十二年後	三十三回忌
四十九年後	五十回忌

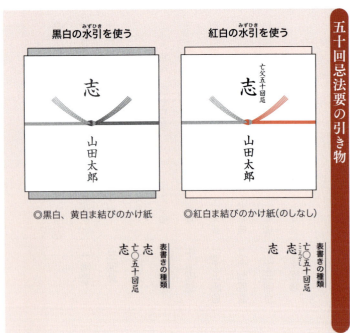

五十回忌法要の引き物

黒白の水引《みずひき》を使う

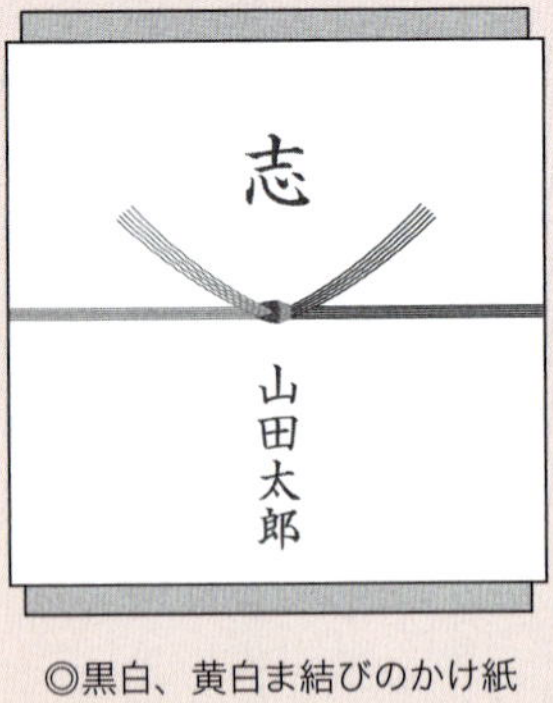

◎黒白、黄白ま結びのかけ紙

表書きの種類

志
亡〇五十回忌
志

紅白の水引《みずひき》を使う

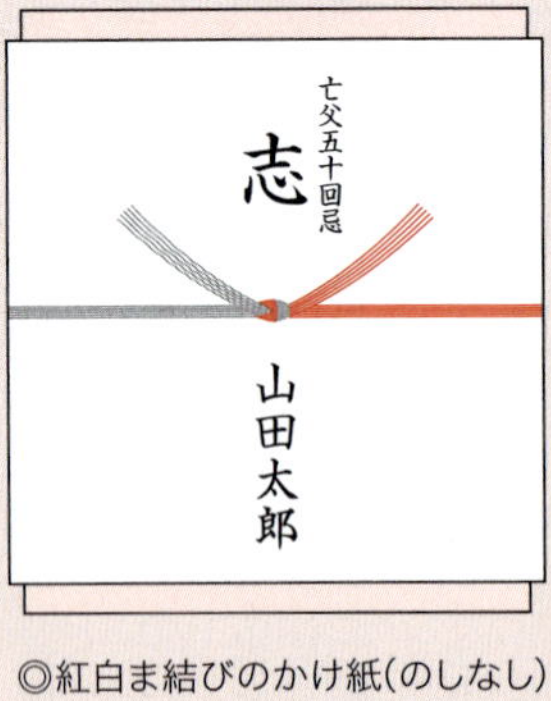

◎紅白ま結びのかけ紙(のしなし)

表書きの種類

亡〇五十回忌
志《こころざし》
志

三回忌《き》法要で、お食事、引き物を差しあげましたが、かなりの額のお香典《こうでん》をいただいた場合、お礼はしたほうがいいですか？

一般には、引き物で済ませることが多くみられます。もしも気になるようなら、法要後一週間から十日後に先方に届くように、こころばかりの品を送ります。

法要のお礼

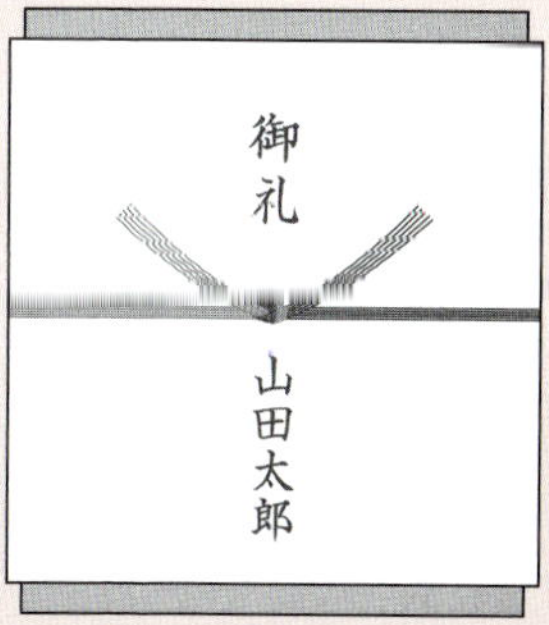

◎黒白、黄白ま結びのかけ紙

表書きの種類

御礼
志

祖父の二十三回忌《き》、弟の十三回忌、母の七回忌の法要を今年一緒にやってもよいですか？

二つないし三つの法要を同じ日に営むことを、〝併修《へいしゅう》〟または〝合斎《ごうさい》〟といいます。古いほうに合わせる説と新しいほうに合わせる説がありますが、最近では、早いほうに合わせることが多くなっています。

ただし、併修をしてもよいのは、七回忌以降で、三回忌まではできるだけ単独で行うようにします。

ご先祖様の年忌《ねんき》法要をまとめて施行する場合、引き物のかけ紙の書き方は、仏様になられた順番に書きます。地域によっては、短冊に故人の戒名《かいみょう》を書いたり、かけ紙に〝亡〇〇〇回忌〟ではなく故人の戒名や俗名を書く場合もみられます。

併修・合斎の場合の引き物

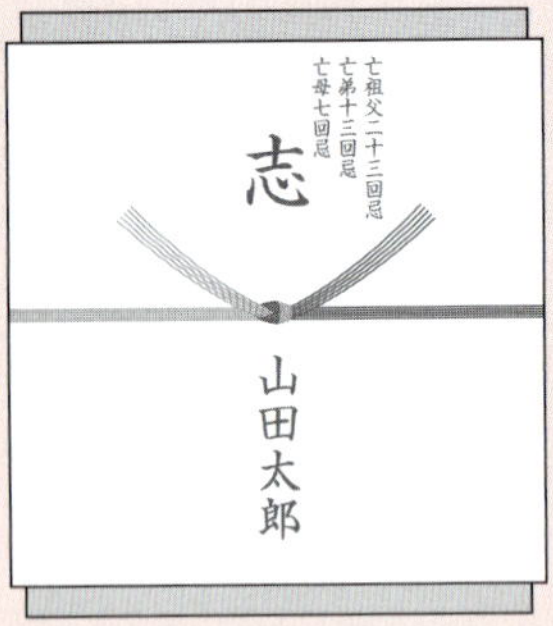

◎黒白、黄白ま結びのかけ紙

表書きの種類

志《こころざし》

関西では忌日《きにち》の数え方が違うのですか？

関東では法要を行う日は、亡くなった日を入れて数えるのが一般的です。それに対して関西では亡くなった日の前日から数えることがあります。これは、忌日法要の前日を〃お逮夜《たいや》〃といい、この夜に読経《どきょう》して〃逮夜法要〃を行う習慣が関西にはあるからです。

法要を行う日が、関東では当日、関西ではお逮夜として前日になるため、忌日の数え方が違ってくるというわけです。

神式◎通夜祭《つやさい》・葬場祭《そうじょうさい》・霊祭《れいさい》のしきたり

神式◎通夜祭から葬場祭

神式の通夜や葬儀の仕方を教えてください。

神道《しんとう》では、〝死を穢《けが》れ〟と考える死生観《しせいかん》によって、葬儀に神社が使えません。そのため斎場か自宅で葬儀を行うことになります。

また、神道では死者を命《みこと》とあがめて、祖先の神々とともに家の守護神として祀《まつ》ります。神式で行われる葬祭儀式は〝神葬祭《しんそうさい》〟、通夜は〝通夜祭《つやさい》〟、葬儀は〝葬場祭《そうじょうさい》〟と呼びます。

仏式と違う主な点は次の通りです。

◎数珠《じゅず》は使わない。

◎お悔《く》やみの言葉として、〝ご冥福《めいふく》〟や〝供養《くよう》〟などは使わない。回向《えこう》、冥土《めいど》、追善《ついぜん》などの仏教用語も使わない。「御霊《みたま》（御安霊《ごあんれい》）のご平安をお祈りいたします」などを使う。

◎祭式に入る前には、〝手水《ちょうず》の儀〟といって、必ず手水を使って身を清め、口をすすぐ。ただし、自宅で葬儀を行う場合には、手水の儀は省略することが多い。

◎近親者や親しい友人、知人の場合は、弔問《ちょうもん》から通夜祭、葬場祭、帰家祭《きかさい》まで出席するが、一般の会葬者は、通夜祭または葬場祭のみ出席することが多い。最近は、通夜祭と葬場祭だけで済ませる一般家庭も多い。

◎仏式の焼香にあたる〝玉串奉奠《たまぐしほうてん》〟をする。玉串は神木《しんぼく》である榊《さかき》の枝に、木綿《ゆう》や紙を細長く切って下げたもの。斎主《いわいぬし》が霊前に玉串を捧げたのちに、喪主《もしゅ》から順に霊前に玉串を捧げる。玉串を捧げるときは、二礼ののちに、音を立てないように拍手を二度打ちして（しのび手）一礼する。玉串奉奠とは玉串そのものを神に供《そな》えるのではなく、玉串をお盆とみなして自分の心をのせ、神に捧《ささ》げるという意味が込められている。

◎人の死のことを仏式では永眠というが、神式では〝帰幽《きゆう》〟と呼ぶ。

◎儀式のあとの会食では、死の穢《けが》れを忌《い》むために喪家《そうか》では煮炊きはせず、外から運んだものでもてなす。仏式の通夜ぶるまいのような宴席を〝直会《なおらい》〟という。

◎霊璽《れいじ》（故人《こじん》の位牌《いはい》にあたるもの）を、祖霊舎《それいしゃ》（祖先の霊が祀ってあるところ）に移す〝合《ごう》祀《し》の儀〟というものがある。

不祝儀袋《ぶしゅうぎぶくろ》の表書きは、神式でも御霊前でいいですか？

神式の不祝儀袋は、水引《みずひき》は黒白、双銀、黄白《きしろ》のま結びにします。表書きは「御玉串料《おんたまぐしりょう》」がもっともよく使われます。やや高額の場合には「御榊料《おさかきりょう》」を使うこともあります。「御霊前」も使いますが、この場合には〝みたまえ〟と読みます。

仏式か神式かキリスト教式かわからないときは、「御霊前」として蓮の模様のない袋を使うのが無難です。

神式ではお供物として、鮮魚、野菜、果物、酒などを供えることもありますが、重なることを避ける意味で一般的には金子《きんす》のほうがよいでしょう。

神式の通夜葬儀

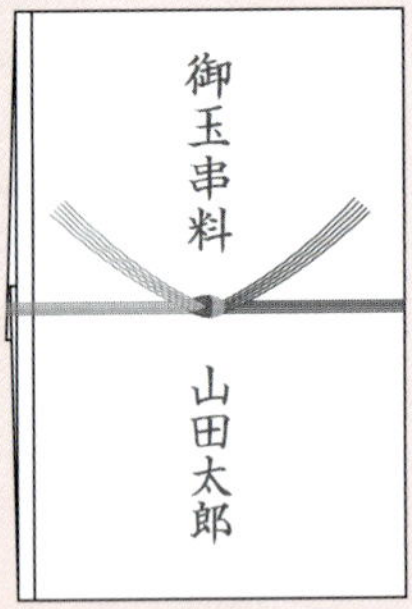

◎黒白、黄白または双銀ま結びかあわび結びの不祝儀袋《ぶしゅうぎ》

◎黒白、黄白のま結びのかけ紙または無地短冊（品物の場合）

表書きの種類

金子……御玉串料《おんたまぐしりょう》 御榊料《おさかきりょう》 御供料 御霊前《みたまえ》

品物……御供

豆知識　御榊料

高額のお香典を包むときの表書きに書く「御榊料」は、玉串に神木である榊の枝を使っていることから、御霊（みたま）に心を込めての意味からのようです。

神式◎葬儀でお世話になった方へのお礼

神式の葬儀を手伝っていただいたお礼はどうすればよいですか？

基本的には仏式と同じように、葬儀を手伝っていただいた方には、こころを込めてお礼をしましょう。

お礼を入れる袋は白無地袋を基本に、表書きは「御礼」、「お礼」などとします。金券や品物を贈るなら、黒白、黄白《きしろ》などの水引《みずひき》でもよいでしょう。

神式の葬儀のお礼

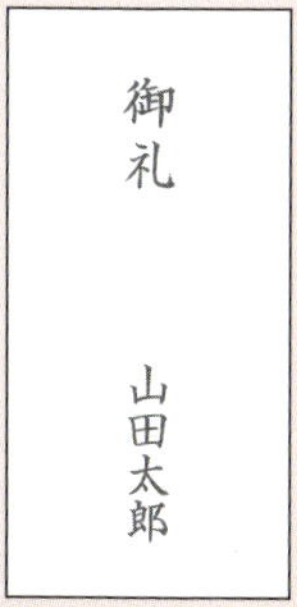

◎白無地袋
◎黒白、黄白ま結びのかけ紙（品物の場合）

表書きの種類
御礼
お礼

神官の方へのお礼と葬儀場の席料を払うときの体裁《ていさい》はどうするのですか？

神官の方へのお礼は「御榊料《おさかきりょう》」などの表書きをして、白無地袋に入れ、翌日か翌々日に持参するとよいでしょう。送迎はしてもお車代を別に包むこともあります。直会《なおらい》に参加されない場合は、お食事代を「御膳料《おぜんりょう》」として当日、お渡しします。

斎場へのお礼

御席料　山田太郎

◎白無地袋

表書きの種類
- 御席料
- 御礼

神官の方へのお礼

お礼❶

御榊料　山田太郎

◎白無地袋
◎麻ひもま結びの不祝儀袋《ぶしゅうぎぶくろ》

表書きの種類
- 御榊料《おさかきりょう》
- 御玉串料《おんたまぐしりょう》
- 御神饌料《ごしんせんりょう》
- 御礼
- 御祈禱料《ごきとうりょう》
- 御祭祀料《おさいしりょう》

お礼❷

御膳料　山田太郎

◎白無地袋
◎麻ひもま結びの不祝儀袋《ぶしゅうぎぶくろ》

表書きの種類
- 御膳料
- 御車代

神式のお返しはいつ頃までにするのですか？

仏式の忌明《きあ》けは四十九日《しじゅうくにち》、キリスト教式では忌明けに相当するのは一カ月後の召天《しょうてん》記念日などですが、神式で忌明けに相当するのは五十日祭です。

本来、香典返しは仏式のものですが、神式もキリスト教式も、慣習として仏式にならい行うのが一般的です。神式の場合には、五十日祭の日以降に、ご挨拶状を添えて贈るとよいでしょう［▼挨拶状の文例―335ページ参照］。かけ紙は蓮の模様のない黒白ま結びにしますが、地域によっては黄白《きしろ》の水引《みずひき》を用いることがあります。

神式のご返礼

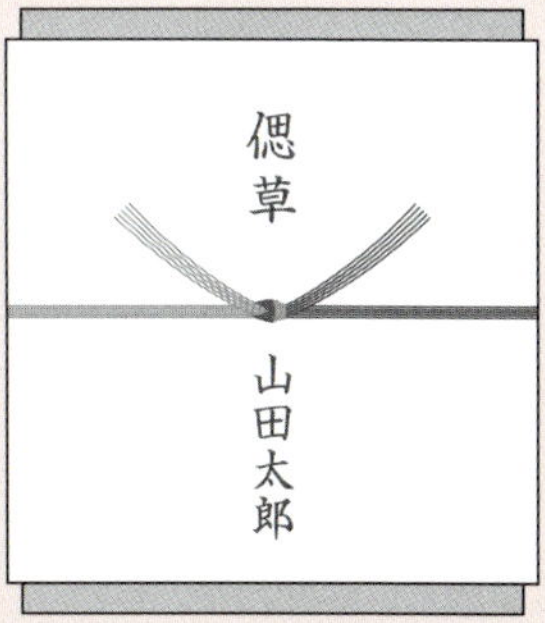

◎黒白、黄白ま結びのかけ紙

表書きの種類

偲草《しのびぐさ》
しのび草
志

神式の五十日祭に持参する金子《きんす》包みの表書きはどうすればよいですか？ 神式の霊祭にお供え物をする場合、どうすればよいですか？

　神式では仏式の法要のことを〝霊祭〟と呼び、葬儀翌日の翌日祭に始まり、十日祭、二十日祭、三十日祭、四十日祭、五十日祭と十日ごとに行うのが正式です。しかし、現在では、五十日祭に神官の方を招いて霊祭を行うことが多いようです。

　また、百日祭後の霊祭からは〝式年祭〟と呼び、一年祭、三年祭、五年祭、十年祭を行い、その後は五十年祭まで十年ごとに式年祭が行われます。神官の方を招いて行うのは、一年祭、三年祭（満三年）、五年祭（満五年）、十年祭（満十年）が一般的です。

　霊祭には、酒、鮮魚、果物、野菜、乾物などの

霊祭のお供え

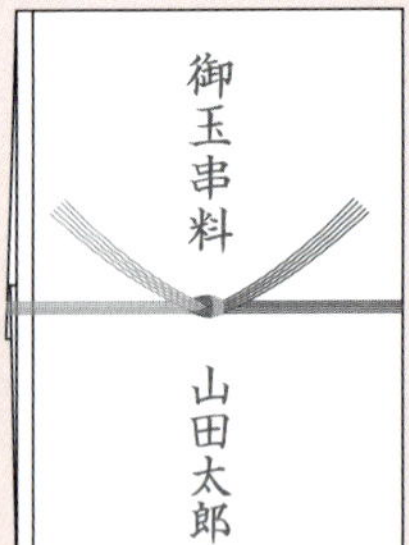

◎黒白、黄白または双銀ま結びかあわび結びの不祝儀《ぶしゅうぎ》袋
◎黒白、黄白ま結びのかけ紙（なにも模様のないもの）

表書きの種類
金子《きんす》……御玉串料《おんたまぐしりょう》
御榊料《おさかきりょう》
御神前《ごしんぜん》
御霊前《みたまえ》
品物……御供

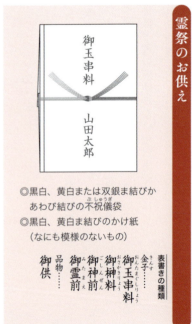

海の幸や山の幸を供えることが多く、これに菓子折りなどが加わるようです。ただし、こうしたお供えは、親しい方や親戚が中心で、一般の方の場合は金子包みを持参するケースがよくみられます。

十年祭の引き物にはどんなものがよいですか？

霊祭《れいさい》の引き物は、仏式の引き物と同じ考えでよいでしょう。

具体例

煎餅《せんべい》　クッキー　コーヒー　ようかん　鹿《か》の子
お茶　椎茸《しいたけ》　海苔《のり》　紅茶　タオル　ハンカチ
バス&シャワー用品　など

霊祭の引き物

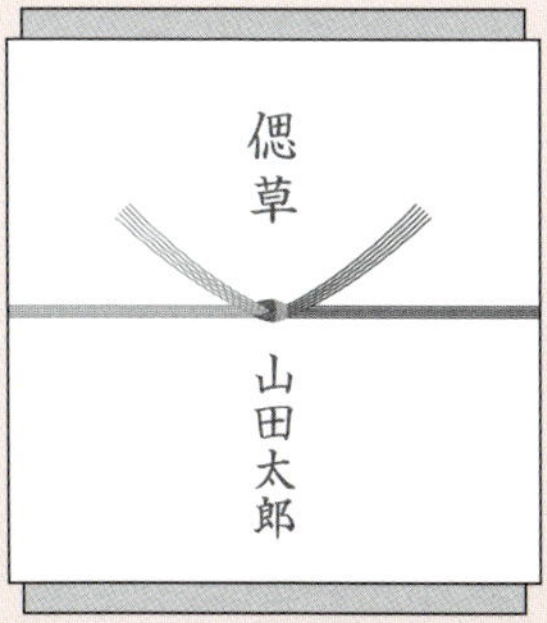

◎黒白、黄白ま結びのかけ紙

表書きの種類

偲草《しのびぐさ》
しのび草
志

神式の霊祭・式年祭

霊祭	式年祭
翌日祭（葬場祭の翌日）	一年祭
十日祭	三年祭（満三年）
二十日祭	五年祭（満五年）
三十日祭	十年祭（満十年）
四十日祭	これ以降は十年ごと
五十日祭	二十年祭
百日祭	三十年祭
	四十年祭
	五十年祭
	……

キリスト教式◎通夜《つや》から追悼《ついとう》ミサ・記念式のしきたり

キリスト教式◎通夜《つや》(前夜式)から葬儀

プロテスタントの父の葬儀の仕方を教えてください。

キリスト教式の通夜《つや》や葬儀は、一般には教会で行われます。カトリックの場合には、〝通夜の祈り〟または〝通夜の集い〟と呼びますが、プロテスタントの場合には、〝前夜式〟または〝前夜祭〟といいます。

式次第もカトリックとプロテスタントでは多少違いますが、仏式や神式のように、葬儀と告別式を区別せずに同時に行うのは共通です。式次第や聖歌(カトリック)讃美歌(プロテスタント)などは印刷して参列者に配り、司会者が式を進行する場合が多いようです。進行の詳細については、カトリックの神父の方、プロテスタントの牧師の方、あるいは葬儀社に任せるのがよいでしょう。

カトリックでは〝帰天《きてん》〟、プロテスタントでは〝召天《しょうてん》〟というように、キリスト教では、死者が仏や神になるという考えはありません。「神に召された」ということから、拝礼はあくまでも神に向かって捧げます。具体的には、通夜や葬儀では〝献花〟が行なわれます。白い菊やカーネーションなどが使われます。

キリスト教の通夜《つや》に"蓮の模様"の不祝儀袋《ぶしゅうぎぶくろ》を持参してもよいですか?

キリスト教の葬儀では、原則として白い生花《せいか》以外の献花はしません。仏式のお香典に相当するものも本来は必要ありません。

しかし、現在では、生花の代わりに「お花料」として金子《きんす》を贈るのが一般的です。その際には、のしも水引《みずひき》もつけない白無地袋か市販の袋に入れて持参するとよいでしょう。または白、黒白、双銀の水引《みずひき》が結んである金子包みを使ってもよいでしょう。

仏式で使う蓮の花の模様の袋は使わないので注意が必要です。

通夜・葬儀のお供えに

お花料　山田太郎

◎十字架《じゅうじか》や百合《ゆり》の花のついた不祝儀袋《ぶしゅうぎぶくろ》か白無地袋

◎黒白、黄白または双銀ま結びかあわび結びの不祝儀袋

◎無地短冊（品物の場合）

表書きの種類

金子……
お花料／御花料
御花環料《おはなわりょう》
御霊前
御弥撒料《おんみさりょう》（カトリック）
御忌慰料《おんきいりょう》（プロテスタント）

品物……
御偲／御供
御弥撒《おんみさ》（カトリック）／御忌慰《おんきい》（プロテスタント）

キリスト教式◎お礼とご返礼の仕方

教会での葬儀関係者にお礼をする場合、どうすればよいですか？

教会へのお礼は、式場料の代わりに、相応《そうおう》の献金をするのが一般的です。格式のある教会の場合には、それなりの額を包むのが礼儀です。

式場の使用料としての献金のほかにも、神父ないし牧師の方へのお礼、オルガン奏者や聖歌隊へのお礼など、関係者それぞれに感謝の気持ちを表すこともあります。

お礼や式場の使用料を贈る場合の表書きは、カトリックとプロテスタントで違う場合もあります。

教会へのお礼

献金　山田太郎

◎白無地袋

表書きの種類

献金
御禮《おんれい》
御花料

神父・牧師・オルガン奏者・聖歌隊へのお礼

献金　山田太郎

◎白無地袋

表書きの種類

献金
御礼
御禮《おんれい》
お礼

キリスト教式のご返礼は、仏式とは違いますか？

キリスト教式では、仏式のような香典返しのしきたりはありません。

しかし、カトリックの場合には、三十日目の追悼ミサ、プロテスタントの場合には一カ月後の召天《しょうてん》記念日のころに、故人を偲《しの》ぶような品物をご挨拶状を添えて贈るのが通例です。［▼挨拶状の文例―336ページ参照］

キリスト教のご返礼

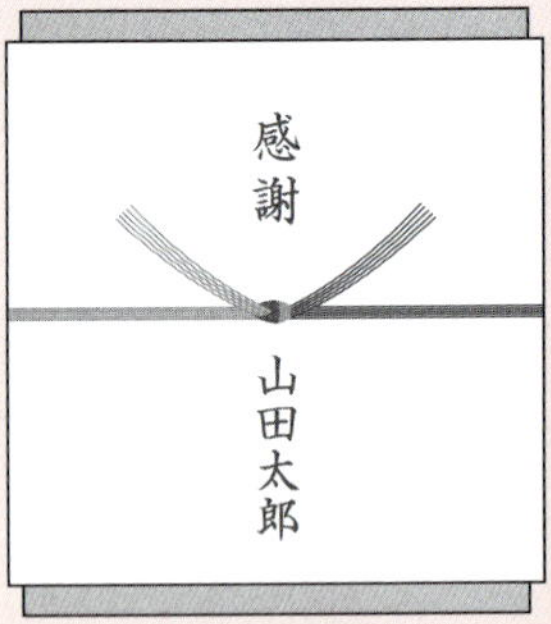

◎黒白、黄白ま結びのかけ紙

表書きの種類
感謝
志
偲草《しのびぐさ》
御礼
御禮《おんれい》

キリスト教式◎追悼《ついとう》ミサや記念式に招かれたとき

追悼ミサに招かれたお礼に品物を持参してもよいですか？

カトリックで仏式の法要に相当することを〝追悼ミサ〟といいます。三日目、七日目、三十日目、一年目、それ以降は、毎年教会で行うのが通例です。

プロテスタントでは、一カ月後の召天《しょうてん》記念日に〝記念式〟、一年目、三年目、七年目などの召天記念日に教会で〝追悼式〟を開きます。一カ月後の召天記念日に〝埋骨式《まいこつしき》〟をかねる場合が多いようです。

追悼ミサ（カトリック）や記念式（プロテスタント）に招かれた場合は、供物《くもつ》として花を贈ることがあっても、金子《きんす》を持参する習慣はありません。

ただし、ミサや記念式の後で会食があることがわかっている場合には、お食事代を目安として、「**お花料**」として渡すことが多くなっています。

品物を持参する場合の表書きは、「**御弥撒**《おんみさ》」（カトリック）、「**御忌慰**《おんきい》」（プロテスタント）とされるのがよいでしょう。

追悼ミサや記念式に招かれたとき

お花料　山田太郎

◎十字架や百合の花のついた不祝儀袋《ぶしゅうぎぶくろ》か白無地袋

◎無地短冊（品物の場合）

表書きの種類

金子……
お花料
御花料
御弥撒料《おんみさりょう》（カトリック）
御忌慰料《おんきいりょう》（プロテスタント）

品物……
御弥撒《おんみさ》（カトリック）
御忌慰《おんきい》（プロテスタント）

キリスト教式◎追悼《ついとう》ミサや記念式の引き物

追悼ミサに来ていただいた方に手土産《てみやげ》を差しあげてもよいですか？

キリスト教の追悼ミサや記念式などでは、引き物は用意しないのが普通です。ただし、最近では、お茶、紅茶、コーヒー、クッキーなどの茶菓を贈ることが多いようです。

また、追悼ミサや記念式のあとには、教会の別室で〝茶話会《さわかい》〟を開いたり、亡くなられた方の仕事や功績をたたえた〝演奏会〟を催したりするなど、別会場でさまざまなスタイルで偲《しの》ぶ会が開催されることも多いようです。

追悼ミサ、記念式の引き物

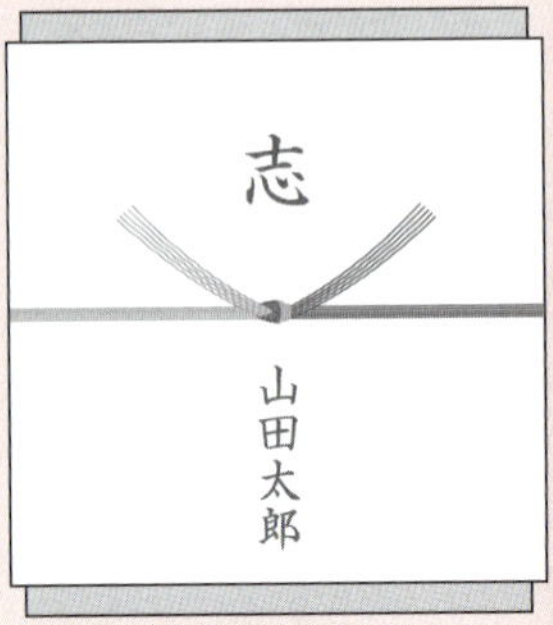

◎黒白、黄白ま結びのかけ紙
◎無地短冊

表書きの種類
志《こころざし》
感謝
偲草《しのびぐさ》
しのび草

追悼ミサ・記念式

カトリックの場合

追悼ミサが行なわれる日
三日目
七日目
三十日目
一年目
…以降毎年

プロテスタントの場合

記念式・追悼式が行なわれる日	
一カ月後の召天《しょうてん》記念日	記念式
一年目の召天記念日	追悼式
三年目の召天記念日	追悼式
七年目の召天記念日	追悼式

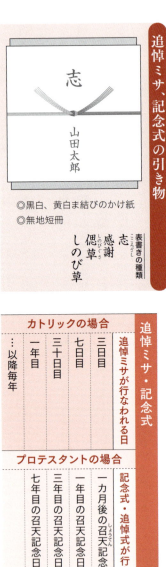

焼香、玉串奉奠《たまぐしほうてん》、献花のしきたり

〃焼香の正しい作法《さほう》〃〃神式の玉串奉奠《たまぐしほうてん》の作法〃〃キリスト教の献花の作法〃をそれぞれ教えてください。

ご不幸のとき、仏式では〃焼香〃し、神式では玉串を持って〃玉串奉奠〃をし、キリスト教のときにはカーネーションや故人《こじん》の好きだった花を持って〃献花〃します。いずれも「こころを込めて」献ずることが大切なのです。［▼20～22ページ参照］

宗派によって焼香の回数が違うのですか？

抹香《まっこう》をたく焼香の場合、抹香をくべる回数は宗派によって違いますが、おおむね一～三回です。

主な宗派の焼香回数

三回　真言宗《しんごんしゅう》、天台宗《てんだいしゅう》、浄土宗《じょうどしゅう》、日蓮宗《にちれんしゅう》
二回　曹洞宗《そうとうしゅう》、臨済宗《りんざいしゅう》、浄土真宗《じょうどしんしゅう》大谷派《おおたには》
一回　浄土真宗本願寺派《じょうどしんしゅうほんがんじは》

会葬者がとても多く、時間に余裕がないときなどは、司会者から回数は一回にしていただきたいと案内がある場合もあります。真摯《しんし》な気持ちを込めて冥福《めいふく》を祈ることができれば基本は一回でもよいのです。何回行うかという回数の問題よりも故人《こじん》を悼《いた》む気持ちをもって焼香することが大切です。

忌中《きちゅう》と喪中《もちゅう》

忌中《きちゅう》と喪中《もちゅう》の違いはなんですか？

現在では〝喪中〟は慶事を慎む期間とされています。ご家族が亡くなられた日から四十九日までを〝忌中〟とします。この忌中が実質的な喪中で、この期間が過ぎるとほぼ日常生活に戻るのが一般的です。〝忌〟の期間は仏式では四十九日まで、神式では五十日祭までとされています。キリスト教式では忌明けがありませんので、亡くなられてから一カ月後までと考えてよいでしょう。

喪中《もちゅう》のときに身内の結婚式が重なった場合、どうすればいいですか？

身内に不幸があったときには、一定の期間、日常生活から遠ざかり、身を慎《つつし》まねばなりません。ただし、亡くなられた方がどなたか、いつごろ亡くなられたのか、忌明《きあ》けは過ぎているのかなどによって、取るべき行動は多少変わってきます。

正式には、喪中の一年間は慶事《けいじ》、祝典、祭礼への参加や公的行事への出席は控えることになっていますが、現実の社会生活でそれを厳格に守るのは困難です。

たとえば喪中の結婚式は、家族なら取りやめますが、現実には忌明け後ならば、双方に異存がなければ予定通り行われる場合も多いようです。以前から会場を予約するなど準備が進んでいるうえ、相手方の立場もあるので、一律に判断するのは困難です。

豆知識

〝忌服《きぶく》〟とは？

〝忌〟とは死者の穢《けが》れを忌《い》むことです。〝服〟とは喪服《もふく》のことで、身内に死者があったときに穢れた体を喪服に包んで、一定の期間、行動を慎み、身を清める意味です。〝忌〟と〝服〟を含めて〝喪とも〟いい、忌服の期間を〝喪中〟ともいいます。この期間を過ぎると喪服を脱いで日常生活に戻るのが一般的です。

母の忌明《きあ》け前に孫の初節供《はつぜっく》を行ってもよいですか？

一般に忌明け前は避けたほうがよいでしょう。お祝いごとは延ばしてもよいともいわれ、忌明け後に、みなさまの都合のよい日を選んでお祝いしましょう。

喪中《もちゅう》のとき、知人の七回忌《き》法要にお供物《そなえもの》、お花を贈ってもよいですか？

ご自分が喪中でも、知人の法要のお供物、お花を贈ることは問題ありません。通常と同じ形で贈るとよいでしょう。

喪中《もちゅう》はがき（年賀欠礼状《ねんがけつれいじょう》）

喪中《もちゅう》はがきは、誰に出すものですか？

今年、身内に不幸があり喪中（亡くなって一年間）のため、新年の年賀状は出さないことや新年のごあいさつも行わないことをお詫びする挨拶状を〝喪中はがき〟または〝年賀欠礼状〟といいます。

喪中はがきは毎年、年賀状を差しあげている方にお送りします。

また、故人《こじん》が年賀状をやり取りしていた方で、亡くなったことをご存知ない方へは、生前の感謝も含め、家族から忘れずに出しましょう。

喪中《もちゅう》はがきはいつまでに出すものですか？

十一月末頃までに先方に届くように出します。十二月十五日頃から年賀状の受付が始まりますので、遅くとも十二月初めまでには届くようにします。

これは、先方が年賀状の準備をする前にお届けし、ご迷惑をかけないためです。

近くに住む主人の兄が亡くなりました。喪中《もちゅう》はがきは出したほうがよいですか？

通常、喪中はがきを出すのは亡くなった方が二親等以内の血族姻《いん》族《ぞく》であり［▼376ページ参照］、かつ同居または同居に準ずる方の場合が多いようです。この場合は、二親等で同居に準ずる方が亡くなられたので、喪中はがきを出したほうがよいでしょう。

豆知識　喪中はがきを出す？・出さない？

父母や子どもなど、近親者が亡くなられた場合、喪中はがきを出すのはわかりますが、関係性の離れた親族が亡くなったときに、はがきを出すべきかどうかは迷うものです。ケースバイケースですが、出す場合・出さない場合をまとめました。

※これはあくまでも目安です。お付き合いの程度などを考慮してください。

ほとんどの人が出す

父母
子ども
兄弟（同居または近くに住んでいる場合）
姉妹（同居または近くに住んでいる場合）
義父（夫や妻の父）
義母（夫や妻の母）

出す人と出さない人がいる

父方の祖父・祖母
母方の祖父・祖母
兄弟（あまりおつきあいがない場合）
姉妹（あまりおつきあいがない場合）
義兄弟（夫や妻の兄弟）
義姉妹（夫や妻の姉妹）

ほとんどの人が出さない

義兄弟姉妹（兄弟姉妹の配偶者）
父方の曾祖父・曾祖母
母方の曾祖父・曾祖母
伯父（両親の兄・両親の姉の夫）
伯母（両親の姉・両親の兄の妻）
叔父（両親の弟・両親の妹の夫）
叔母（両親の妹・両親の弟の妻）
いとこ（両親の兄弟姉妹の子）

■ 三親等内親族

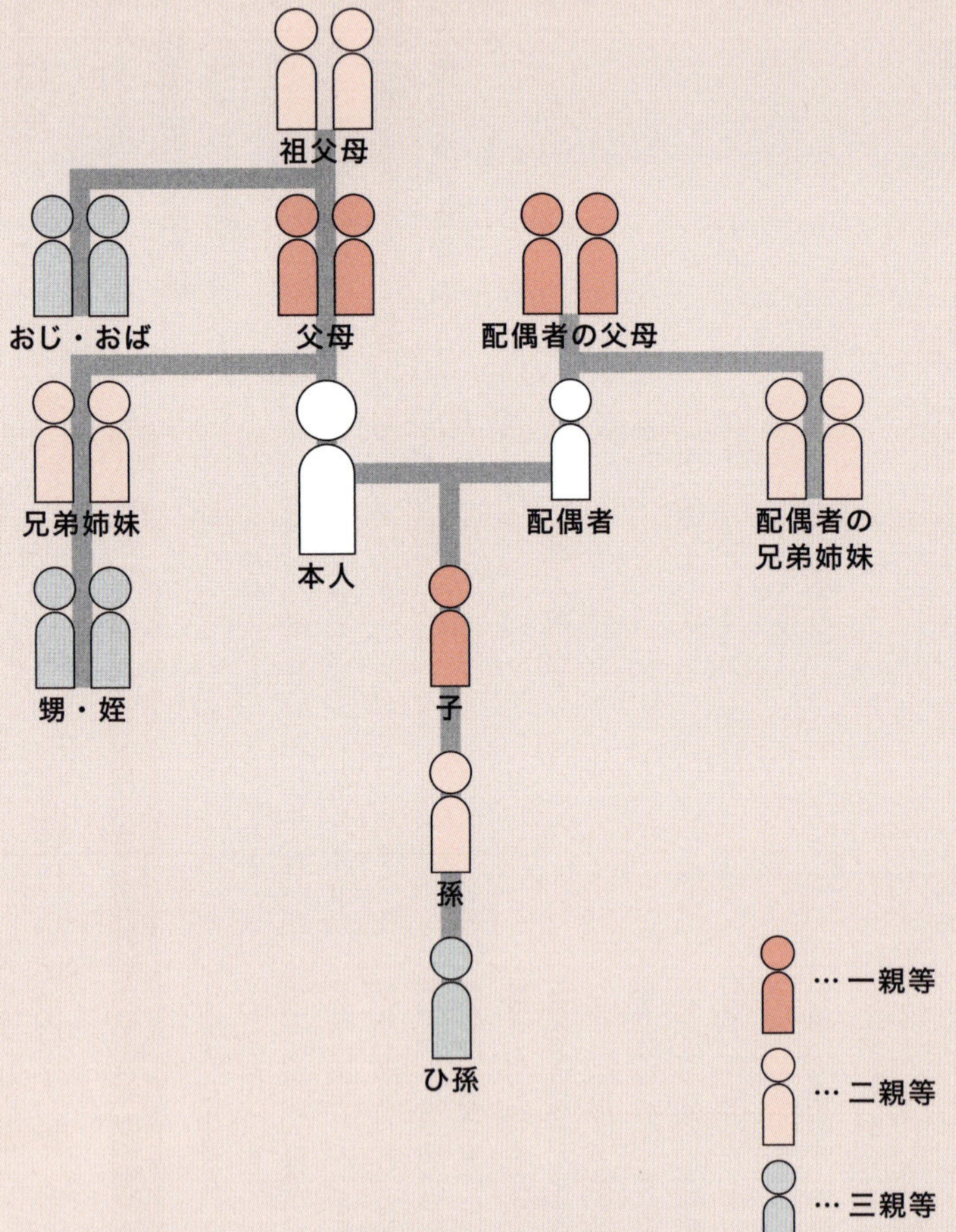
祖父母
おじ・おば
父母
配偶者の父母
兄弟姉妹
本人
配偶者
配偶者の
兄弟姉妹
甥・姪
子
孫
ひ孫
… 一親等
… 二親等
… 三親等

主人の母が亡くなり、喪中《もちゅう》はがきを出すのですが、家を出ている子どもたちはどうすればいいですか？

孫からみて祖母は二親等にあたりますが、同居していないときには、友人・知人関係に対しては通常通り、年賀状を出すことが多いようです。

どうしてもお孫さんがお正月を祝う気持ちになれないというときには、喪中はがきを出すことをおすすめします。

主人の弟が亡くなった場合、喪中《もちゅう》はがきは出したほうがいいですか？

ご主人に従われるのが通例です。ご主人が喪中はがきを出す場合は、普段、ご主人と別々に年賀状を出していても、連名にするほうがよいでしょう。

キリスト教信者の父が亡くなりました。喪中《もちゅう》はがきは出さなくてもよいですか？

キリスト教では、死は帰天《きてん》・召天《しょうてん》であり、穢《けが》れとしません。したがって喪中という考え方はないので、出さない方が多いようです。しかし、仏式にならって出す場合もあります。

昨年、主人の父が亡くなり喪中《もちゅう》でしたが、年賀状をいただいてしまいました。返事はどうすればいいですか？

年賀状の返事としても年賀の挨拶は慎《つつし》むべきなので、松《まつ》の内《うち》が過ぎてから、〝寒中《かんちゅう》お見舞《みまい》状《じょう》〟として返事を出すとよいでしょう。

■ 喪中に年賀状をもらった場合の挨拶状文例

一筆申しあげます。

ご丁重なお年始状を頂戴いたしまして、ありがとう存じます。

本来ならば新年のご挨拶を申しあげるべきところ、昨年○月○日に父を亡くし服喪中《ふくも》のため、年始の礼を失礼させていただきました。

お知らせが遅くなりましたことを心底よりおわび申しあげます。

寒さ厳しき折、くれぐれも御身《おんみ》大切にお過ごしください。

お礼かたがた寒中お見舞い申しあげます。

令和○年一月

山田太郎

会社の社長をしています。弟が亡くなったのですが、私は会社からの年賀状を出してもよいですか?

会社には喪中《もちゅう》がありません。弟さまが亡くなられたことで個人的には喪中であっても、会社関係の年賀状は出されてよいでしょう。

昨年末に身内が亡くなり、喪中《もちゅう》はがきを出していないので、今年の年末には出したほうがいいですか?

身内に不幸があれば、通常は喪中はがきを出します。しかし、年末に不幸があって間に合わないときには、松《まつ》の内《うち》が明けてから〝寒中《かんちゅう》お見舞《みま》い〟として欠礼《けつれい》のあいさつをします。

いずれの挨拶状も出していないという場合でも、昨年末のことですでに一周忌《き》を過ぎており、次のお正月は喪中にはなりませんから、喪中はがきは出さなくてもよいでしょう。

年賀状を出した後、主人の母が亡くなってしまった場合、どうすればよいですか？

年賀状は通常十二月半ば頃までに出しますので、その後、お身内などが亡くなってしまうこともあります。亡くなったことをお知らせしたい方へは、年が明け、松の内《まつのうち》（関東は一月七日、関西は一月十五日）が過ぎてから立春《りっしゅん》（二月四日頃）の前日までに、夫婦連名の〝寒中お見舞状〟を出すとよいでしょう。

その中で、「昨年十二月〇日に、母〇〇が他界しました」「すでに年賀状を投函していたため失礼いたしました」「身内にて葬儀も済ませました」などの事柄も伝えるとよいでしょう。

葬儀に参列した方には、年賀欠礼《けつれい》状を出さなくてもよいですか？

葬儀に参列された方には、お香典返しに挨拶状などを添えているので、あえて年賀欠礼状を差しあげる必要はないとする考え方もあります。しかし、年賀欠礼状は死亡通知ではなく、新年のごあいさつを失礼しますというお知らせなので、葬儀に参列されたかどうかに関わらず年賀状のやり取りをしている方へは差しあげるのが丁寧な対応といえるでしょう。

親戚へも同様の理由により、年賀欠礼状を出すほうがよいと考えられます。

家族葬

家族葬をしたいのですが、どんなことに注意すればよいのですか？

家族葬は、故人と家族のお別れの時間を大切にする葬儀のことをいいます。一般の葬儀と、大きく異なるのは参列者についての考え方です。

一般的に家族葬と呼ばれる葬儀の規模は小さく、友人知人には声をかけずに、家族・親族だけで葬儀を行う、または、故人とごく親しかった人だけに来ていただく、といった形式になることがよくあります。規模が小さくなるために、葬儀費用を低く抑えられるメリットもあるようです。葬儀自体の流れについては、基本的に一般的な葬儀と大きく変わりません。たとえば、仏式の場合ですと、お通夜と葬儀（告別式）があり、僧侶の方にお経をあげていただくなど、それぞれを省略することはいたしません。

生前、社会的地位が高かったり、交際範囲が広かった方は、葬儀後に親しかった方々が個々に弔問《ちょうもん》に訪れるなど、のちのちかえって混乱を招くことになりかねません。このような場合は、一般の葬儀を執《と》り行ったほうがよいでしょう。

諸事情でどうしても家族葬にする場合には、参列いただく親族関係も二親等まで、または三親等まで［▼376ページ参照］と決め、ほかのとくに親しくしていた知人などには、式の前に逝去《せいきょ》の知らせとともに、事情により家族葬で行うため参列をご遠慮いただく旨《むね》を誠意を持って伝えることが必要です。急なことで、間に合わなかった場合は、葬儀を終えたらすみやかに、はがきなどで同様の内容をお知らせします。

また、参列できなかった方々に対しては、後日、〝お別れ会〟を開くこともあります。親しい仲間による会費制の〝偲《しの》ぶ会〟を開くことも多いようです。

〝家族葬〟とは、このように近親者や親しい仲間だけで、その方にふさわしい形で行う葬儀といえるでしょう。家族葬は、葬儀や宗教に対する意識の多様化と希薄化、さらに家族葬というネーミングの響きも手伝って、都市部を中心に急速に拡がっています。

■ 家族葬後の挨拶状の文例

謹啓
〇〇の候　皆様におかれましてはますますご清祥のことと
拝察いたします
先般　父　一郎　儀　去る十月十日永眠いたしました
葬儀は故人の遺志によりまして家族葬として執り行わせて
いただきました
早速お知らせ申しあげるべき処でございましたがご報告が
遅くなりましたことを深くお詫び申しあげます
ここに故人に賜りましたご厚情に深謝し謹んで御礼申しあげます
謹白
令和〇年十一月二十三日
山田太郎

家族葬へは行ってもよいものですか？

家族葬とは、もともと身内だけで故人とお別れをしたいという理由から行われる葬儀のことです。したがって、弔問《ちょうもん》は控えたほうがよいわけですが、どうしてもお悔《く》やみの気持ちを表したい場合は、葬儀会場に弔電《ちょうでん》を打つとよいでしょう。

葬儀が終わって少し落ち着いたところで、親しい間柄であれば、弔問に伺《うかが》いたい旨を伝えます。弔問がかなわない場合は、現金を入れた不祝儀袋《ぶしゅうぎぶくろ》と手紙を現金書留にて送るとよいでしょう。

豆知識　変わる散骨《さんこつ》方法

散骨にはさまざまな方法があります。いずれの場合も、手元に遺骨《いこつ》が残るわけではありません。十分に考慮して行いましょう。

海洋葬
外洋まで船で出かけて、散骨する方法です。散骨の後に供養《くよう》の花びらを撒いたりします。

樹木葬《じゅもくそう》
墓地として認められている土地に、遺骨を直接埋め、墓石の代わりに樹木を植えます。

山への散骨
許可されている国内の山岳地や海外の山に散骨します。

宇宙葬
専用のカプセルに入れ、人工衛星用のロケットで打ち上げます。宇宙葬証明書、ビデオがもらえます。

仏壇は買い替えてもよいですか？

仏壇が古くなって傷んできた場合は、仏壇店に修理に出すか、新しく買い替えることになります。仏壇を買い替えること自体は何も問題はありませんが、おおよそ次のような段取りで行います。

①遷座法要《せんざ》
御魂抜《みたまぬ》きの儀式を行った後、古い仏壇からご本尊《ほんぞん》と位牌《いはい》を取り出す。

②お焚《た》き上げ
仏壇店などに古い仏壇のお焚き上げ供養《くよう》を行ってもらう。

③開眼供養《かいげん》
御魂入れの儀式を行った後、新しい仏壇にご本尊と位牌を戻す。

仏壇を購入する時期については、一般的に、身内が亡くなったとき、先祖の年忌《ねんき》法要のとき、お彼岸やお盆の時期が多いようです。

仏壇の向きに決まりはありますか？

仏壇を安置《あんち》する場合の基本的な考え方に〝南面北座《なんめんほくざ》〟というものがあります。仏壇を南に向ければ北側を背にするわけで、日光は直接あたりません。しかも湿気も少なく、仏壇が傷まず長持ちする環境に置くことができます。しかし、現在の住宅事情を考えると、南面北座も難しい場合があります。何よりも、仏壇は毎日礼拝するものなので、お参りのしやすい場所が一番でしょう。

位牌《いはい》はどこに置くのですか？

位牌はご本尊《ほんぞん》よりも下の段に安置します。位牌が複数ある場合は、仏様になられた順に向かって右側から並べていきます。位牌の数が増えてきて、仏壇に入りきらなくなった場合は、複数の位牌札を納めることができる〝繰り出し位牌〟を使います。

大切なペットが亡くなってしまいました。どうすればよいのですか？

家族同然に暮らしてきたペットが亡くなってしまった時のショックは、言葉では言い表せないものがあると思います。飼い主としては、亡骸《なきがら》を自宅の庭に埋めて、いつまでも一緒にいたい気持ちでいらっしゃると思いますが、現実には火葬にして墓地に埋葬することが一般的です。火葬をしてもらうには、大きく分けて自治体の清掃事務所にお願いするか、ペット葬祭業者にお願いするかになります。

まず、自治体《じちたい》ですが、亡骸の処理方法は地域によってさまざまです。独自に動物火葬炉を設置している自治体もあれば、亡骸を収集してその後、動物死体処理業者に引き渡し、火葬、埋葬を行う自治体も多いようです。自治体は動物の焼却ということが主な目的になっており、供養《くよう》まで行うところは少ないようです。いずれにせよ、それぞれの自治体で確認をするとよいでしょう。一方、ペット葬祭業者では細かい点に違いはありますが、火葬業務はおおむね次の三つに分類できます。

合同火葬

亡骸をお迎えに来てもらい、他のペットと一緒に読経《どきょう》、合同供養、合同火葬し、遺骨はすべて合同の墓に埋葬されます。火葬に立ち会うことやお骨を拾うことはできません。

個別一任葬儀

亡骸をお迎えに来てもらい、読経のもと、業者により個別供養、個別火葬します。お骨上げも業者が行い、遺骨は自宅に届けてもらうことができます。葬祭業者より納骨堂やお墓を紹介してもらうこともできます。

立会い葬

亡骸をお迎えに来てもらい、家族同席にて告別式を行います。火葬場に同行し、個別に火葬し、家族の手でお骨拾いをして骨壷に収めることができます。葬祭業者より納骨堂やお墓を紹介してもらうこともできます。

せめて遺骨を手元に置きたいのですが、なにか方法はありますか？

最近は「ペットは家族の一員」ということで、最愛のペットが亡くなったことにより、ペットロス症候群に陥《おちい》ってしまう方もいらっしゃいます。最愛のペットの遺骨や思い出の品を手元に置いて供養する、手元供養という新しい形も増えてきています。

さまざまな種類のメモリアルペンダントやインテリアグッズなどがあり、飼い主にとっては手を合わせて話しかける対象ができて心のよりどころになるようです。

また、ペットの飼い主のなかには、大好きだったペットに心から感謝し、ペットのお墓や、動物の供養をしていただけるお寺さんを探して〝永代《えいたい》供養〟をしてもらい、きちんとけじめをつけるという方もいらっしゃいます。

仲のよかった散歩仲間のわんちゃんが、亡くなってしまったときはどうすればよいですか？

一緒に元気に走り回っていたペットが、急にいなくなってしまうのは大変つらいことです。散歩仲間として、何か供養《くよう》をしてあげたいと思うのは当然の気持ちです。このような場合にはお花などを持参し、お供えしてもらうのもよいでしょう。

無地短冊に「御悔《おくや》み」、「さびし御見舞」として、控えめな色の包装紙でお持ちしましょう。また、ペット葬儀に呼ばれた場合、お香典は必要ないと思われます。

ご返礼の場合も、無地短冊に「御礼」と表書きをして、控えめな色の包装紙でお届けするのがよいでしょう。

開眼《かいげん》供養《くよう》と入魂《にゅうこん》供養（墓石、仏壇）

開眼供養の法要とは何ですか？

お墓は建てただけでは〝単なる石塔《せきとう》〟であり、仏壇は設置しただけでは〝単なる箱〟にしかすぎず、仏様の魂をお迎えし、眼を開く〝開眼供養（入魂供養）〟を僧侶の方にお願いし、初めて仏様の魂が墓石や仏壇に宿り、仏塔や仏壇になります。

この法要にはさまざまな呼び名があり、〝魂入れ〟〝お性根《しょうこん》入《い》れ〟などということもあります。こうした場合には、僧侶の方の読経《どきょう》、焼香のあとに、ささやかな料理でもてなし、引き物を出すようです。

なお、新仏のお墓の開眼供養は納骨法要と一緒に行うことが多いようです。そのほか、細かなことは、事前にお寺などに相談するとよいでしょう。

生きている間に自分の墓を建てたときは、どのようなことをすればよいですか？

生きている間に自分の墓を建てることは、めでたいことであり、お祝いとなります。その場合、墓石に刻んだ戒名《かいみょう》や名前には朱墨を入れ、やがて亡くなって埋葬されたら朱墨を消します。

生前にお墓を建てた方へのお祝いと、それに対するお返しの体裁《ていさい》は、次の通りです。

生前建立《せいぜんこんりゅう》のお祝い

◎紅白もろわな結びの祝儀袋《しゅうぎぶくろ》

表書きの種類

寿塔《じゅとう》御祝
建碑《けんぴ》御祝
寿陵《じゅりょう》御祝

生前建立のお返し

◎紅白もろわな結びののし紙

表書きの種類

寿塔《じゅとう》内祝
建碑《けんぴ》内祝
内祝
寿塔記念《じゅとうきねん》
寿陵記念《じゅりょうきねん》

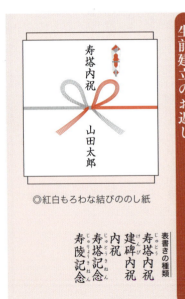

墓石を建て替えたり、お墓を改装したりしたときは、どのようなことをするのですか？

新たな納骨やお骨の移動がない場合には、墓石建立のお祝いとなります。新しいお墓の場合には入魂式（魂入れ）、建て替えの場合には古い墓石の抜魂式《ばっこん》（魂抜き）をしてから、新たに入魂式を行います。

その場合のお祝いの体裁《ていさい》は、次の通りです。

新墓石建立のお祝い

◎紅白もろわな結びの祝儀袋《しゅうぎぶくろ》

表書きの種類
- 建碑《けんぴ》御祝
- 墓石建立御祝

新墓石建立のお返し

◎紅白もろわな結びののし紙

表書きの種類
- 建碑《けんぴ》内祝
- 墓石建立内祝
- 内祝

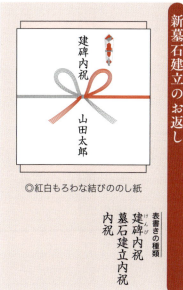

お墓が完成したので開眼供養《かいげんくよう》をしたいのですが、引き物はどうすればよいですか？

納骨やお骨の移動のない場合、新しくお墓が完成した開眼供養（入魂供養）の法要の引き物の体裁《ていさい》は、次の通りです。

開眼供養の引き物に

◎紅白もろわな結びののし紙

表書きの種類

- 開眼供養
- 入魂供養
- 志

お墓の開眼供養《かいげんくよう》、入魂供養のときのお寺などへのお礼はどうすればよいですか？

納骨やお骨の移動のない開眼供養、入魂供養のときのお寺や石屋へのお礼は、次の通りです。

お寺へのお礼

◎白無地袋

表書きの種類
御布施

石屋へのお礼

◎紅白もろわな結びの祝儀袋《しゅうぎぶくろ》

◎白無地袋

表書きの種類
御礼
お礼

新しい仏様のためにお墓を建てたときはどんなことをするのですか？

新しい仏様のためにお墓を建てたときは弔事《ちょうじ》となります。また、誰かの法要のときにお墓を建てた場合も、弔事です。

新仏のための建碑《けんぴ》の贈答、そのお返し、お寺へのお礼、石屋などへのお礼の体裁《ていさい》は、次の通りです。

新仏のための建碑供養《けんぴくよう》に伺うとき

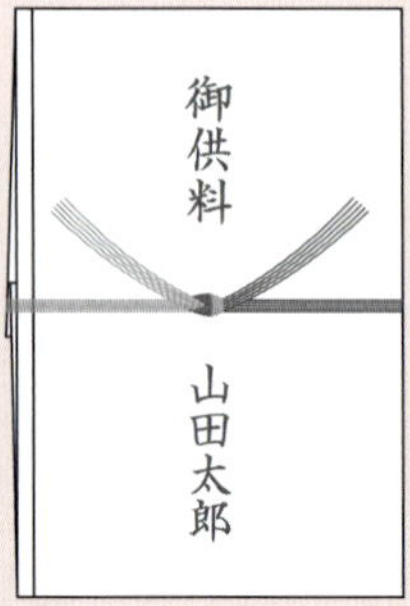

◎黒白、黄白または双銀ま結びかあわび結びの不祝儀袋《ぶしゅうぎぶくろ》

表書きの種類

金子……御供料《おそなえりょう》　御佛前《ごぶつぜん》

品物……御供　御供物

お寺へのお礼

◎白無地袋

表書きの種類

御布施

新仏のための建碑供養の返礼

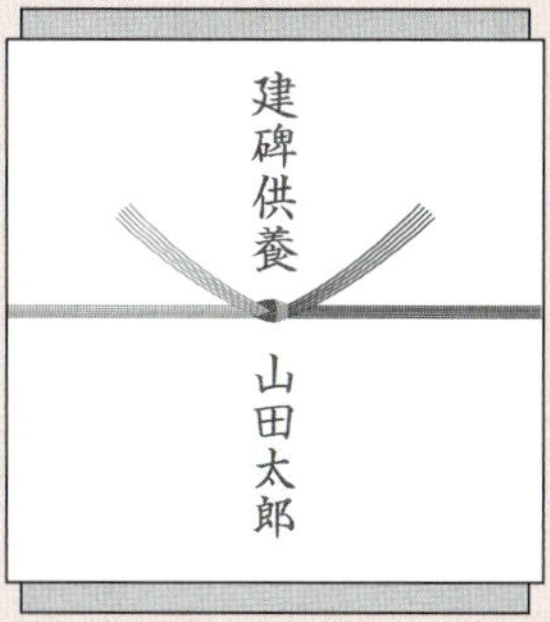

◎黒白、黄白ま結びのかけ紙

表書きの種類
建碑供養
志

石屋へのお礼

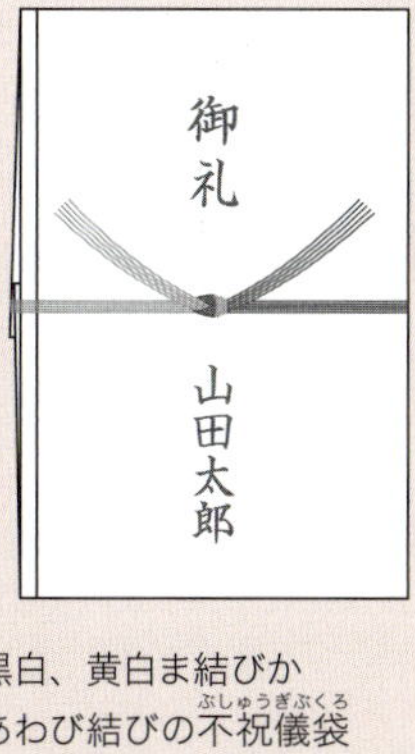

◎黒白、黄白ま結びかあわび結びの不祝儀袋《ぶしゅうぎぶくろ》
◎白無地袋

表書きの種類
御礼
お礼
刻印料
（墓石に名前を彫った場合）

お骨の移動を伴う墓の改装、建て替えをしたときは、どのようなことをするのですか？

墓の改装や建て替えのとき、お骨を移動する場合は、弔事《ちょうじ》となります。贈答の体裁《ていさい》は、新しい仏様のためにお墓を建てた場合と同様です。

納骨《のうこつ》法要とは何ですか？

納骨法要はお墓に遺骨を安置《あんち》する法要です。遺骨は、一般に葬儀後は自宅で安置してから納骨することになります。すでに先祖を祀《まつ》っているお墓に納骨する場合には、最近は四十九日《しじゅうくにち》法要と兼ねて納骨法要も行います。新しくお墓を建てた場合の納骨法要は、開眼《かいげん》法要を兼ねた形で営まれます。

仏壇を新しく購入したときは何をすればよいですか？

仏壇を購入して、ご本尊《ほんぞん》を安置《あんち》し、先祖や亡き人の位牌《いはい》を納めたときは、僧侶の方に読経《どきょう》をしていただくとよいでしょう。開眼《かいげん》のお祝いとお返しは次のようにするとよいでしょう。新仏の場合は白無地袋に「**御供料**《おそなえりょう》」か「**御供物料**《おくもつりょう》」と表書きして持参されるとよいでしょう。

仏壇開眼のお祝い

◎紅白もろわな結びの祝儀袋《しゅうぎぶくろ》

表書きの種類
開眼御祝
開扉《かいひ》御祝
開眼式御祝

新仏のための仏壇開眼に伺うとき

◎白無地袋

表書きの種類
御供料《おそなえりょう》
御佛前《ごぶつぜん》

仏壇開眼のお返し

◎紅白もろわな結びののし袋

表書きの種類
開眼内祝
入魂内祝
入魂式内祝
内祝

新仏のための仏壇開眼供養《くよう》のお返し

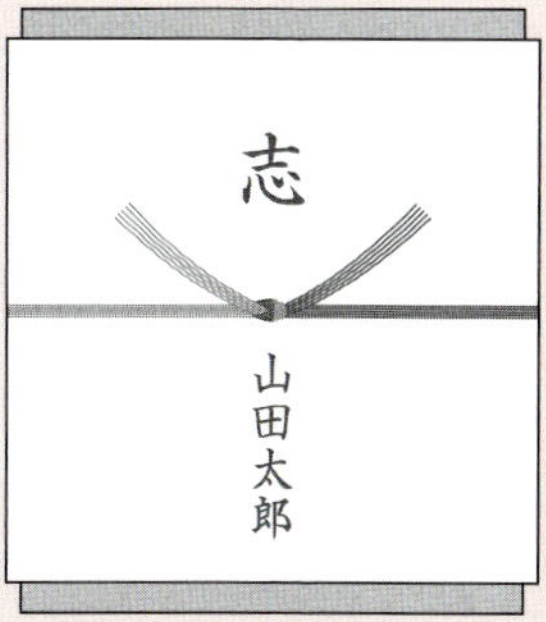

◎黒白、黄白ま結びのかけ紙

表書きの種類
志《こころざし》
御礼

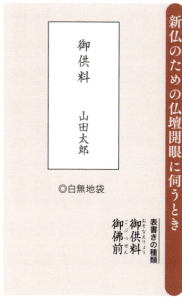

お坊さんに来ていただき仏壇の抜魂供養《ばっこんくよう》をお願いするのですが、袋の体裁《ていさい》はどうすればよいですか？

お礼の袋は、一般には白無地袋で「御布施《おふせ》」とすることが多いようです。

今後引っ越すので仏壇を動かします。何か儀式は必要ですか？

一般には、現在の場所で僧侶の方が抜魂供養《ばっこんくよう》をして、お寺に魂を預かっていただいて、新たに安置《あんち》された場所で入魂供養をしていただきます。宗派やお寺によってしきたりが違う場合もあるので、お寺の僧侶の方と相談するとよいでしょう。

お塔婆《とうば》は、なぜ立てるのですか？お寺へお願いするときにお渡しする金子《きんす》包みの体裁《ていさい》はどうすればよいですか？

お塔婆《とうば》（卒塔婆《そとば》）は、供養《くよう》のためにお墓に立てる板のことです（浄土真宗《じょうどしんしゅう》は除く）。もともと、古代インドの梵語《ぼんご》（サンスクリット語）の〝ストゥーパ（お釈迦《しゃか》様の遺骨を分けて供養した建物のこと）〟の音を取って〝卒塔婆〟または略して〝塔婆〟というようになりました。

お塔婆（卒塔婆）は、ご先祖さまへの供養のこころをあらわすもので、本数は生前の功徳《くどく》の程を象徴するものなどといわれています。

お塔婆には故人の戒名《かいみょう》や依頼人の名前・日付などをお寺の僧侶の方に書いていただくので、年忌《ねんき》法要の際などにお塔婆を立てていただく場合は、事前にお寺への申し込みが必要です。お寺への依頼は施主がまとめて行います。親戚などの施主《せしゅ》以外の方がお塔婆をお願いする場合は、施主に依頼します。

施主からお寺にお渡しする金子《きんす》包みは、黒白ま結びまたは中袋もある白無地袋に、「卒塔婆料」「お塔婆料」として、施主名を入れて用意します。

参列者が施主にお塔婆をお願いして金子をお渡しする場合は、郵便番号枠のない白封筒に入れると丁寧です。

抜魂供養《ばっこんくよう》に呼ばれました。持参する金子《きんす》包みの体裁《ていさい》を教えてください。

お墓や仏壇を移動したり処分する場合、お寺の僧侶の方に〝抜魂供養〟をしていただきます。金子包みの体裁は、黒白、黄白または双銀ま結びやあわび結びの不祝儀袋、または白無地袋に「御佛前《ごぶつぜん》」または「御供料《おそなえりょう》」と書いて持参するとよいでしょう。

抜魂供養《ばっこんくよう》をします。来ていただいた方への引き物の体裁《ていさい》を教えてください。

黒白ま結びのかけ紙に「御礼」、「志《こころざし》」、「抜魂供養」の表書きで用意するとよいでしょう。

最近よく聞く、樹木葬《じゅもくそう》とはどういったものですか？

火葬の後に遺骨を土の中に埋め、墓石の代わりに樹木を植えて弔《とむら》う葬法のことを、一般的に〝樹木葬〟といいます。自然に還《かえ》るという意味では散骨と同じですが、散骨が海や山にお骨を撒くのに対して、樹木葬は霊園として許可された里山や墓地に遺骨を埋葬《まいそう》する葬法です。

埋葬の仕方としては、一人の遺骨に対し一本の樹木を植える場合もあれば、墓標《ぼひょう》となる木を一本植えてその周辺に遺骨を埋める場合もあります。こうした埋葬後の管理を考慮してか、継承者を必要としない永代供養型《えいたいくよう》が多くなっています。

樹木葬は、ここ数年、急激に関心が高まってきており、寺院墓地や民営墓地では樹木葬用の区画を設けるところが増えてきています。一方で、従来のお墓とはまったく発想が異なることから、「お墓参りの感覚がない」「お花やお線香、お供物《そなえもの》を置く場所がない」といった声があるのも実情です。

埋葬後の管理については、あらかじめしっかり確認しておくことが大切でしょう。

一日葬とは、どういうものですか？

一日葬はお通夜《つや》がなく、葬儀（告別式）だけの葬儀です。葬儀に、あまり費用をかけたくないという世の中の風潮もあり、近年、徐々に増えてきています。

〝一日だけの葬儀〟といっても、前日から会場の準備に入るため、経費が一日分に半減されるわけではありませんが、通夜ぶるまいや遠方から来る親戚の宿泊費などを削減できます。また、ご遺族にとっては、葬儀に費やす時間的負担を削減できるところがメリットと考えられています。一方で、通夜に比べて日中は参列しにくい弔問者《ちょうもん》がいることも、頭に入れておく必要があります。

このように身内だけで行う家族葬や、火葬を主体とした直葬《ちょくそう》にも見られるように、葬儀の簡素化が急速に進展しているように思われます。故人《こじん》の遺志や経費を考慮して、簡素な葬儀が選ばれているようですが、葬儀の大きな役割の一つはご遺族の悲嘆《ひたん》に対する取り計《はか》らいの一つとも考えられています。ご遺族は通夜から葬儀（告別式）にかけての読経《どきょう》や焼香を経て、故人の死を受け止めていくことになります。葬儀後のご遺族のお気持ちも考え、葬儀のあり方を検討していくことも大切です。

地方から東京にお墓を移し、檀家《だんか》もやめたい場合、どうすればよいですか？

お墓を、今ある墓地から違う墓地に引っ越しをすることを〝改葬《かいそう》〟といいます。近年は少子化と核家族化の影響で、改葬を希望する方が増えています。その背景には、「実家のお墓が遠くて、お墓参りが大変」「子どもがいないので、この先、お墓を守ることができない」などの理由が考えられています。

一般的な改装の手順は、次の通りです。

①旧墓地の管理者に相談

とくに寺院墓地の場合は、そのお寺の檀家である場合が多いので、これまで長年にわたりお墓の供養《くよう》をしていただいたことへの感謝の気持ちを忘れず、改葬をお願いすることが最も重要です。お寺としても長く付き合ってきた檀家を失うことは大変残念なことです。場合によっては、離檀料《りだんりょう》を請求されることもあります。

②新墓地の取得

新しい墓地を探す場合、改宗の必要はないかといったことにも注意し、新しいお墓を決めます。新しいお墓を取得したら、管理者から〝受入証明書〟を発行してもらいます。

③改葬許可申請書の作成

旧墓地管理者に署名捺印《なついん》をしてもらいます。

④改葬許可証の交付

〝改葬許可申請書〟と〝受入証明書〟を現在埋葬している市区町村役場に提出し、〝改葬許可証〟を交付《こうふ》してもらいます。

⑤墓石の撤去

菩提寺《ぼだいじ》の僧侶の方に閉眼《へいがん》法要を行ってもらい、遺骨を取り出した後、墓石を撤去し、区画は更地にして返還します。

⑥新しいお墓に納骨

〝改葬許可証〟と〝受入証明書〟を提示し、墓石の開眼法要《かいげんほうよう》を行い、納骨法要と納骨を行います。

改葬には、かなりの費用と時間と手間がかかりますが、最も重要なことは〝順番〟を間違えないことです。「新しい墓地は準備できたけれど、古い墓地を離れる話がまだ決着していない」というご相談も、少なくありません。

親からお寺にあるお墓を継いだのですが、これからどのようなお付き合いがあるのでしょうか？

通常、寺院墓地にお墓がある方は、そのお寺の檀家《だんか》ということになります。檀家には、お寺を護持《ごじ》する義務があり、お寺の運営に欠かすことのできない護持会費を納めたり、寺院改修などにあたっては寄付をしたりする必要もあります。

また、法要の際にはお布施《ふせ》を納め、お彼岸やお盆のお墓参りの際には、お寺の僧侶の方へのあいさつも欠かせません。お墓を永年にわたり守っていただくためには、お寺との深いつながりが大切になります。

納骨堂《のうこつどう》とは、どのようなものですか？

従来、納骨堂は、お墓を建てるまでの間、遺骨を一時的に預かってくれる場所という印象が強くありました。しかし最近は、立地や環境にすぐれ、継承者がいなくても永代供養《えいたいくよう》してもらえる新しいお墓の形として、都市部を中心に増えてきました。墓地や墓石の費用はかからないため、通常のお墓に較べて割安でもあります。

収蔵方法も、ロッカー型の簡易なものから、上段に位牌《いはい》を納めて下段には遺骨を納めることができる仏壇型、さらに最新のものでは、ICカードなどで納骨箱が自動的に参拝ブースに搬送されてくるものがあったり、バリエーションが拡がっています。

納骨堂を選ぶポイントは次の通りです。

①宗旨・宗派の制約はあるか。
②無宗教でも入れるか。
③永代供養もしてもらえるか。
④永代供養の場合、代々承継できるか。
⑤遺骨は何名まで引き受けてもらえるか。
⑥参拝ブースの混雑など、お参り方法に問題はないか。

通夜《つや》・葬儀・法要の装い

喪服《もふく》について

喪服に格の違いはありますか？

喪服には、正喪服・準喪服・略喪服があります。それぞれのお立場や状況によって、お選びになるとよいでしょう。

正喪服とは、格式が最も高く正式な装いです。喪主《もしゅ》や親族・近親者などが着用します。準喪服とは、正喪服に準じた装いで、さまざまな場面で着用できる一般的な喪服です。略喪服は、準喪服よりも日常の服装に近くなります。一般的に略喪服として着用する服装はダークスーツですが、あくまで弔事《ちょうじ》ということを心得ていることが大切です。

■ 喪服一覧

モーニングコート
（正喪服）

ブラックフォーマルドレス
（正喪服）

和装
（正喪服）

ダークスーツ
（略喪服）

ブラックスーツ
（準喪服）

和装
（正喪服）

ダークスーツ
（略喪服）

ブラックフォーマルスーツ
（準喪服）

■ 男性編

モーニングコート（正喪服）

ベストは黒で、ベストの白衿《えり》は必ず外します。チーフは基本的には挿しませんが、挿す場合は、黒でＴＶホールドにします。タイタックやカフリンクスは、付けなくてもかまいません。なお付ける場合は、真珠やオニキスなどの黒い石で金属はシルバーです。モーニングコートは昼間の服装ですから、通夜《つや》に着るものではありません。

ダークスーツ（略喪服）

ダークスーツとは、濃紺またはダークグレーなどの黒っぽい地味な無地系のスーツを意味します。ワイシャツは白の無地で、ネクタイは黒無地またはダークグレーの無地などの地味なものを合わせます。七回忌以降の法要の場合は、地味な小紋柄でもよいでしょう。

ブラックスーツ（準喪服）

上着の打ち合わせは、ダブルでもシングルでもかまいません。シングルの場合のベストは、必ず黒です。スラックスの裾口《すそぐち》は、シングルです。チーフやカフリンクスは、基本的には付けなくてよいです。

靴は黒革（カーフ）の紐結び（レースアップ）で、デザインはシンプルなストレートチップ（先端部にラインが1本入っているタイプ）か、プレーントウ（先端部に飾りのないタイプ）が基本です。
ダークスーツ（略喪服）の場合には、多少デザインのある靴を履くこともできますが、光る素材のついたものは避けましょう。

■ 女性編

ブラックフォーマルスーツ（準喪服）

一般的な喪服《もふく》であるワンピース・アンサンブル・スーツなどで、パンツスーツでもかまいません。袖丈《そでたけ》は5分丈から長袖、着丈は膝が隠れるひざ丈からミディ丈（ふくらはぎ丈）のものにします。バッグは黒で、布製や革製などの中型までのサイズでかまいませんが、カジュアルにならないように気を付けます。靴は黒で、シンプルなデザインのパンプスにし、ストッキングは黒がよいでしょう。

ブラックフォーマルドレス（正喪服）

シンプルであらたまったワンピース・ツーピース・アンサンブルなどです。衿元《えりもと》は詰まっていて、袖《そで》は長い袖、着丈は膝が隠れるひざ丈からくるぶし丈のものにします。靴は黒でシンプルなデザインのパンプス、ストッキングも黒を着用します。バッグも黒で、布製のシンプルなデザインを選び、サイズは小型が好ましいです。

ダークスーツ（略喪服）

濃紺・ダークグレーなどのダークカラーのワンピースやツーピース、アンサンブル、パンツスーツなどです。黒い服であれば、トップスとボトムスの単品コーディネートでもかまいません。ただし、大きく開いた衿《えり》ぐりや袖《そで》なし・大胆なスリットなどは、華やかに見えてしまうので気をつけます。基本的には黒やダーク系でまとめるので、白いインナーは着ません。バッグは布製や革製などの中型までのもので、できるだけ金具がないものを。靴は、シンプルな光沢のない黒、ストッキングも黒がよいでしょう。

■ 和装編

和装の正喪服

男性の場合は、慶弔《けいちょう》で区別はなく黒の五つ紋《もんつ》付き羽織袴《はおりはかま》です。羽織紐《ひも》や鼻緒《はなお》なども白が基本ですが、黒を使う場合もあります。女性の場合は、黒無地の染め抜き日向五つ紋付きで、黒喪帯を合わせたものが正喪服です。地域にもよりますが、黒喪服は遺族が着用し、弔問客《ちょうもんきゃく》は着用しないことが多いです。半衿は白ですが、帯･帯揚げ･帯締めなどの小物は黒です。バッグと草履は、布製が正式です。

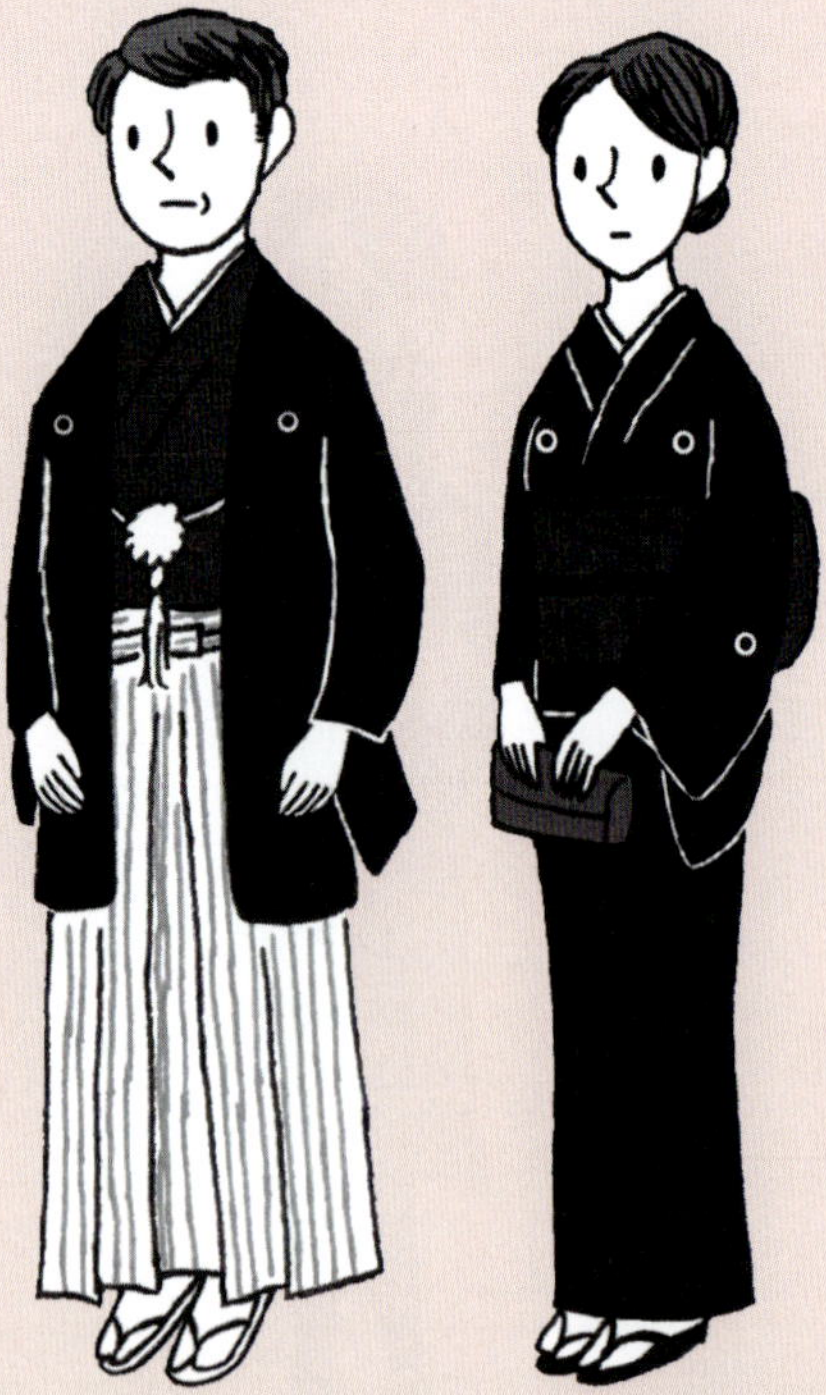

■ 子ども編

子ども

幼稚園児の場合、制服があれば制服でよいものです。ただし、靴と靴下がカジュアルにならないように気を付けます。制服を着用しない場合は、男児は黒または濃紺のスーツ、女児は黒または濃紺のワンピースが望ましいでしょう。学生は制服があれば制服が一番適していますが、靴はスニーカーですとカジュアルになるので革靴にするなどの気遣いが必要です。大学生で制服が無い場合は、濃紺やチャコールグレーなどの地味な服装にします。男子であればスーツ、女子であればスーツやワンピースを選びましょう。どの場合でも、派手にならないように気を付けることが大切です。

通夜《つや》・葬儀の装い　まとめ

喪服《もふく》には、正喪服・準喪服・略喪服があります。それぞれのお立場や状況によって、お選びになるとよいでしょう。【▼イラスト406〜407ページ参照】

参列者

男性：正喪服であるモーニングコートは、社葬などで立場のある方が着用することがありますが、ほとんどの場合、準喪服のブラックスーツでよいでしょう。状況にもよりますが、ブラックスーツを着て行くことが難しい場合には、略喪服であるダークスーツ（白無地のワイシャツに黒ネクタイ着用）で参列することもあります。

女性：ほとんどの場合、準喪服のブラックフォーマルスーツでよいでしょう。状況にもよりますが、ブラックフォーマルスーツを着て行くことが難しい場合には、略喪服であるダークスーツで参列することもあります。

喪主《もしゅ》およびその家族

男性：正喪服であるモーニングコートは、喪主や葬儀委員長などが葬儀（告別式）に着ることが正式といわれています。一般的な葬儀では、準喪服であるブラックスーツを着ることが多いようです。また、喪主でも通夜にはモーニングコートを着用できないため、ブラックスーツを着ます。

女性：正喪服は、洋装ではブラックフォーマルドレス、和装では黒無地の染め抜き日向五つ紋付《もんつ》きに黒喪帯です。最近では、準喪服であるブラックフォーマルスーツを着る方も多くなっています。なお立場上、お化粧やネイルは控えめにしましょう。

※喪主夫婦は、夫が洋装で妻が和装でも問題はありません。大切なのは正喪服、準喪服など、それぞれの格式を合わせることです。

通夜《つや》・葬儀のとき

参列者の場合

会社帰りにお通夜に行きます。喪服《もふく》を着ないと、失礼になりますか？

昔から、通夜は事前に亡くなることを予期していたととらえられないよう、喪服（ブラックスーツ）を着ないことが基本です。しかし最近では亡くなられてからお通夜までの日程に余裕があることが多いため、通夜から喪服を着る場合が多く見られます。

そうは言っても、仕事帰りの通夜の場合、喪服で会社へ出勤するわけにはいきませんので、男性の場合は、白い無地のワイシャツにダークスーツで出勤し、通夜に参列するときには黒のネクタイに替えられるとよいでしょう。女性の場合もダークスーツで出勤され、仕事のときにはアクセサリーなどで弔事《ちょうじ》のイメージにならないようにするとよいでしょう。

冬の通夜《つや》・葬儀は寒いので、黒タイツを履いてもいいですか？ダウンコートは大丈夫ですか？

基本的には、ストッキングが好ましいです。体調の都合などでどうしてもタイツ

ダークスーツ　ダークスーツ

を履く場合は肌が透けるくらいの厚さにし、厚手のタイツはカジュアルに見えるので避けましょう。防寒対策であれば、パンツスーツの着用もひとつの方法です。

コートの基本は、色は黒か濃紺で、着丈は膝が隠れる丈になります。光沢のあるものや、殺生《せっしょう》をイメージするファー付は避けます。

また、カジュアルなダウンコートなども避けます。どうしてもほかに望ましいものがない場合には、会場の外でコートを脱ぎ、袋などに入れて目立たないようにしてから会場に入るとよいでしょう。ただし、出棺でお見送りをする際は、コートを着用する場合があるので注意しましょう。

喪服《もふく》に合わせるアクセサリーは、パールでないといけませんか？

ネックレスやイヤリングを付ける場合は、白のパールが基本です。パール以外では、ジェット・黒のオニキス・黒曜石《こくようせき》も使えますが、すべて黒で統一します。

ネックレスの場合、パールの粒は大きくなりすぎず8㎜くらいまでを目安として、一連の首に添うものにします。長いものは派手に見え、二連三連は不幸が重なるという意味にもつながるため避けましょう。

イヤリングは、揺れるタイプではなく一粒のシンプルなものを選び、指輪もダイヤなどがまったく用いられていないシンプルなデザインで、リングの部分はゴールドは避けます。

ネックレス・イヤリング・指輪をすべて付ける必要はありません。自分の装いを引き立たせるような効果にならないことが大切です。

葬儀のときに帽子をかぶる予定です。気を付けることはありますか？

宗教によってルールが違いますので、帽子やベールの着用には注意が必要です。帽子を着用の場合は手袋も必要です。参列時は帽子を着用のままでかまいませんが靴を履いていることが原則です。式場がお寺などで畳の部屋で靴を脱ぐような場合は、帽子はかぶれません。

手袋は、キリスト教や無宗教の献花のときは、はめたままでかまいませんが、神式儀式の玉串奉奠《たまぐしほうてん》のときは外したほうがよいですが、状況によって変わることもあります。また、食事のときは、宗教に関係なく外します。

ネイルに凝っています。お通夜《つや》はちょっとの時間だけなので、ネイルをそのままで行っても失礼になりませんか？

ご遺族のお気持ちを考えると、華やかなネイルはおすすめしません。どうしてもネイルを落とせない場合には、黒の手袋でカモフラージュをする方もいらっしゃいますが、仏式の焼香や食事のときは手袋を外すのでネイルが人の目に触れることになります。普段からネイルを落とすためのリムーバーを常備し、できる限りネイルは落とすようにしましょう。

喪主《もしゅ》およびその家族の場合

父を亡くしました。長男である私が喪主をするのですが、ブラックスーツしか持っていません。喪主の場合は、モーニングコートを着るものですか？

喪主は、正喪服であるモーニングコートを着ると、最も格式の高い装いになります。しかし、最近の葬儀では、喪主でもモーニングコートを着用せず、参列者と同様にブラックスーツを着ることが多く見受けられます。ただし、葬儀の規模によっては、モーニングコートを着たほうがよい場合もあります。

なお、モーニングコートは昼の正喪服ですから、通夜《つや》には着ることができません。通夜は、ブラックスーツです。

主人が喪主《もしゅ》をします。妻である私は何を着たらいいですか？着物を着なくてはいけませんか？

喪主であるご主人とのバランスがとれていれば、着物でも洋服でも問題はありません。

父が亡くなり、兄が喪主《もしゅ》をします。嫁《とつ》いでいる私は、黒喪服の着物を着てもいいですか？

故人《こじん》との続き柄からいえば、着物を着てもよい立場になります。ただし、喪主をされるお兄さまの奥さま（兄嫁）のお召し物を確認されると安心です。兄嫁さまが着物を着るのであれば問題ないからです。兄嫁さまが洋服の場合は、お兄さま夫婦とご相談をされるとよいでしょう。

喪主《もしゅ》の妻です。バッグやハンカチはどうしたらいいですか？

喪主側であれば、バッグは布製でシンプルな小型のものがよいでしょう。靴は布製や表革・カーフなどのシンプルな黒のパンプス、ハンカチは白無地か黒無地です。

主人の母が亡くなり、義父が喪主《もしゅ》をします。嫁である私は、パールのネックレスをしなくてはいけませんか？

パールのネックレスは、必ず着けなくてはいけないものではありません。喪主側の立場で最も大切なことは、華やかにならないということです。アクセサリーだけでなく、お化粧やネイルも控えめにしましょう。

お別れ会・偲《しの》ぶ会のとき

ホテルで〝偲《しの》ぶ会〟があり、案内に〝平服《へいふく》〟と書いてありました。何を着たらいいですか？

〝平服〟とは、略喪服であるダークスーツのことです。先方からの指定があった場合は、喪服を着ないこころ遣いが必要です。

亡夫《ぼうふ》のお別れ会を亡夫の友人たちが開いてくれることになりました。私は何を着たらいいですか？

この場合、ブラックフォーマルスーツを着るケースが多く見られます。会のイメージによっては平服（ダークスーツ）を着る場合もありますから、主催者に確認

ダークスーツ

ダークスーツ

ブラックフォーマルスーツ

をされておくと安心でしょう。なお、妻を亡くした夫の場合であれば、ブラックスーツが基本ですが、会によっては平服《へいふく》（ダークスーツ）を着る場合もあります。

お別れ会・偲《しの》ぶ会の装い　まとめ

喪服《もふく》には、正喪服・準喪服・略喪服があります。それぞれのお立場や状況によって、お選びになるとよいでしょう。［▼イラスト406〜407ページ参照］

喪主《もしゅ》およびその家族

男性：あらたまったお別れ会（偲ぶ会）の場合は、正喪服であるモーニングコートを着ることもありますが、準喪服であるブラックスーツを着ることが多く見られます。会のイメージによっては平服（ダークスーツ）を着る場合もあるので、主催者に確認をされておくと安心でしょう。

女性：ブラックフォーマルスーツを着るケースが多く見られます。会のイメージによっては平服（ダークスーツ）を着る場合もあるので、主催者に確認をされておくと安心でしょう。

参列者

男性：準喪服のブラックスーツが多く見られます。ただし、主催者側から〝平服指定〟があった場合は、略喪服であるダークスーツに白無地のワイシャツに地味なネクタイをしめて参列します。

女性：準喪服のブラックフォーマルスーツが多く見られます。ただし、主催者側から平服指定があった場合は、略喪服であるダークスーツで参列します。インナーを着る場合は、白いインナーは避けます。

ダークスーツ　ブラックスーツ　ダークスーツ

三回忌《き》法要に夫婦で出席します。それぞれ何を着て行ったらいいですか？

三回忌は、亡くなってから二年目とまだ日が浅い法要です。男性は準喪服のブラックスーツ、女性も準喪服のブラックフォーマルスーツがよいでしょう。

七回忌《き》法要に出席します。法要後に用事があるので、喪《も》服《ふく》を着なくても大丈夫ですか？

参列者であれば、男女とも略喪服のダークスーツでよいでしょう。男性のネクタイは黒やダークグレーにします。

もし、男性がブラックスーツ・女性がブラックフォーマルスーツを着たい場合には、施主の服装を確認すると安心です。施主が男性であればブラックスーツ、女性であればブラックフォーマルスーツを着るのであれば問題ありませんが、男女とも略喪服のダークスーツを着るのであれば、参列者もダークスーツで合わせることが大切です。施主と参列者側との服装バランスを考えましょう。

三十三回忌《き》法要があります。施主から平服《へいふく》と言われましたが、用意が難しいので、黒の喪服を着て行ってもいいですか？

平服とは、男女とも略喪服のダークスーツのことです。一般的に黒の喪服は、準喪服以上を指します。施主が平服の場合、参列者側が喪服を着ると施主との服装のバランスが悪くなってしまいます。施主が平服の場合には、参列者は黒の喪服は着ない気遣いが必要です。

ダークスーツ

ダークスーツ

ブラックフォーマルスーツ

法要の装い　まとめ

喪服《もふく》には、正喪服・準喪服・略喪服があります。それぞれのお立場や状況によって、お選びになるとよいでしょう。[▼イラスト406〜407ページ参照]

参列者

三回忌《き》（亡くなってから二年後）法要までは、準喪服で男性はブラックスーツ・女性は準喪服のブラックフォーマルスーツが好ましいです。

地域性やそれぞれの家の考えで、法要の時は喪服を着ると決めている場合もありますが、七回忌以降は、男女とも略喪服のダークスーツが一般的です。男性はブラックスーツ、女性はブラックフォーマルスーツを着たい場合には、施主の服装を確認すると安心でしょう。施主が準喪服であるブラックスーツ（男性）・ブラックフォーマルスーツ（女性）を着るのであれば問題ありませんが、男女とも略喪服のダークスーツを着るのであれば、参列者もダークスーツで合わせることが大切です。施主と参列者側との服装バランスを考えることが肝心です。

施主《せしゅ》およびその家族

立場上、主催者側なので、準喪服であるブラックスーツ（男性）・ブラックフォーマルスーツ（女性）が好ましいです。年忌《ねんき》法要が進み、七回忌以降であれば男女とも略喪服であるダークスーツにすることもあります。

ただし、ダークスーツ（平服《へいふく》）にする場合は、参列していただく方々にお知らせをする必要があります。お知らせをしないと、参列者が男性ならブラックスーツ、女性ならブラックフォーマルスーツを着用される場合も考えられます。その場合、施主が略喪服で参列者が準喪服となるので服装のバランスが悪くなり、参列者の方のおこころを煩《わずら》わせてしまう原因になりかねません。

第五章

季節の主なご挨拶

お歳暮《せいぼ》に食べものが多いのはなぜですか?

他家に嫁いだ娘が正月の歳神様《としがみさま》に供える祝《いわ》い肴《ざかな》(新巻鮭《あらまきざけ》、ブリなど)を実家へ贈った習《なら》わしが残り、暮れの贈答品として新巻鮭などがよく用いられたようです。

また、戦前は米、野菜、魚、鏡餅、酒などの神棚にお供えするものをお歳暮としていたことが、現在の食料品中心のお歳暮につながっているともいわれています。

お歳暮《せいぼ》を贈る正しい時期はいつですか?

お歳暮の〝歳暮〟とは、文字通り年の暮れであり、年末を表します。それに〝お〟がついて、年末の贈りものを意味するようになりました。

お歳暮を贈る時期は、本来は〝事始めの日(正月を祝う準備を始める日)〟の十二月十三日から二十日までの間でした。

現在では、十二月初旬から十二月二十五日頃までに贈るのが一般的です。最今の傾向では、十一月下旬から贈り始める方も増えてきましたが、本来の意味を考えると十二月に入ってから先さまへ届くようにしたいものです。また百貨店でもインターネットによるお歳暮の受注が増え、自宅にいながら、都合のよいときに簡単に申し込みができるようになりました。

ゆっくりと品選びをして、余裕をもって贈られることをおすすめします。

お歳暮の贈りもの

表書きの種類

御歳暮
お歳暮

◎紅白もろわな結びののし紙
◎のし付き短冊

お歳暮《せいぼ》に添えるお手紙はどのように書けばいいですか？

本来は、お歳暮を百貨店などから直接配送するときは品物が届く数日前に、日頃お世話になっていることへの感謝する気持ちを込めた手紙を送ることが好ましいです。それが難しい場合は、せめてカードだけでも品物に添えましょう。

■ お歳暮の送り状の文例

拝啓　初冬の候　○○様におかれましては、ますますご清祥《せいしょう》のことと
お慶び申しあげます。
平素はひとかたならぬご厚情《こうじょう》を賜り、心より感謝いたします。
おかげさまで私ども家族も、元気に過ごしております。
本日、こころばかりではございますが、ご挨拶の品を○○より
お送りいたしましたので、ご笑納《しょうのう》いただければ幸甚《こうじん》に存じます。
末筆《まっぴつ》ながら、ご家族の皆様が良き新年を迎えられますよう、
お祈り申しあげます。
略儀ながら書中にてご挨拶申しあげます。

敬具

令和○年　十二月

年末に娘の嫁《とつ》ぎ先からブリ一尾《いちび》が届きました。どのような意味があるのですか？

年末には地方ごとにさまざまな贈りものの習慣があります。成長に伴《ともな》って呼び名が変わるブリは出世魚《しゅっせうお》であり、縁起がよく、めでたい魚。さらには嫁の実家にブリ一尾を贈るのは、一般に「お宅の娘さんは、嫁ごぶりが大変によい」というメッセージが込められているとも考えられています。

各地方の贈りものをみると、北海道や東北などでは、正月の食用として鮭《さけ》が多く使われ、北陸や九州などではブリが使われるようです。

先さまが喪中《もちゅう》ですが、お歳暮《せいぼ》はどうしたらよいですか？

喪中は通常一年間ですが、現代においてはその期間であっても忌明《きあ》け（四十九日）を過ぎていれば、お歳暮を差しあげてもかまいません。

お歳暮《せいぼ》を年内に届けられないときは、どうしたらよいですか？

どうしてもお歳暮が届けられないときは、松《まつ》の内《うち》が過ぎてから、「寒中御伺《かんちゅうおうかがい》」として贈りましょう。

会社の部下からお歳暮《せいぼ》が届きましたが、お返しはどうしたらよいですか？

日頃、お世話になったことへのお礼であるお歳暮は、基本的にはお返しは不要といわれますが、お礼状は出すことが礼儀です。

寒中御伺《かんちゅうおうかがい》を贈る時期はいつですか？

立春《りっしゅん》前の約三十日間を〝寒《かん》〟と呼びます。新年の一月五日頃〝小寒《しょうかん》〟となり、このときから寒に入ります。一月二十日頃に〝大寒《だいかん》〟となって、本格的な寒さが続きます。さらに、二月四日頃に立春を迎えます。

寒の間の時期（寒中《かんちゅう》）には、「寒中ですが、いかがお過ごしですか」というお伺《うかが》いの贈りものとし、表書きを「寒中御伺」とします。したがって、「寒中御伺」は松《まつ》の内《うち》（関東は一月七日、関西は一月十五日）が過ぎてから、二月四日頃の立春の前日までに贈ります。

なお、立春を過ぎても寒さが残るときの贈りものは、「余寒《よかん》御伺」として二月末頃までに贈りましょう。〃余寒〃とは立春後の寒気のことで、「寒さが続きますね。いかがお過ごしですか」という意味です。

冬の贈りもの

◎紅白もろわな結びののし紙
◎のし付き短冊

表書きの種類

十二月初旬～下旬……
御歳暮
お歳暮

元日～一月七日（関西十五日）……
御年賀
お年賀

一月八日（関西十六日）～
立春前日（二月三日頃）……
寒中御伺

立春（二月四日頃）～
二月末日……
余寒御伺

寒中御伺《かんちゅうおうかがい》のお礼状の文例

拝啓　大寒《だいかん》の候《こう》　皆様お変わりなく健やかにお過ごしのことと
お喜び申しあげます。
この度は、おこころ遣《づか》いをいただきましてありがとう
存じます。早速、家族とともにおいしく頂戴《ちょうだい》しております。
寒さ厳しき折、くれぐれもお風邪など召されませぬよう
ご自愛ください。
まずは略儀ながら書中にて御礼申しあげます。
敬具

令和〇年　一月

お正月とお年賀

お正月の準備はどのようにしたらよいですか？

お正月に歳神様《としがみさま》（その年の福徳を司《つかさど》る神様で、この神様がいる方向を恵方《えほう》という）を迎えるために、年末にはさまざまな準備をします。

十二月十三日

元来、旧暦《きゅうれき》の十二月十三日は冬の土用にあたり、旧年を去らせ、新年を迎えるお清《きよ》めのために掃除をしました。これが旧暦の〝煤《すす》取り節供〟と呼ばれ、神社仏閣でも煤払いの行事を行います。歳神様を迎える大切な準備です。

十二月二十八日

歳神様を迎えるために、この日までに門松、しめ縄、鏡餅《かがみもち》などの正月飾りをします。

十二月三十一日

大晦日《おおみそか》は一年最後の日です。〝大つごもり〟ともいい、さまざまな行事が行われます。とくに大晦日の夜は〝除夜《じょや》〟といわれ、歳神様を迎えるために一晩中起きていて、除夜の鐘を聞きながら、年越しそばを食べる風習があります。これには、細く、長く、長寿を願うという意味が込められています。

なお、除夜の鐘は百八回撞《つ》きますが、これには諸説あります。なかでもよく言われるのは、人間が過去、現在、未来にわたって持つ百八つの煩悩《ぼんのう》を打ち破り、罪業《ざいごう》の消滅《しょうめつ》を願うという説です。

正月飾りはいつから飾るのですか？

正月飾りは十二月十三日から二十八日頃までに飾ります。二十九日に立てるのは〝苦《く》立て〟〝二重苦〟などといって嫌われます。また、三十一日に立てるのも〝一夜《いちや》飾り〟といって、縁起が悪いとされます。

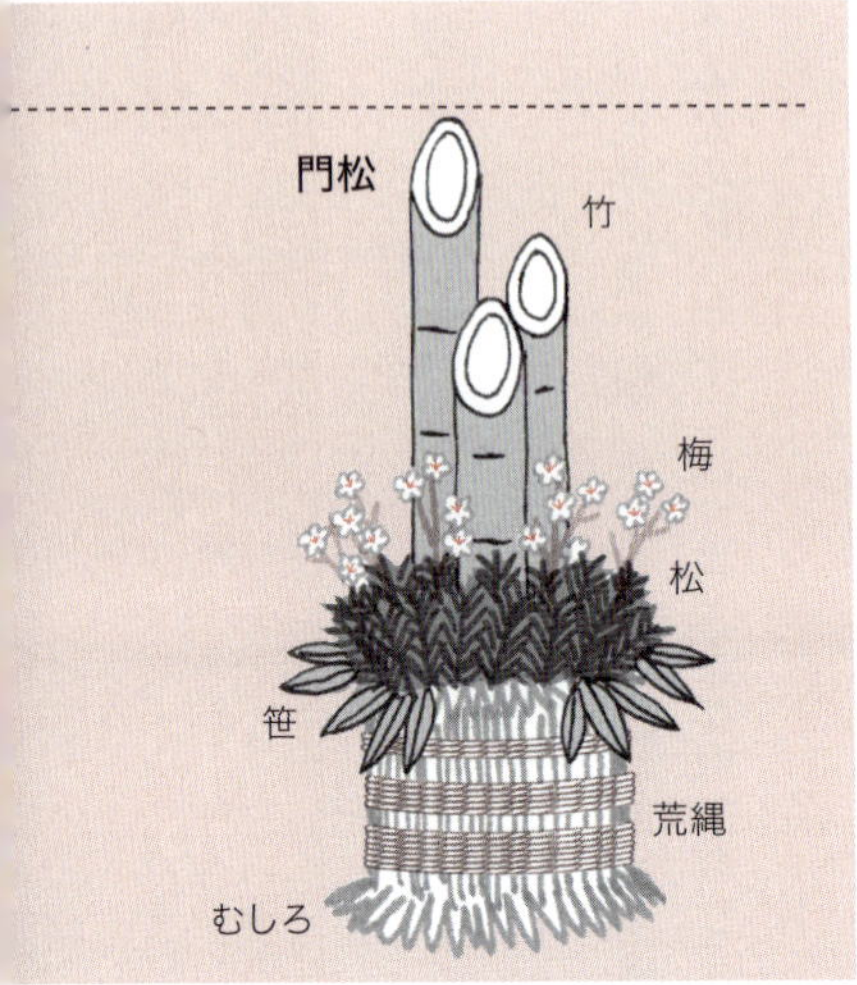

豆知識　正月飾り

門松《かどまつ》…家の門や玄関に立てる飾りの松のことで、歳神様《としがみさま》を最初に迎え入れるための依代《よりしろ》（神が宿るもの）の意味合いがあります。飾り方などは各地方により異なりますが、長さが異なる三本の竹を中心にして、松、笹、梅などをあしらい荒縄で束ねたものです。

しめ飾り…しめ縄で作ったお飾りのことで、〝玉飾《たまかざ》り〟や〝輪飾《わかざ》り〟などがあります。玉飾りは、しめ縄に裏白《うらじろ》（裏が白い葉）や橙《だいだい》（ミカン科の果実の一種）などの縁起物、四手《しで》（細長い紙の垂れ）、水引《みずひき》などをあしらったもので、悪気が家の中に入らないようにという意味から、玄関の軒下《のきした》に飾ります。また、台所や水道の蛇

正月飾り

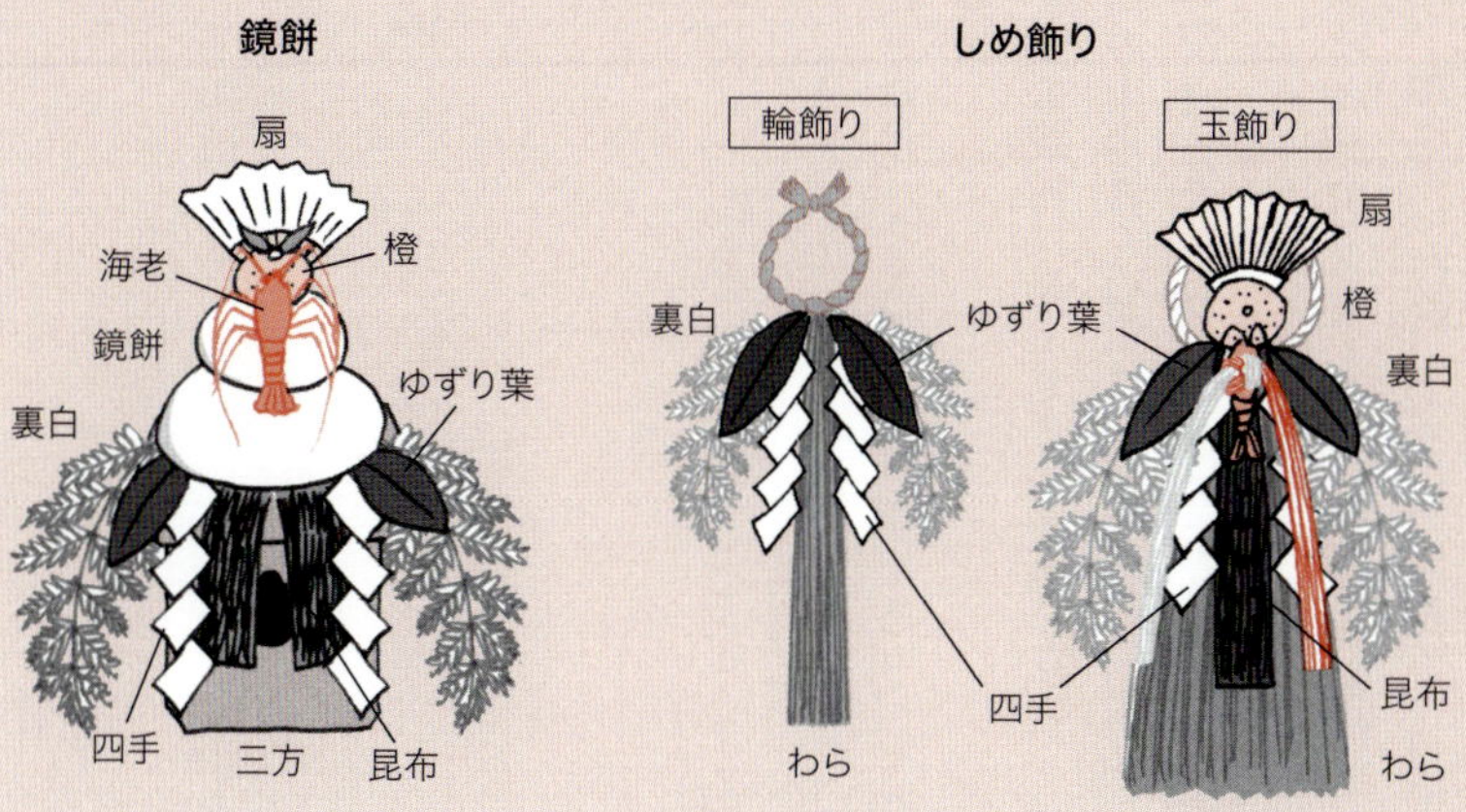

口、車などの大切な場所や道具に飾るものは、一般的に輪飾りと呼ばれます。

鏡餅《かがみもち》…円形に作った餅を大小二個ひと重ねにしたもので、歳神様のお供物です。丸い餅は、魂をかたどったものとも考えられ、神様にお供えした鏡餅を食べると、新たな生命力が授かるといわれています。また、二つの大小の餅は陰《いん》（月）と陽《よう》（太陽）をあらわしており、この二つを重ねることには、福徳《ふくとく》が重なる意味も込められています。

各地方により鏡餅の飾り方に違いはありますが、奉書紙《ほうしょがみ》または半紙を三方に敷いて、裏白、ゆずり葉、四手、昆布などを左右対称に見えるように飾り、その上に鏡餅、一番上に橙を重ねたものが一般的です。

現在、家庭で飾る場合は一般的に、三方《さんぼう》もしくは四角い塗り盆に半紙や和紙を敷いて、その上に餅、一番上に橙もしくは葉つきのみかんを飾るという略式化されたものが多いようです。

■ 正月飾り

門松 - 寸胴《ずんどう》

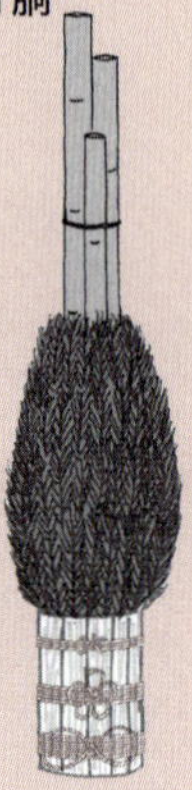

豆知識 三越の門松

門松の竹には、斜《ななめ》に切り落とした〝そぎ〟のほかに、先端を真横に切った〝寸胴《ずんどう》〟があります。もともと武家社会では、この寸胴が使われていましたが、徳川家康が三方《みかた》ケ原の戦い（一五七二年）に敗れたあと、敵将の武田信玄《しんげん》に「次は倒すぞ」との念を込め、そぎを始めたという俗説があります。現在ではあまり見かけなくなりましたが、日本橋三越本店と銀座三越では、この寸胴の門松が飾られています。

お正月にはどんなことをするのですか？

お正月には、さまざまな行事があり、それぞれに深い意味があります。

初日《はつひ》の出《で》

その年の最初に昇ってくる太陽を拝み、幸運を祈ります。なお、〝ご来光《らいこう》〟というのは、高い山の山頂近くの雲に映った自分の影が、光の輪を背にした仏像のように見えたことから、仏の〝ご来迎《らいごう》〟との語呂合わせで〝ご来光〟と呼ばれるようになったといわれます。

初詣《はつもうで》

本来は家長《かちょう》が、まずは氏神様《うじがみさま》に、次にその年の〝恵方《えほう》〟にあたる社寺にお参りします。お守り、護摩札《ごまふだ》、破魔矢《はまや》などを求めて、自宅の神棚などに祀《まつ》ります。現在は恵方に限らず、近所の社寺や有名な社寺にお参りするのが一般的です。

若水《わかみず》

元日の早朝に井戸から最初に汲む水を〝若水〟といいます。昔から歳神様《としがみさま》に供えたり、雑煮《ぞうに》を作るのに使います。この水を飲めば、一年の邪気《じゃき》を払うと信じられています。

お屠蘇《とそ》

お屠蘇は「邪気を払い、不老長寿《ふろうちょうじゅ》を得る」と信じられ、中国から平安時代に伝わりました。宮中の元日の儀式として取り入れられ、やがて庶民の間にも広がったといわれます。

お屠蘇は屠蘇散《とそさん》（数種の薬草を調合したもの）を日本酒に浸して作ります。アルコールが苦手な方やお子さんには、日本酒の代わりにみりんで作るとよいでしょう。

元日に家族一同が揃い、家長のお酌《しゃく》で若い人から先に杯を回して飲みます。若い人が先に飲む理由は、若者の活気にあやかるためといわれています。あるいは家長から飲む場合もあり、地域によってさまざまです。

三つ重ねの盃《さかずき》の場合、上から順番に一杯ずつ計三杯飲みます。

おせち料理

本来は、季節の変わり目の節供《せっく》に、歳神様に備えるための料理でしたが、現在は正月三が日に食べるようになりました。家族やお客さまの繁栄を願うために食べるものです。また、歳神様がいらっしゃる間は煮炊きは控えるという考えや、いつも忙しい主婦が正月三が日くらいは炊事をしないで過ごすためという考えもあります。

柳箸《やなぎばし》

新年のおせち料理をいただく祝い箸です。両側の先端が細く丸くなっていて、食事に使用する反対側は歳神様がお使いになるとも考えられています。

雑煮《ぞうに》

もともとは、歳神様にお供えした餅に、さまざまな具を入れて煮たもので、地域または家庭によって特色があります。古くは、儀礼的酒宴などで最初に出され、食べて胃を安定させたともいわれています。

お年玉

もともとは歳神様から新年に授《さず》かる〝魂〟を意味し、供えた餅を下げて年少者に分け与えたのが始まりといわれます。

書初《かきぞ》め

正月二日に筆をとり、一年の抱負や目標を書きます。もともとは、恵方に向かって、めでたい言葉や詩歌を書いたのが始まりといわれます。

初夢《はつゆめ》

正月一日または二日の夜に見る夢です。縁起がいいのは「一富士二鷹三茄子《いちふじにたかさんなすび》」といわれますが、一に富士山、二に愛鷹山《あしたかやま》、三に初茄子と、当時天下を取った徳川家康にあやかりたいという庶民の願いから、駿河《するが》で高いものを並べたともいわれています。

七草《ななくさ》かゆ

一月七日に、春の七草を粥に入れて食べます。新芽の活力をもらうとともに、正月のご馳走で疲れた胃腸をいたわり、野菜不足を補う目的もあります。

春の七草とは、せり・なずな・ごぎょう・はこべら・ほとけのざ・すずな（かぶ）・すずしろ（大根）のことです。

鏡開き

一月十一日に鏡餅を下げて鏡開きをします。武家では〝切る〟という言葉を避けていたことに由来して、包丁を使わずに手や木槌《きづち》などで割って開き（切るを忌《い》んで、開くと表現）、雑煮やお汁粉にして食べます。もともとは、主従や家族の親密を図る行事だったようです。

どんど焼き

どんど祭り、左義長《さぎちょう》ともいわれ、小《こ》正月（一月十五日）の前後に、正月飾りなどを神社や寺院の境内などで焼く儀式です。焼くときの煙にのって、歳神様が天上にお帰りになるともいわれます。

■ 参拝の作法

手水《ちょうず》の作法

神社の鳥居をくぐり、手水舎《ちょうずしゃ》（てみずしゃとも呼ぶ）で身を清めてから参拝します。

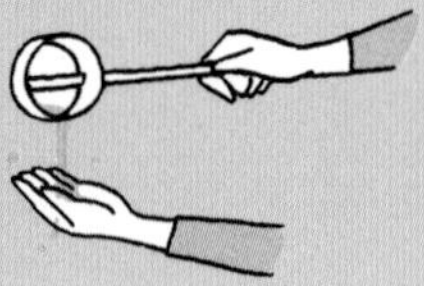

①柄杓《ひしゃく》を右手で取り、左手をすすぐ。

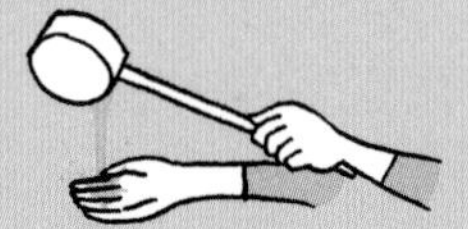

②柄杓を左手に持ち換え、右手をすすぐ。

③柄杓を右手に持ち換え、左手のひらに水を注ぎ、その水で口をすすぐ。その際、柄杓に口をつけないように注意する。

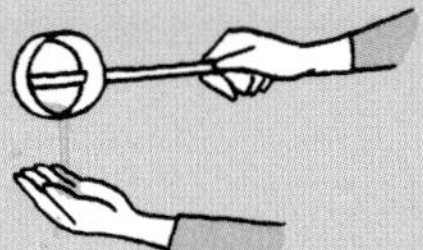

④最後に、もう一度左手をすすぐ。

拝礼の作法

神前《しんぜん》では、姿勢を正してから、二拝二拍手一拝《にはいにはくしゅいっぱい》の作法でお参りします。

①二回、深く前傾する。できる限り深いお辞儀をこころがける。

②二拝した後、胸の前で両手を合わせ肩幅くらいに両手を開き、二回手を打つ。

③二拍手のあと、両手を揃えて、祈りを込める。

④最後にもう一回、こころを込めてお辞儀をする。

参考：神社本庁ホームページ

お正月のお飾りはいつ片付けたらいいですか？

門松を取り外すのは〝松納め〟ともいい、正月行事が一段落する小正月《こ》（一月十五日）、一月六日の夕方、七草（一月七日に七草粥《ななくさがゆ》を食べてから）、また十日まで飾って、十一日に片付け、〝どんど焼き〟にもって行くところもあります。早いところでは、仕事始めの一月四日（勤勉な伊達藩の〝仙台の四日門松〟は有名）というように地域の風習によることが多いです。

関東では一月六日の夜、または七日の明るいうちに片付け、どんど焼きを行っている神社や寺院の境内で燃やしていただきます。

近くで、どんど焼きなどの行事がないところでは、丁寧に新聞紙や包装紙などで小さく包み、地域のごみ処理の方法にしたがって、始末されるとよいでしょう。

年始の挨拶回りにはどんな品物を持参するのがいいですか？

昔の年始回りは扇子《せんす》、はがきなどの品物を持って、日頃お世話になっている家を一軒一軒回り、あいさつをしたようです。訪問時期は元日は避け、二日以降で松の内《まつのうち》に済ませていました。

現在では、昔ほど年始の挨拶回りは行われなくなっていますが、それでもお世話になった方やご近所へ回られる方は多くいらっしゃいます。とくに企業においては、お得意先や取引先などを中心に、年始回りは重要な行事として定着しています。三が日を過ぎて一月四日（仕事始めの日）から十五日ごろまでに行われるようですが、基本は松の内（七日まで）の間です。

豆知識　年始回りの始まり

昔の農民の間では、元日に他家を訪問するのは両隣と本家ぐらいでした。現在のように、年賀が習慣として定着したのは江戸時代からです。元日に天皇へ貢物《みつぎもの》をする習慣が、庶民の生活に取り入れられました。

年始のごあいさつ

◎紅白もろわな結びののし紙
◎のし付短冊

表書きの種類
御年賀
賀正
迎春

年始のご挨拶回りに適したギフト

○会社としての得意先への挨拶回り
タオル　手ぬぐい　文房具　日本茶　紅茶　コーヒー　菓子折り

○個人同士の挨拶回り
タオル　手ぬぐい　干支《えと》の置物　菓子折り

喪中《もちゅう》の過ごし方

父が今年五月に亡くなりましたが、来年のお正月はどのように過ごしたらよいですか？

身内が亡くなった年の次のお正月は、あまりにぎやかに過ごさないほうがよいでしょう。こうした場合は、門松やしめ飾りなどの家の外の正月飾りは控えます。また、以前は家の中の正月用のお飾りや正月料理は、用意しないことが一般的でした。しかし、最近は家族だけであれば、年に一度のお正月なので、おせち料理などを召しあがる方もいらっしゃいます。

お年玉を渡すときは、白いポチ袋に「おこづかい」として渡すとよいでしょう。

喪中《もちゅう》の期間中は、初詣《はつもうで》に行ってはいけないと聞きましたが、本当ですか？

毎年、神社でお札《ふだ》をいただいているなど、毎年していることができないとご心配の場合は、忌明《きあ》け後であれば神社へ行かれてもよいでしょう。ただし、気になられるのでしたら、三が日もしくは松の内が過ぎてからのお参りをおすすめします。

また、神棚のしめ縄の交換などは、神式の場合、五十日祭までは神棚封じをしているためできませんが、忌明け後であれば例年通り交換してかまいません。

お中元《ちゅうげん》

なぜお中元《ちゅうげん》に物を贈るのですか？お中元の意味を教えてください。

古代中国では、道教《どうきょう》の三官信仰《さんかんしんこう》というものがあり、天神を〝三元《さんげん》〟の日に祀《まつ》りました。三元とは、上元《じょうげん》、中元《ちゅうげん》、下元《かげん》で、それぞれ陰暦《いんれき》の一月、七月、十月の十五日でした。さらに、上元の日には天神様を、中元の日には慈悲神様《じひがみさま》を、下元の日には水官（水と火を防ぐ神様）を祀ったといわれています。

このうち中元の慈悲神様が、仏教の盂蘭盆会《うらぼんえ》（お盆）の行事と結びついて日本に伝わり、七月十五日に仏様に供える供物を親類や隣近所に贈る習慣ができたようです。今でも〝中元〟といわず〝盆礼《ぼんれい》〟と呼んでいるところがあるのは、このためと思われます。

また八朔《はっさく》（田の実の節供）という、初穂を贈る風習もお中元の起源の一つともいわれます。こうした習慣が、江戸時代に庶民一般の贈答行事へと広まり、今日のようなお中元になりました。

お中元《ちゅうげん》を贈るのはいつ頃までですか？

現在のお中元は、一年の上半期の区切りと半年間のお礼の気持ちを込めて、七月の初めから十五日頃までの間に贈るのが理想です。ただし、昔より交際範囲が広くなったり、七月に集中することを避ける意味からも、六月下旬から贈り始める方が増えてきました。

全国的にも、七月一日から十五日の間、または月遅れで八月一日から十五日に贈ることが一般的ですが、地方や地域によっても異なります。一般にお盆の行事を月遅れで行うところでは、お中元も月遅れで贈ることが多く見られます。関東地方などではお盆は月遅れで行い、お中元は新暦の七月十五日までに贈る地域もあります。

お中元《ちゅうげん》は、どのような方に贈ればいいですか？

離れて生活している両親、親戚、仲人《なこうど》、恩師、主治医、会社の上司、習い事の先生などに贈るのが一般的です。そのほか、日頃お世話になっている方へのお礼や、感謝の意を伝えたい方へ、半年間の感謝の気持ちをお中元として贈ることもあります。

お中元《ちゅうげん》って毎年贈るものですか？

基本的にはお中元は毎年贈るものですが、「お中元は贈らずに、お歳暮のみにする」という方も中にはいらっしゃいます。お中元としてではなく、とくにお世話になった方に日頃のお礼として贈り物をしたいなら、以下のように表書きして贈るとよいでしょう。

なお、お中元やお歳暮などを恩師や年上

お中元の贈りもの

◎紅白もろわな結びののし紙
◎のし付短冊

表書きの種類
御中元

日頃のお礼

◎紅白もろわな結びののし紙

表書きの種類
御礼
お礼
感謝
こころばかり

の方に贈るときには、いつ、どのようなものを送るかを、以下のように数日前に手紙に記して送っておくとより丁寧です。それが難しい場合は、カードなどに一言感謝の気持ちなどを書いて品物に添えましょう。

■お中元の送付状の文例

拝啓　日ごとに暑さが厳しくなってまいりましたが、
御社の皆さまにおかれましては、ご清栄のことと
お慶び申しあげます。
　平素はひとかたならぬご厚情《こうじょう》を賜りまして、心より
感謝いたします。
　ささやかではございますが、日頃の感謝の気持ちとして
○○を別便でお送りいたしました。ご笑納《しょうのう》いただければ
幸甚《こうじん》に存じます。
　季節柄、くれぐれもご自愛のほどお祈りいたします。
まずは略儀ながら書中にてご挨拶申しあげます。
敬具

令和○年　七月

お中元《ちゅうげん》を贈るのが遅くなってしまったときはどうすればよいですか？

お中元を贈るのが遅くなったときには、「暑中御伺《しょちゅうおうかがい》」として贈るとよいでしょう。暦《こよみ》の上では立秋を過ぎても、残暑が厳しいときなどは「残暑《ざんしょ》お見舞い申しあげます」として、八月下旬までは「残暑御伺」の表書きで、お届けしましょう。

夏の贈りもの

◎紅白もろわな結びののし紙
◎のし付短冊

表書きの種類

七月十六日～
八月六日頃（立秋前日）……
暑中御伺《しょちゅうおうかがい》

八月七日頃（立秋）～
八月下旬……
残暑《ざんしょ》御伺

天候不順の年でも残暑《ざんしょ》御伺《おうかがい》として贈ってもよいですか？

暑中や残暑という言葉は、時節を表す言葉として、昔から広く使われてきました。多少の天候不順なら、そのまま使ってもかまわないでしょう。ただし、最近のように、あまりにも暑中や残暑とは呼べない天候の場合には、「御挨拶」か「御伺」として贈るほうが自然でしょう。

天候不順時のごあいさつ

◎紅白もろわな結びののし紙

表書きの種類

御挨拶
ご挨拶
御伺
お伺

お中元《ちゅうげん》やお歳暮《せいぼ》のお返しは必要ですか？

基本的にお返しは不要です。ただし、礼状は必ず差しあげましょう。もしもお返しをされるなら、「御中元」または「御歳暮」として贈るとよいでしょう。

お中元《ちゅうげん》を贈った方には お歳暮《せいぼ》も贈ったほうがよいですか？

基本的にお中元を贈った方にはお歳暮も贈ります。どちらか一方を贈りたい場合には、お歳暮にするのが一般的です。

お中元《ちゅうげん》やお歳暮《せいぼ》ではなく、年間を通して日頃の感謝の気持ちをお届けしたいときはどうすればよいですか？

お中元やお歳暮は、日頃お世話になっている方への感謝の気持ちを込めて毎年贈るものです。しかし、ささやかな感謝の気持ちとして贈りたい場合には、以下のような表書きにしてはいかがでしょう。

年間の贈りもの

◎紅白もろわな結びののし紙
◎のし付短冊

表書きの種類

こころばかり
御礼
お礼
御伺

お盆（盂蘭盆会《うらぼんえ》、盂蘭盆《うらぼん》）

「お盆」って、いつ頃から始まったのですか？

お盆とは、祖先の霊《れい》（魂《たましい》）をお迎えし、祀《まつ》る行事です。西暦《せいれき》五三八年頃に仏教伝来以前から、古来日本では〝先祖祭り〟（魂祭《たままつり》・精霊祭《しょうりょうまつり》・霊魂祭《みたままつり》などともいわれる）が行われ、これに仏教行事の〝盂蘭盆《うらぼん》〟が習合して現在の形となったと考えられています。

盂蘭盆とは正しくは〝盂蘭盆会《うらぼんえ》〟のことで、古代インドのサンスクリット語のウランバナを音訳したものです。「地獄や餓鬼道《がきどう》に落ちて逆さづりにされ苦しんでいる」という意味で、釈尊《しゃくそん》の弟子である目蓮《もくれん》は、神通力《じんつうりき》で亡き母が餓鬼道に堕ちて苦しんでいる姿を見て、なんとか救いたいと釈尊に尋ねると「七代前までの先祖や父母達を供養《くよう》すれば、母は苦しみから逃れられる」と教えられたという由来によります。

目蓮は雨季三カ月の修行の終わる七月十五日に多くの高僧たちに食物を施《ほどこ》し、供養してもらい、母を救ったことから、これ以後、七月十五日は特別な日として祀《まつ》られるようになったといわれています。こうして、もともと親孝行から始まったお盆は、現在は先祖を浄土《じょうど》から迎えて供養し、感謝をする行事として定着しました。

お盆は旧暦、新暦、月遅れ、いつ行《おこな》ったらいいですか？

お盆は、旧暦の七月十五日を中心に行われてきましたが、現在でも地域によって旧暦で行うところもあります。ただし新暦の七月十三日から十六日、またはその一カ月遅れで八月に行うことが一般的です。月遅れで行うようになったのは、地方などで農作業の収穫期と重ならないようにするためともいわれます。

このように、地域によりお盆の時期には違いがあります。

■ お盆の流れ

●お盆の準備

七月盆は六月、八月盆は七月に準備を始めます。

①お寺へ依頼する

・依頼する際に、わからないことなどを聞いておくとよいでしょう。

②お墓や仏壇の準備

・きれいに掃除をして、祖先の霊をお迎えします。

③自宅での準備

・訪問してくださった方へのお礼の品などを準備します。

・盆提灯《ぼんちょうちん》、仏具、盆棚、線香、ろうそくを準備します。

・新盆《にいぼん》の場合は、白い提灯《ちょうちん》、行灯《あんどん》などの盆提灯も準備します。

●お迎えの準備

七月盆・八月盆とも、十二日までにお迎えの準備を整えます。お供《そな》えの準備や飾り付けなどは、この日までに済ませておきます。

十三日（迎え盆）…お盆の入り

朝　・お供え物、花、線香、ろうそく、お迎え提灯《ちょうちん》などを用意します。
・仏壇から盆棚に、位牌《いはい》を移しておきます。
・霊供膳《れいくぜん》、仏具、花、キュウリの馬、ナスの牛などを供えます。

午前　・「迎えは早く、送りは遅く」といわれていますから、お墓参りには午前中のうちに行きます。
・地域によっては、お墓でお線香につけた火を精霊《せいれい》とし、提灯に移して持ち帰り、盆棚の灯明《とうみょう》に移すところもあります。

夕方　・祖先の霊を迎えるために、盆提灯《ぼんちょうちん》に火を灯し、家の玄関先や門の入口などで迎え火をたきます。

十四日・十五日

・お盆の期間中は灯明を絶やさないようにします。

・家族と同じ食事を、朝昼晩の三回お供えします。

・僧侶を招いて読経をしていただきます。もしくは、菩提寺《ぼだいじ》で合同法要を行なう場合もあります。

・親族や知人を招いて、会食をする場合もあります。

十六日（送り盆）

・祖先の霊をお見送りするために、家の玄関先や門の入口などで送り火をたきます。

六月末に亡くなった人の新盆《にいぼん》は今年ですか？

忌明《きあ》け後、最初に迎えるお盆を〝新盆《にいぼん》〟（しんぼん・あらぼんと呼ぶこともあります）といいます。初盆ともいいますが、最初なので手厚く供養《くよう》するために、盆提灯《ぼんちょうちん》を新調し、祭壇を設《もう》けて行うのが一般的です。

亡くなったのが六月末の場合は、八月の月遅れの盆でも〝忌明《きあ》け前〟にあたるため、迎えようとしても冥途《めいど》の途中で、成仏《じょうぶつ》されていないと考えられる時期なので新盆は翌年に行います。

「新盆《にいぼん》供養《くよう》は丁寧《ていねい》に」といいますが、正しい新盆の祀《まつ》り方はどうなりますか？

もっとも縁の近い人が、白張提灯《しらはりちょうちん》を飾ります。地方によっては家紋や戒名《かいみょう》を入れるところもあります。

盆棚（精霊棚《しょうりょうだな》）には、位牌《いはい》を中心に生花、野菜、果物、そうめん、団子《だんご》などを供《そな》えるのが一般的です。キュウリで馬、ナスで牛の形をつくって供えるところもあります。また、故人の好物なども供えます。さらに、仏壇には〝霊供膳《れいくぜん》〟を供えます。

盆棚は仏壇で代用したり、新仏の祭壇を用意したり、小机に白布をかけたものを用いたりなど、さまざまです。

迎え火から送り火まで

十三日の夕刻に迎え火（麻幹《おがら》）を焚《た》いて仏様を迎え、十四日か十五日には、僧侶の方に読経《どきょう》をお願いします。また、新盆法要として、近親者を招いて供養《くよう》します。これが新しい仏様を迎えて供養する〝新盆供養〟の一つの方法です。十六日には送り火を焚いて浄土《じょうど》に送ります。昔はお盆のお供え物を川や海に流しましたが、現在は灯籠《とうろう》だけ流します。〝灯籠流《とうろうなが》し〟はお盆の行事として、各地で夏の風物詩となっています。

新盆供養のお返し

新盆《にいぼん》で、親戚などから「御佛前」、「御供《おそなえ》」として、提灯《ちょうちん》や供物《くもつ》をいただいたときや、ご焼香にいらしてくださった方には、「志」や「新盆供養」として引き物を持ち帰っていただきます。事前に用意しておくとよいでしょう。

この引き物には菓子、お茶、海苔《のり》、タオルなどがよく見られます。

新盆に金子《きんす》・品物を持参するとき

◎黒白、黄白《きしろ》または双銀ま結びの不祝儀袋
◎黒白、黄白ま結びのかけ紙

表書きの種類

金子……御佛前
御仏前
御供物料

品物……御供

新盆供養のお返し

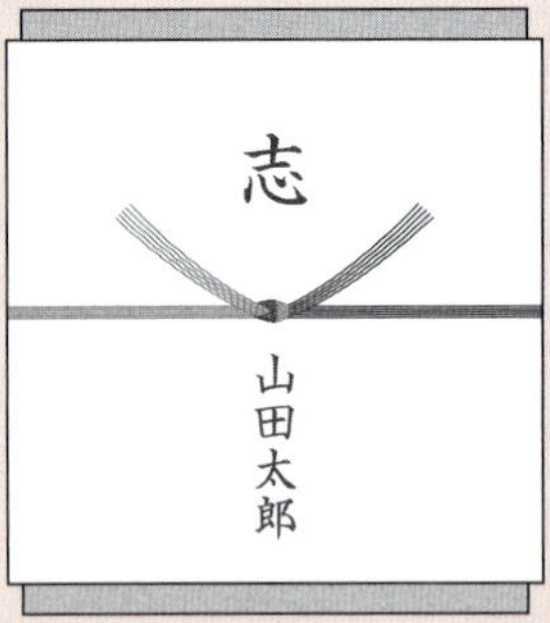

◎黒白、黄白ま結びのかけ紙

表書きの種類

志
新盆供養
初盆供養《はつぼんくよう》

僧侶の方・寺へのお礼

◎白無地袋

表書きの種類

- 御布施《おふせ》
- 御法礼《ごほうれい》
- 御車料
- 御膳料
- 御礼

［▼使い分け方は312ページ参照］

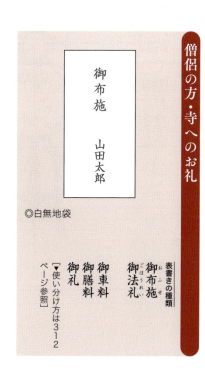

盆提灯《ぼんちょうちん》は毎年使えるのですか？

施主《せしゅ》が用意する新盆《にいぼん》の白張提灯《しらはりちょうちん》は、一仏に一つで、十三日の夕方に迎え火を焚《た》いて、玄関の外に灯《とも》します。この提灯は一回限りのものなので、送り火を焚くときに一緒にお焚きあげをします。または、お寺に納めてお焚きあげをしていただくのがよいでしょう。

親戚などから供えられた回り灯籠《とうろう》や、絵柄の入った提灯や行灯《あんどん》は、ほこりなどをきれいに払って手入れをし、保管しておきます。毎年お盆になったら、出して飾ります。

■ 盆提灯

提灯

行灯

神式のお家の新盆に品物を贈りたいのですが、どのようなものをどのような体裁《ていさい》で贈ればいいですか？

神式のお盆では、海の幸《さち》・山の幸を御神饌《ごしんせん》としてお供えします。御神饌は身内が準備しますので、果物、菓子などを贈られるとよいでしょう。

体裁は蓮《はす》の模様のない、黒白または黄白《きしろ》のま結びのかけ紙に、表書きは「御供《おそなえ》」とします。

神式の初盆で、お返しをするときの体裁《ていさい》はどうなりますか？

体裁は蓮の模様のない黒白または黄白のま結びのかけ紙で、「偲草《しのびぐさ》」、「志」などとします。

神式のお盆で品物・金子《きんす》を持参するとき

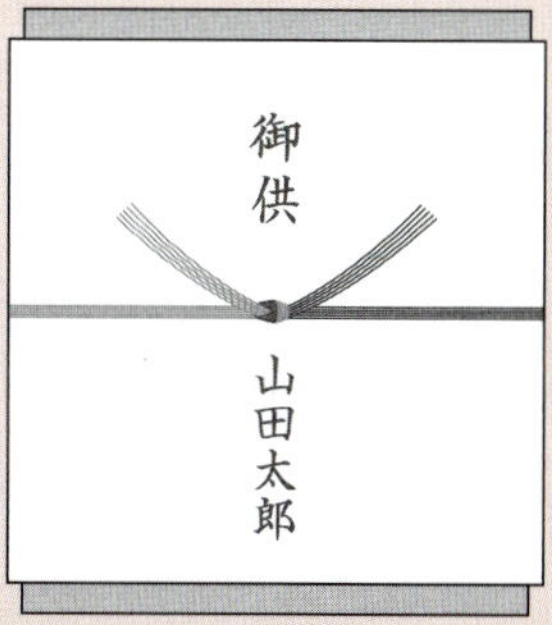

品物の場合
◎黒白、黄白のま結びのかけ紙
金子の場合
◎黒白、黄白または双銀のま結びかあわび結びの不祝儀袋

表書きの種類
品物……御供
金子……御玉串料《おんたまぐしりょう》

神式のお盆でお返しをするとき

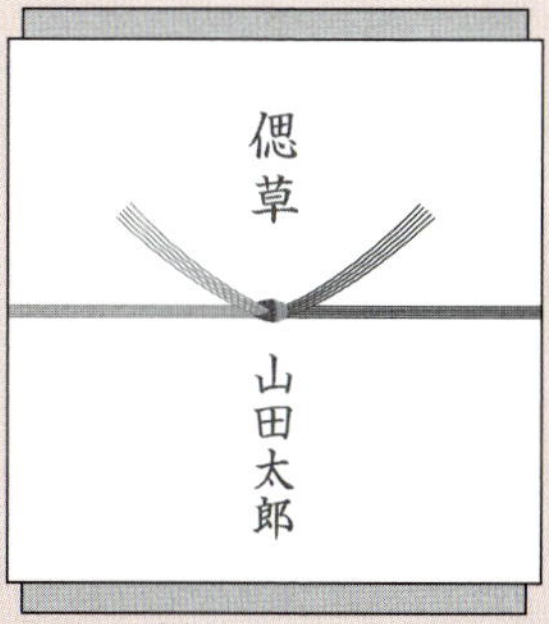

◎黒白、黄白《きしろ》のま結びのかけ紙

表書きの種類
偲草《しのびぐさ》
志

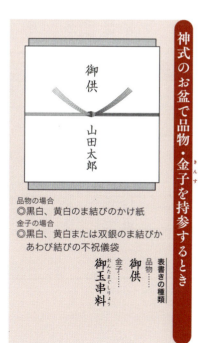

お彼岸《ひがん》とお墓参り

お彼岸《ひがん》ってどんな意味があるのですか？

彼岸とは、サンスクリット語の〝あちら側〟の訳語で、煩悩《ぼんのう》に満ちた現世《げんせ》を〝此岸（しがん＝こちら側）〟と呼んだのに対して、煩悩を解脱《げだつ》した〝あの世〟つまり極楽浄土《ごくらくじょうど》を彼岸と呼んだのです。さらに、この彼岸の極楽浄土は西方浄土《さいほうじょうど》といって、西方十万億土《さいほうじゅうまんおくど》の彼方にあるとされ、太陽が真西に沈む春分と秋分の日には、太陽が西方の極楽浄土を照らしていて、現世の人々と極楽浄土がもっとも近くなり、通じやすくなるといいます。したがって、彼岸は現世と極楽浄土を結ぶ特別な時であると考えられるようになり、彼岸に落日を拝むという風習になったのです。

また、この彼岸の時期は、昼と夜の時間が同じになる春分の日と秋分の日（それぞれ彼岸の中日という）をはさんで、前後三日ずつ計七日間です。

彼岸は、もともとは仏教行事であり、彼岸の間、諸寺では彼岸会《ひがんえ》が催されています。各家庭でもおはぎやぼたもち、団子《だんご》、のり巻き、稲荷《いなり》寿司などを仏壇やお墓に供え、先祖に感謝、精霊《せいれい》の供養《くよう》、墓前に香華《こうげ》の手むけなどのために墓参りをする習慣となりました。

春と秋の彼岸《ひがん》に、なぜお墓参りをするのですか？

本来、春と秋の彼岸は〝魂祭《たままつり》〟ならびに〝祖先のお祭り〟をする日であったことから、墓参りをする日となったようです。逆にお盆には祖先の霊を家に迎えて、家の中で祭ります。このように、春秋の彼岸とお盆の年三回、祖先を祭る日とされ、春と秋のお彼岸には墓参りをするものとなったようです。

また、彼岸は季節の変わり目でもあり「暑さ寒さも彼岸まで」の言葉が生まれました。

豆知識

ぼたもちとおはぎ

〝ぼたもち〟と〝おはぎ〟は同じ材料で作られた、お彼岸《ひがん》にはかかせない和菓子です。同じものでも春の彼岸には、牡丹《ぼたん》にちなんで牡丹餅《ぼたもち》、秋の彼岸には七草《ななくさ》の萩《はぎ》にちなんでお萩《はぎ》ということが多いようです。

親戚の初彼岸《はつひがん》にお金を贈りたいのですが、その袋の体裁《ていさい》はどうなりますか？

初彼岸のお供《そな》えは、黒白、黄白《きしろ》または双銀《そうぎん》ま結《むす》びの不祝儀袋《ぶしゅうぎぶくろ》に、仏式の場合は「御佛前」、「御仏前」、「御供料《おそなえ》」、「御供物料《おくもつ》」、神式の場合は、「御玉串料《おんたまぐしりょう》」、「御霊前《みたまえ》」と表書きします。品物のときには、「初彼岸御供」、「御供」と書いてかけ紙をかけます。

お彼岸に金子《きんす》・品物を持参するとき

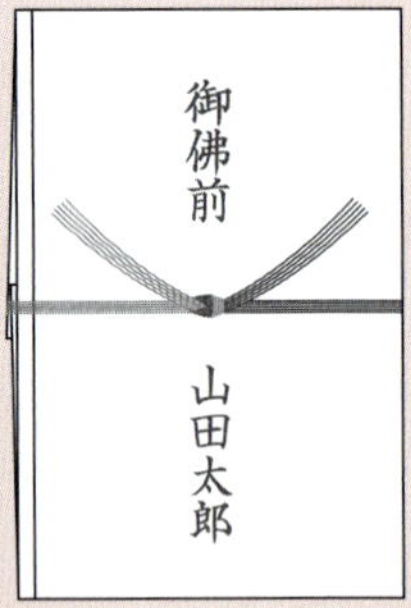

◎黒白、黄白または双銀ま結びかあわび結びの不祝儀袋
◎黒白、黄白ま結びのかけ紙

表書きの種類

金子……
御佛前
御仏前
御供料
御供物料

品物……
初彼岸御供
御供

お彼岸《ひがん》の最中に、仲人《なこうど》さんへ出産内祝いを贈るのは控《ひか》えたほうがよいですか？

お彼岸の間は、お祝いのお返しは控えましょう。年配の方の中には、気にする方もいらっしゃいます。また、基本的にお祝いごとは弔事《ちょうじ》と異なり、先に延ばしても失礼にはなりません。

知人のご主人が亡くなったのですが、彼岸《ひがん》中にお参りに伺《うかが》ってもよいですか？

お彼岸は先祖供養に家族が揃い、お墓参りに専念をする期間です。先方の自宅に伺うことはなるべく控《ひか》えましょう。自宅ではなく、お墓参りに伺うのであれば、この限りではありません。

彼岸会《ひがんえ》のときの僧侶の方へのお礼はどうなりますか？

彼岸会や施餓鬼会《せがきえ》などの仏教行事に出席するときは、「御布施《おふせ》」とするのが一般的です。

彼岸会のお礼

表書きの種類
御布施《おふせ》

◎白無地袋

お彼岸《ひがん》にお供《そな》えをいただいたときのお礼の体裁《ていさい》はどうなりますか？

お彼岸のときにお供えをくださった方にはお返しをするとよいでしょう。その体裁は次の通りです。

お彼岸のお返し

≪仏式≫

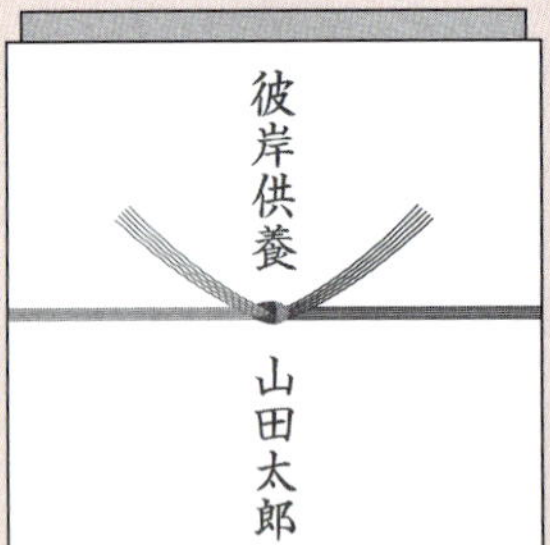

◎黒白、黄白ま結びのかけ紙
◎無地短冊

表書きの種類
彼岸供養《くよう》
お彼岸供養
志

≪神式≫

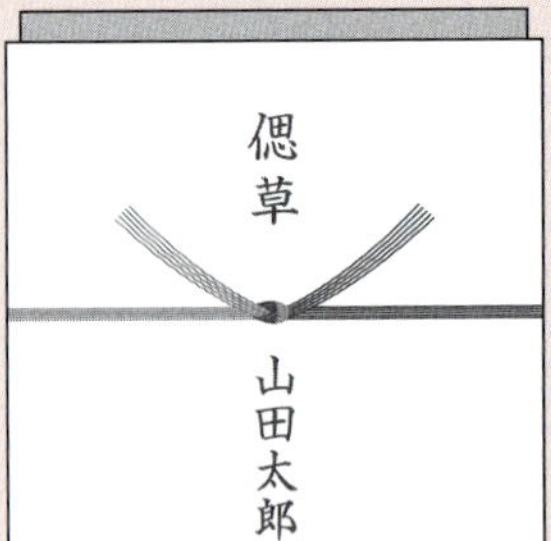

◎黒白、黄白ま結びのかけ紙
◎無地短冊

表書きの種類
偲草《しのびぐさ》
志

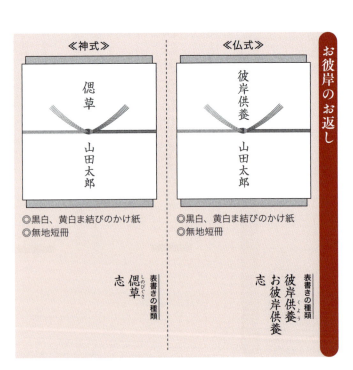

お墓参りの正しいマナー（仏式）はどうなりますか？

お墓参りに出かける際には、生花、線香、ロウソク、マッチ、ほうき、ちりとり、ぞうきん、ゴミ袋、水桶、ひしゃく、お供《そな》えもの（菓子、果物、飲みもの等）などを用意して行きましょう。水桶《みずおけ》、ひしゃくなどは墓地、霊園に備え付けられている場合もあります。お参りする時間はあまり遅くならないように、できれば午前中のうちに行くのが好ましいです。

現地に着いたら、まずはお墓を清掃し、花立に花を入れ、水鉢があればきれいな水を入れます。さらにお供えものを並べ、続いて、ロウソクまたはマッチで線香に火をつけて、線香立てに入れてから合掌《がっしょう》します。数珠《じゅず》を持参した場合は、このとき手にして屈《かが》んでお参りします。立ったままではご先祖《せんぞ》さまを見下ろすことになって失礼であると心得ましょう。

合掌が終わったら、火やゴミの始末をし、ゴミは持ち帰ります。なお、お供えものは墓地の規則に従《したが》います。

お墓参りのときにご住職《じゅうしょく》に品物を持参するときはどうすればよいですか？

一般的なお墓参りであれば、菓子などに「御挨拶」または「ご本尊《ほんぞん》様にお供《そな》えください」との意味で、「御供《おそなえ》」と表書きをして持参します。体裁《ていさい》は紅白もろわな結びののし紙でよいでしょう。

寺に品物を持参する場合

◎紅白もろわな結びののし紙

表書きの種類

- 御挨拶
- 御供
- 御礼

第六章

その他のできごと

六《ろ》曜《くよう》（六《ろ》輝《っき》）

どうしてお祝いごとは〝大安《たいあん》の日〟でなければいけないのですか？

大安とは、「大いに安《やす》し」という意味です。六曜《ろくよう》（りくようと呼ぶこともあります）のなかでもっともよい日とされ、何事も成功しないことはないとされました。

六曜は暦注《れきちゅう》（暦に記載される日時・方位などの吉凶、その日の運勢などの事項のこと）の一つで、先勝《せんしょう》・友引《ともびき》・先負《せんぷ》・仏滅《ぶつめつ》・大安・赤口《しゃっく》の六種をいいます。

古代中国から室町時代に伝わったもので、六曜星の略で、六輝《ろっき》や宿曜《すくよう》ともいい、もともとは一カ月を五等分して六日を一定の周期とし、それぞれの日を星ごとに区別するための単位として使われたそうです。

固有の吉凶・運勢が定められ、根拠のない迷信で現行の太陽暦には意味がないという方もいらっしゃいますが、今なお重視する方も多く、結婚式は大安がよい、葬式は友引を避けるなど、主に冠婚葬祭などの儀式と結びつけて考えられています。

人々の生活の知恵として長年に渡って受け継がれてきたことも事実ですから、一つの目安として参考にされるとよいのではないでしょうか。それぞれの意味は次の通りです。

六曜	
先勝（せんしょう・さきがち）	「先《さき》んずれば勝つ」。万事急ぐのがよいとされ、午前が吉、午後が凶といわれます。
友引（ともびき）	もともとは「勝負なき日」といわれ、勝負事で引き分けになる日。すなわち、〝共引〟が〝友引〟になりました。現在でも信じる方は多く、一般的には火葬場も休業にする地域が多いようです。お祝いごとでは大安の次によい日とされますが、午《うま》の刻（午前十一時頃から午後一時頃まで）は凶とされます。
先負（せんぷ・さきまけ）	「先んずれば負ける」とされ、何事も急いではいけない日。午前中は凶、午後は吉といわれます。
仏滅（ぶつめつ）	御釈迦様《おしゃかさま》の入滅（二月十五日）とは関係ありませんが「仏も滅する大凶日」という意味があります。この日は最凶の日とされ、結婚式をはじめお祝いごと、お見舞いなどを慎む習慣があります。
大安（たいあん・だいあん）	もっとも吉日とされます。結婚式などのお祝いごとは、この日に行うことが多いようです。
赤口（しゃっこう・しゃっく）	午の刻（午前十一時頃から午後一時頃まで）のみが吉で、それ以外は凶とされます。赤を連想させるため、火の元に注意しなければならないともいわれます。

仏滅《ぶつめつ》にお見舞いは避けたほうがいいですか？

仏滅に対する考え方は人それぞれですが、病気やケガをされた方は気が滅入りがちなので、相手の気持ちを考えて避けたほうが無難でしょう。人によっては、仏滅よりも友引《ともびき》のほうがよくないという方もいらっしゃるので、注意しましょう。

ただし、緊急の場合は、この限りではありません。

縁起《えんぎ》

「縁起《えんぎ》がよい、悪い」というときの縁起とは何ですか？

〝縁起〟とは、因縁生起《いんねんせいき》のことで、広辞苑によると「多くの因縁がより集まって現象が生起すること」となっていますが、事物の起源、沿革《えんかく》、由来《ゆらい》などを縁起といいます。

縁起の内容は迷信であることも多いですが、不吉なことや生活に支障をきたすようなことを戒《いまし》めた一種の生活の知恵ともいえるでしょう。

たとえば、「北枕《きたまくら》で寝ない」「着物を左前に着てはいけない」などというのは、死者に行なうことを生きている者がすると不吉であると考えるからです。そのほかにも、「上の歯が抜けたら縁の下に、下の歯が抜けたら屋根の上に捨てる」「茶柱が立ったら縁起がいい」など、縁起に関するものはたくさんあります。

迷信とはいえ、気にする方も多いので、「やってはいけない」と言い伝えられたことは、あえてしないほうがよいでしょう。

豆知識 〝縁起〟のつく言葉

縁起直し…悪の前兆を吉報に変えるように祝い直すこと。

縁起をかつぐ…わずかなことにも、縁起がいいとか、悪いとか気にすること。

縁起でもない…幸先が悪い、とんでもないこと。

縁起状…社寺の草創《そうそう》や由来などを記した文書。

縁起絵巻…社寺の縁起を絵巻に書いたもの。

縁起棚…商家や会社、芸人や芸妓の家などで、縁起を祝うために、家の内に設ける神棚で、その多くは神仏混交《しんぶつこんこう》。

縁起物…縁起を祝うための品物、正月の門松、酉《とり》の市の熊手、だるま、招き猫など。

縁起物《えんぎもの》の〝だるま〟に目を入れるときは、左右どちらから入れるのが正式ですか？

正しい目の入れ方は、初めに祈願者が目標達成、商売繁盛《はんじょう》、家内《かない》安全など、さまざまな願いごとをしながら、だるまの左目（向かって右）を入れます。さらに、願いがかなったとき（満願成就《まんがんじょうじゅ》）に今度は右目（向かって左）を書き入れます。

だるまは、何度転んでも起き上がることから、商売繁盛、事業繁栄、開運満足、入学、就職成就、豊作、大漁、安産など、さまざまな目標達成の祈願の際に使われます。

地鎮祭《じちんさい》

地鎮祭《じちんさい》の準備はどうすればよいですか？

家を新築する場合、いくつかの行事を行なうのが習わしです。通常は地鎮祭→上棟式《じょうとうしき》（棟上《むねあ》げ式）→新築祝い・新築披露の順番で行なわれます。

地鎮祭は、施工主と工事関係者だけの内輪で行われることがほとんどですが、地域によってさまざまなやり方があります。どの日にするか、祭壇はどうするかなど、地鎮祭に関することは神主の方や工事関係者に相談するとよいでしょう。

地鎮祭で祭壇にお供《そな》えするもの

施工主として準備するのは、御神酒《おみき》、洗米《せんまい》、水、塩、海の幸、山の幸などです。

具体的には、御神酒二本、塩一合を盛った皿、盆の上に洗米一合をのせます。さらに、〝山の幸〟として野菜や果物、また〝海の幸〟として尾頭《おかしら》付きの魚やするめを供えます。ただし、これらは神主の方と工事関係者が準備してくださる場合が多いです。

豆知識 地鎮祭とは

家を建てる前に、その土地を清め、工事の安全を祈り、さらに一家の末永い繁栄を祈願する儀式が地鎮祭です。「とこしずめのまつり」と呼ぶこともあります。『日本書紀』にも持統《じとう》天皇（六九一年）のときに、「鎮《しず》め祭る」として出てくる歴史ある儀式です。

■ 地鎮祭の祭壇

お供えする神饌《しんせん》のいろいろ

①御神酒《おみき》　②洗米《せんまい》　③水　④塩
⑤海の幸（鯛するめ、昆布など）
⑥山の幸（季節の野菜と果物）
⑦玉串《たまぐし》

※地域、時代、慣習、商品によって異なる場合があります。

神主の方へのお礼と表書きはどうすればよいですか？

神主の方や神社へのお礼は、次のような体裁《ていさい》で贈ります。金額は一～三万円が目安です。

神主の方や神社へのお礼

◎紅白もろわな結びの祝儀袋
◎白無地袋
◎紅白もろわな結びののし紙

表書きの種類

金子《きんす》……御初穂料《おんはつほりょう》
御玉串料《おんたまぐしりょう》
御神饌料《ごしんせんりょう》
御祈祷料《ごきとうりょう》

品物……奉納《ほうのう》
奉献《ほうけん》（日本酒の場合）
御礼

地鎮祭《じちんさい》に招かれたときのお祝いはどうすればよいですか？

お祝いとして持参するものは、金子《きんす》、日本酒、ビール、ワインなどの酒類か、果物、菓子折りなどが多いようです。体裁《ていさい》は以下の通りです。

地鎮祭のお祝い

◎紅白もろわな結びののし紙
◎白奉書

表書きの種類
地鎮祭御祝
御祝

関係者へのご祝儀《しゅうぎ》と引出物、隣近所の方へのごあいさつやお持ち帰りいただくものは、どのようなものがいいですか？

地鎮祭《じちんさい》の引出物としては、赤飯、日本酒、ビール、コーヒー、紅茶、菓子折り、タオルなどの実用的なものが贈られることが多いです。

また、工事関係者に対しては、祝儀袋かポチ袋に金子《きんす》を包んで手渡します。金額は奇数にするとよいでしょう。金額は、棟梁《とうりょう》へは一万円、その他の工事関係者は、五千円が目安です。責任者と相談し、一括して渡すとよいでしょう。

隣近所に対して、工事がこれから始まり、ご迷惑をおかけすることへのごあいさつとしては、菓子のほか、タオル、石けんなど、食べものやどのご家庭でも使用されると考えられるものが好まれているようです。

近所へのごあいさつ

◎紅白もろわな結びののし紙

表書きの種類
御挨拶
ご挨拶
こころばかり

名入れ
工事関係者名
施工主名

工事関係者へのご祝儀／地鎮祭の内祝い

工事関係者へのご祝儀

◎紅白もろわな結びの祝儀袋
◎ポチ袋

表書きの種類
御祝儀

地鎮祭の内祝い

◎紅白もろわな結びののし紙

表書きの種類
地鎮祭内祝
内祝
地鎮祭記念

上棟式《じょうとうしき》（棟上《むねあ》げ式《しき》）

上棟式《じょうとうしき》をしたいのですが、施工主としての心得は何ですか？

上棟式は、棟上《むねあ》げ式《しき》または建前《たてまえ》ともいわれ、柱、梁《はり》、桁《けた》などの骨組みが完成した後に、棟木《むなぎ》を取り付けて補強する際に行う儀式のことです。

本来は、棟梁《とうりょう》自身が、「建物が完成するまで災が起こらないように」との願いを込めて行うものでしたが、現在では施工主が工事関係者に、気持ちよく仕事を進めてもらうための〝もてなし〟の意味が強い行事となっています。

上棟式の当日は、棟梁を囲んで大工、とび職、左官の方々の労をねぎらうように心がけます。酒宴を設けることもありますが、最近は現場に車で通う工事関係者も多いので、缶ビール、ビン入りの酒、折り詰め料理などを渡すだけのケースも多く見られます。

また、地域によっては、町内の役員や近所の方を招いて、棟木《むなぎ》の上から餅やおひねり（御《お》捻《ひねり》＝金銭を紙に包んでひねったもの）をまいたり、近所に赤飯を配るなど、さまざまな風習があるようです。

最近は上棟式を省略することがあるようですので、工務店や住宅メーカー担当者などの工事関係者に尋ねるとよいでしょう。

大工、とび職、左官《さかん》などに渡す御祝儀《ごしゅうぎ》や内祝品の体裁《ていさい》はどうしたらよいですか？

上棟式《じょうとうしき》当日には、工務店や住宅メーカー担当者にご祝儀を配ります。その金額は地鎮祭《じちんさい》より多めにします。棟梁《とうりょう》や工事責任者と相談して決めるとよいでしょう。一般には、大工、とび職、左官などは棟梁や責任者の三分の一程度が目安のようです。人数分用意して、棟梁や責任者にまとめて渡して、配ってもらうことが多いようです。

また、上棟式の手土産ならびに引出物としては、赤飯、折り詰め料理、日本酒、かつお節、紅白の餅、饅頭《まんじゅう》、菓子折りなどがよいでしょう。

なお、上棟式のときには、棟木《むなぎ》の上に〝扇車《おうぎぐるま》〟と呼ばれるものを飾る場合もあります。三つの扇の要を中心にして円形に組み合わせたデザインの飾りですが、地方によっては別のものを飾るなど、さまざまな方法がありますから、施工業者や棟梁などにお願いするとよいでしょう。

工事関係者へのご祝儀／上棟式の手土産・引出物

工事関係者へのご祝儀

◎紅白もろわな結びの祝儀袋
◎ポチ袋

表書きの種類
御祝儀

手土産・引出物

◎紅白もろわな結びののし紙

表書きの種類
上棟式内祝
内祝
上棟式記念
上棟記念

上棟式《じょうとうしき》のお祝いに日本酒を贈りたいときはどうすればよいですか？

上棟式のお祝いには、金子《きんす》のほか、日本酒、ビール、ワインなどの酒類が多いようです。酒屋さんなどで「上棟式用のお祝い包みでお願いします」といって頼むと、体裁《ていさい》を整えてくれます。

上棟式のお祝い

◎紅白もろわな結びののし紙

表書きの種類

上棟式御祝
上棟御祝
建前《たてまえ》御祝
棟上《むねあ》げ御祝

清酒奉納《せいしゅほうのう》のとき

◎紅白もろわな結びののし紙

表書きの種類

奉献《ほうけん》
献饌《けんせん》

新築祝い・新築披露《ひろう》

新築披露《ひろう》パーティーはどのようにすればよいですか？

新築披露は、家がすべて完成し、家具調度品など内外の整理が終わってから行います。披露が目的なので、外観も見ていただけるように明るい昼間がよいでしょう。台所、洗面所、風呂、トイレ、居間、リビング、書斎など、お客さまに見ていただきたいところは開放しましょう。

あくまでも内祝いなので、もてなしは盛大な宴席よりも、軽食、お酒、おつまみ程度がよく、日時が決まったら招待状を出すとよいでしょう。

新築先に引っ越したときの挨拶回りにはどんな品物がいいですか？

家庭で手頃に使っていただけるものがよいでしょう。タオル、ふきん、コーヒー、紅茶、日本茶、菓子折りなどがよく贈られます。

また、初めての土地に引っ越してきたときの挨拶回りには、「おそばに参りました」という意味から〝そば〟を贈ることがあります。贈る際の包装は、すぐに名前がわかるように、外のしの包装にするとよいでしょう。

一戸建《いっこだて》の場合は向かい側にある三軒のお宅と自分の家の両隣りの合わせて五軒に、マンションなどの場合は上下階と両隣り、それに管理人さんにごあいさつをします。

引っ越し先でのあいさつ

◎紅白もろわな結びののし紙

表書きの種類
御挨拶
ご挨拶
こころばかり

引っ越しする際に、今までのご近所に配る品物の体裁《ていさい》はどうなりますか？

引っ越しの際には今までの家のご近所の方などに、お世話になったお礼のあいさつをします。お礼の品物には、紅白もろわな結びののし紙に表書きを「御礼」、「御挨拶」、「ご挨拶」とします。名入れは姓名でよいでしょう。

贈る品物は、菓子、紅茶、コーヒー、タオルなど実用的なものが多く、金額は千円前後からお付き合いの程度により異なります。このとき、とくに親しかったお宅には、引っ越し先の住所などを持参して、「何かの折にはよろしくお願いします」とお伝えしておいてもよいでしょう。

引っ越し前の近所へのあいさつ

◎紅白もろわな結びののし紙

表書きの種類
御礼
お礼
御挨拶
ご挨拶

新築のお祝いを贈りたいときは、どうしたらよいですか?

新築祝いは完成後、半月ぐらいまでに贈るようにしましょう。新居にふさわしいもの、相手が必要としているものなど、できれば相手の希望を聞いておくと選びやすいでしょう。

表書きは「御新築祝」、「御完成祝」、「御祝」などとします。ご親戚や親しい方々が何人かで一つの家具などを贈るのも記念になるでしょう。ただし、ライター、灰皿、ストーブなど火に関する道具や、火を連想させる贈りものはタブーとされています。

新築のお祝い

◎紅白もろわな結びののし紙

表書きの種類

御新築祝
ご新築祝
御完成祝
御祝
マンションや中古住宅購入の方へ……
御新居祝
ご新居祝

新築祝いに適したギフト

置時計　壁掛け時計　絵画　掛け軸　花びん　観葉植物
プリザーブドフラワー　陶器人形　フォトフレーム　クッション
テーブルセンター　のれん　リモコンラック　チェスト
マガジンラック　フロアスタンド　コート掛け　傘立て　スリッパ
玄関マット　キッチンマット　ダストボックス　コードレスクリーナー
オーディオ機器　コーヒーメーカー　ワインクーラー　タンブラーセット
カップ&ソーサーセット　スプーン&フォークセット　菓子器　お盆
災害用避難袋一式　紅白ワイン

中古マンションを買った方へのお祝いの表書きは、どうすればよいですか？

新しく住居を持ったという意味では新居ですが、新築ではなく中古であるということが気にかかるようでしたら、引っ越しに焦点をあて「**御引越祝**」とするか、さらにシンプルにお祝いの気持ちを表わす意味で、「**御祝**」とするとよいでしょう。中古戸建《こだて》の場合も同様です。

中古マンション購入のお祝い

◎紅白もろわな結びののし紙
◎紅白もろわな結びの祝儀袋

表書きの種類
- 御引越祝
- 御新居祝
- 御祝

リフォームが完成し、お祝いの品物を贈るときの体裁《ていさい》はどうしたらよいですか？

リフォームや増築、改築などのお祝いは、紅白もろわな結びののし紙で、「御改築祝」などと表書きするとよいでしょう。ふさわしい品物は、新築の場合とほぼ同様です。

リフォーム・増築・改築のお祝い

◎紅白もろわな結びののし紙

表書きの種類

御改築祝
御祝
御増築祝

引っ越しをする方へ贈るお祝いの品物の体裁《ていさい》はどうしたらよいですか？

紅白もろわな結びののし紙で、表書きは「御引越祝」、「御転居祝」などと表書きをして贈るとよいでしょう。また、新しいお住まいで頑張ってくださいという気持ちを込めて

「御贐《おはなむけ》」、「おはなむけ」や、今までの感謝の気持ちを込めて「御礼」の表書きにするなど、贈り主の気持ちに合わせて選ぶとよいでしょう。

引っ越しをする方へのお祝い

◎紅白もろわな結びののし紙

表書きの種類

御引越祝
御新居祝
御転居祝
御贐《おはなむけ》
おはなむけ
御礼

新築祝いのお返しは半額程度のものって本当ですか？新築祝いのお返しや内祝いの品にはどのようなものがいいですか？

新築祝いのお返しは、いただいた金額の三分の一から二分の一程度が目安となっているようです。新築祝いのお返し（内祝品）には、親戚の方などにはカタログギフトや重複してもよいもの、自分で買うには少々ぜいたくなもの、食品などを贈るとよいでしょう。また、会社へは応接室に置ける花びん、置物や、使っていただけるカップ＆ソーサー、タンブラーセットなどがおすすめです。

新築・改築の内祝い

◎紅白もろわな結びののし紙

表書きの種類

- 新築内祝
- 改築内祝
- 新築記念
- 改築記念
- 御礼

お寺の〝落慶《らっけい》法要〟に招かれたときのお祝いの表書きはどうしたらよいですか？

落慶とは神社、仏閣などの新築または修理の完成を祝うことです。お寺の新築、または修理などが完成した場合には落慶法要が営まれます。また、神社の場合には、落慶式が行なわれます。

落慶のお祝い

◎紅白もろわな結びの祝儀袋

表書きの種類

落慶御祝
○○落慶御祝
御祝
お寺の場合
落慶法要御祝
神社の場合
落慶式御祝

開店祝い・開業祝い

お店を開いた友人にお祝いをしたいときにはどうしたらよいですか？

開店や開業のお祝いには、昔から縁起物を贈る習慣がよく見られます。開店・開業パーティーに招かれたときなども、こうした品物を持参するとよいでしょう。パーティーに出席できないときは、祝電を打つと喜ばれます。

開店・開業祝いに適したギフト

- フラワーアレンジメント（生花）　観葉植物
- プリザーブドフラワー　絵画　招き猫　置物　陶器
- 人形　花びん　名入りの時計　ペーパーウエイト
- シュレッダー　傘立て　紅白ワインなどの酒類
- 来客用茶器セットやカップ&ソーサーセット
- 「大《おお》入《い》り」・「千客万来《せんきゃくばんらい》」・「七福神」などのおめでたい文字や絵柄の書や額絵

開店・開業祝い

◎紅白もろわな結びののし紙

表書きの種類
御開店祝
御開業祝
御祝
御発展祈念

お店を開店したときのお披露目《ひろめ》はどうしたらよいですか？

開店や開業などのお披露目は、新築披露とほぼ同様に考えてよいでしょう。

ただし、個人的な新築披露と異なり、事業や商売にかかわることなので、宣伝もかねてできるだけ多くの方に知っていただくことも必要でしょう。お世話になった方、親しい方、工事関係者など、開店・開業を知らせたい方々を招いて、披露パーティーを催すのも一つの方法でしょう。

記念品に、店名、社名、住所、電話番号などを入れると覚えていただきやすいものです。ただし、あまり大きすぎず、控えめに、小さく、スマートに入れるとよいでしょう。いただいた方の立場になって配慮することが、名入れのポイントです。

開店、開業にご尽力《じんりょく》いただいた工事関係者、取引業者、設計者などに対して、施工主または主催者として、記念品にこころを込めて感謝の言葉を添えて渡すことが多くなっています。お祝いをいただいた場合、お返しは、「開店内祝」、「開業内祝」、「内祝」、「御礼」の表書きにするとよいでしょう。

開店・開業の引出物（内祝い）

◎紅白もろわな結びののし紙

表書きの種類

開店記念
開業記念
開店内祝
開業内祝
内祝
御礼

開店・開業祝いの引出物（内祝）に適したギフト

○飲食関係の場合

マグカップ　グラス　グラスマーカー　マドラー　コースター

スプーン　フォーク　キャニスター　ティーポット　湯呑み　食器

箸置き　ランチョンマット　一輪挿《さ》し　ふきん　タオル

ボールペン　メモ帳

○一般的な場合

ボールペン　ブックマーカー　ペーパーナイフ　ペーパーウェイト

ルーペ　印鑑入れ　朱肉入れ　電卓　レターセット　ふせんセット

ミニ辞典　小銭入れ　札入れ　定期入れ　名刺入れ　ストラップ

書類ケース　メジャー　折りたたみ傘　花びん　湯呑み

ふきん　タオル

豆知識　縁起物《えんぎもの》の〝招き猫〟

開店・開業祝いには、縁起物として招き猫を贈ることがよくあります。

右手をあげた〝右手招き猫〟は〝商売繁盛〟で、福運を招き、万事によし。とくにお金に恵まれるといいます。また、左手をあげた〝左手招き猫〟は〝千客万来《せんきゃくばんらい》〟で、遠来の客を招くため、とくに縁起によいといわれます。

新会社設立パーティーの引出物の表書きはどうなりますか？

紅白もろわな結びで、「設立記念」、「新会社設立記念」と表書きして、その下に社名を入れるとよいでしょう。

また、社名変更した場合のお披《ひ》露《ろ》目《め》、ごあいさつの品の表書きは次の通りです。

新会社設立の引出物（記念品）

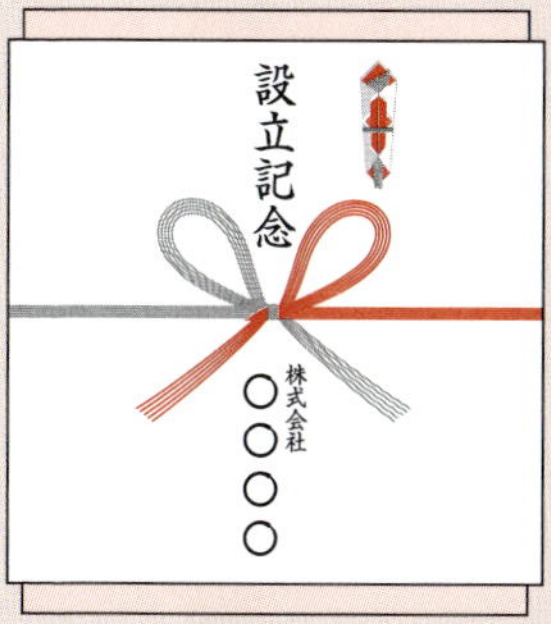

◎紅白もろわな結びののし紙

表書きの種類
設立記念
新会社設立記念

社名変更のお披露目・ごあいさつ

◎紅白もろわな結びののし紙

表書きの種類
社名変更記念
御挨拶

会社の社屋竣工《しゃおくしゅんこう》を祝って贈りものをしたいときはどうしたらよいですか？

会社の応接室などに飾っていただけるものを、予算に応じて贈るとよいでしょう。鉢植えの花、絵画、アートポスター、花びんなどを贈ります。

竣工《しゅんこう》・落成《らくせい》・移転・移設のお祝い

竣工・落成のお祝い

◎紅白もろわな結びののし紙

表書きの種類

御竣工祝
○○竣工御祝
御落成祝
○○落成御祝
御祝

移転・移設のお祝い

◎紅白もろわな結びののし紙

表書きの種類

事務所移転御祝
○○開設御祝
○○移転御祝
御祝

竣工《しゅんこう》式に施工主から工事関係者へ品物を贈る体裁《ていさい》はどうなりますか？

校舎竣工式パーティーで引出物を配るときの体裁はどうなりますか？

工事関係者には、一般的にはお礼として、金子《きんす》を祝儀袋《しゅうぎぶくろ》に入れ、「**御祝儀**」、「**御礼**」として差しあげます。赤飯または紅白饅頭《まんじゅう》などの菓子折りを合わせることもあります。

竣工式にご出席いただく方々に対して品物を用意する際の表書きは、ペーパーウェイトやペン立てなど記念に残るものであれば「**竣工記念**」や「**○○竣工記念**」などとし、日用品や食品（赤飯・菓子折りなど）であれば、「**御礼**」や「**寿**」として贈るとよいでしょう。

竣工式の引出物（記念品）

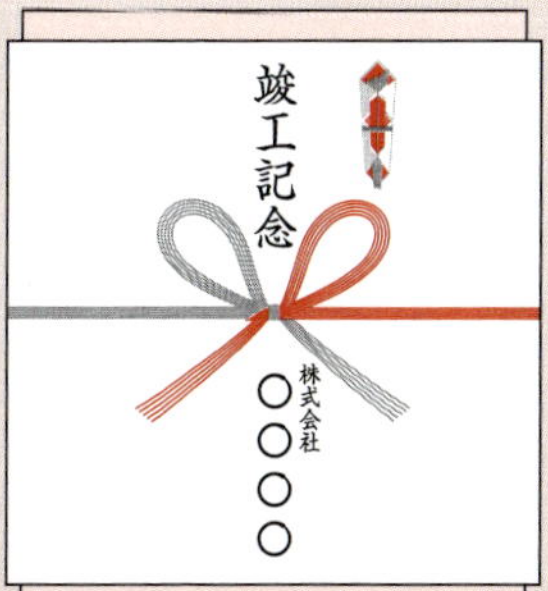

◎紅白もろわな結びののし紙

表書きの種類

竣工記念
○○竣工記念
○○竣工御礼
御礼
寿

創立・創業記念

会社設立五十周年の式典開催で注意すべきことは何ですか？

会社が設立された創立記念日や事業を興《おこ》した創業記念日は、会社にとって重要な日です。この日を休日としたり、吉日《きちじつ》を選んで式典や祝賀会を催したりする会社もあります。

式典を行う場合には、会社の歴史、伝統、風土、業種、時世などによって、さまざまな方法が見られます。

共通することは、日時、会場、形式、予算などを決め、それにもとづいて招待者および出席者の決定、記念品の選定、運営体制および、式次第の決定、招待状作成など、さまざまな準備を社内で役割分担して当日を迎えることです。

式典の出席者には記念品を贈ります。その際、創立記念の記念品として、会社の業績や歴史にふさわしいものを選ぶことがポイントです。さらに、社史を編纂《へんさん》して添えることもあります。

創業・創立記念の記念品

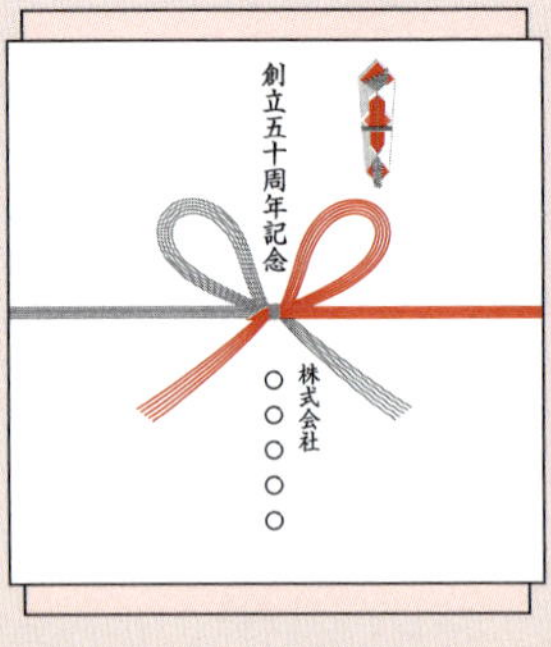

◎紅白もろわな結びののし紙

表書きの種類

創立○○周年記念
創立記念
創業○○周年記念
創業記念

会社創立のお祝いに商品券や現金を贈ってもいいですか？

とくにふさわしい品物が見つからない場合には、商品券や現金などを贈ることもやむを得ないでしょう。しかし、創立や創業はその会社にとって大事な記念すべき行事です。予算に応じて、こころの込もったお祝いを贈りたいものです。

創業・創立記念に適したギフト

ボールペン　万年筆　机上トレイ　フォトフレーム　置時計　グラス
花びん　プリザーブドフラワー　ふくさ

創立・創業記念のお祝い

◎紅白もろわな結びののし紙

表書きの種類

創立○○周年御祝
創立御祝
創業○○周年御祝
創業御祝
御祝

選挙の陣中《じんちゅう》見舞い

選挙の陣中《じんちゅう》見舞いを贈るときの体裁《ていさい》は？

陣中見舞いを贈るときは、紅白もろわな結びののし紙に、「陣中御見舞」の表書きで、外のしが一般的です。

この場合、公職選挙法でさまざまな決まりごとがありますので、事前に選挙事務所などに申し出たり、相談をしたりしてから贈ることをおすすめします。

陣中見舞い

◎紅白もろわな結びののし紙

表書きの種類

陣中御見舞
御健闘祈願
必勝祈願
大勝祈願

当選のお祝いを持参したいときにはどうしたらよいですか？

当選を知ったら、まずは電話や電報でお祝いを述べ、その後、祝賀会に役立つものを贈るとよいでしょう。当選祝いとして金銭を贈ることは禁止されていますが、飲食物の提供は可能で、酒類を贈ることもできます。

当選のお祝い

◎紅白もろわな結びののし紙

表書きの種類

- 御当選祝
- 御祝
- ご活躍祈念
- 御健闘祈念

選挙に落選した方を激励《げきれい》したいときはどうすればよいですか？

落選した方へのお見舞いは控えるのが賢明です。ただし、とくに親しい間柄の場合には、「捲《けん》土《ど》重《ちょう》来《らい》祈念」などとして贈りものをしてもよいでしょう。〝捲土重来〟とは、一度敗れたものが再び勢いを取り戻すことです。

激励したいとき

◎紅白もろわな結びののし紙
◎無地短冊

表書きの種類
捲土重来祈念
再挑戦祈念

出版記念

出版記念パーティーに出席するときはどうしたらよいですか？

出版記念パーティーに出席する際には、お祝いを持参して、会場受付で言葉を添えてお渡しする、またはご本人に手渡しするとよいでしょう。また、会費制の会の場合には、とくにお祝いは必要ありませんが、親しい方なら酒類や花束をお祝いとして持参してもよいでしょう。

出版執筆のお祝い

◎紅白もろわな結びののし紙

表書きの種類

御出版祝
御上梓《じょうし》祝
上木《じょうぼく》御祝
御祝

※上梓《じょうし》とは、上木《じょうぼく》ともいいますが、図書を出版することで出版の祝いに用いられます。

出版記念のお祝いに対するお返しはどうしたらよいですか？

記念パーティーや別の機会に、自書にサインをして贈ることが多いようです。この場合、表紙または裏表紙の裏にある見開きや短冊に、贈る相手の名前や相手にふさわしいひと言を書き、下段に贈り主の名前を書いて贈ることが多いです。

自書の本を贈る

恵存

山田太郎

◎無地短冊
◎表紙または裏表紙の裏の見開き

表書きの種類

恵存《けいそん・けいぞん》／献本
贈／贈呈／寄贈
進呈／謹呈《きんてい》
献呈《けんてい》／敬呈《けいてい》
献上《けんじょう》

豆知識 贈呈の使い方

贈、**贈呈**、**寄贈**は会社や団体等に贈る場合で、上席者や年長の方には使わないほうがよいでしょう。

進呈、**謹呈**、**献呈**、**敬呈**は上席者や年長の方、社会的立場の違う方に、謹《つつし》んで贈る場合に使います。

献上は最上級の表書きです。

恵存はお手元に置いていただければ幸いです、という気持ちで贈る場合に使います。

病気見舞い

病気のお見舞いのときに使うふくさは何色がいいですか？

病気のお見舞いのときには、服装は清楚《せいそ》にしましょう。ふくさも紫色や紺色の無地などの、落ち着いた色合いのものにするとよいでしょう。

病気のお見舞いにはどんなものがいいですか？

病気お見舞いに贈って喜ばれるものの一つは、お見舞金です。金額は、病気になられた方との関係を考慮して決めるとよいでしょう。

現金では失礼であるという方には、品物を贈ります。ただし、品物選びには十分な配慮が必要です。病気や病状によっても、ふさわしい品物が変わります。そのまま飾っていただけるようアレンジされた生花や、本人が召しあがれるようであれば菓子や果物、飲物を差しあげるのもよいでしょう。ただし、最近は、生花の持ち込みが禁止の病院もあるので、ご家族や病院に尋ねることをおすすめします。

また、病院専用のテレビカードや本、雑誌などを差しあげても喜ばれるでしょう。

なお、パジャマやタオルなど、入院生活に役立つ実用品は身内の方が揃えるのが一般的です。

豆知識　病気見舞いに花を贈るときのマナー

病気見舞いに生花を贈る場合には、手間のかからないアレンジメントにすると喜ばれます。花束の場合は花器を付けることをおすすめします。

病気見舞いの花については、鉢植えは〝根付く＝寝付く〟に通じる、シクラメンは〝死苦〟を連想させる、椿は〝花首が落ちる〟などとして縁起《えんぎ》が悪いといわれるので、避《さ》けたほうがよいです。わからないときには花屋さんで、病気見舞いに持っていくことを伝えると、ふさわしい花を選んでくれます。

病気のお見舞いを贈るときの体裁《ていさい》はどうしたらよいですか？

のしは、もともと贈答には欠かせないもので、現在では小さなのしが右上につけられていますが、病気見舞いには生臭物《なまぐさもの》を避《さ》ける意味で、のしをつけない紅白ま結びのかけ紙で贈ります。ただし、紅白には慶事《けいじ》の印象があるため、無地の短冊を用いる方法もあります。

病気のお見舞い

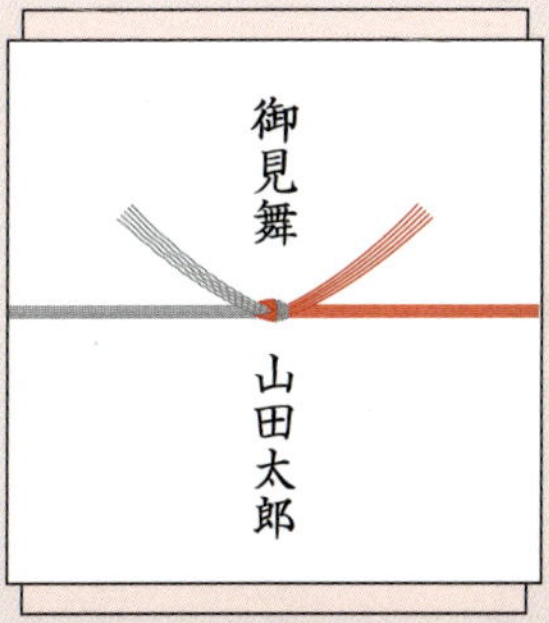

◎紅白ま結びのかけ紙（のしなし）

◎無地短冊

表書きの種類

御見舞
お見舞
御伺
御全快祈念
ご本復祈念
ご回復祈念

※目上の方へは敬意を込めた「御伺」が適しています。

豆知識　紅白水引について

一般的に紅白にはおめでたい色という印象があり、「紅白水引は主に慶事《けいじ》に使う」という誤解が見られます。本来水引の赤には厄《やく》を払い、悪いものを相手に渡さないという意味合いが込められていますので、病気見舞いのときや、お詫びに伺《うかが》うときにかけてはいけないというわけではありません。

お見舞いに伺《うかが》うときの心得《こころえ》は何ですか？

病気見舞いに伺うときには、いくつかの注意すべき点があります。次に挙げたマナーを守りましょう。

病院へ見舞うとき

①相手の病状によっては、見舞ってほしくないことがあります。また、身だしなみを気遣《づか》わせる場合もあります。事前にご家族に様子を聞いてから見舞うようにしましょう。
②服装はなるべく清楚《せいそ》にします。化粧や香水なども控《ひか》えめにしましょう。
③面会時間を事前にチェックして、必ず守るようにしましょう。
④どんなに病状が軽くても長時間の見舞いは厳禁です。長くても二十分〜三十分で切り上げましょう。
⑤病状をしつこく聞いたり、病気の原因を聞いたりすると、相手を傷つける場合があるので注意が必要です。
⑥病院で大声で話したり、騒いだりするのは禁物です。とくに大部屋の場合には周囲に気を配りましょう。

自宅へ見舞うときの心得

家族に都合を尋ねるなどして、適切な時間に伺います。一般的には早すぎず遅すぎないよう、午前十時〜十一時三十分、午後二時〜四時三十分あたりが好ましいといわれます。看護の家族に負担がかからない気配りが大切です。

友人が退院しました。お見舞いに行きそびれてしまったので、お見舞いをあげたいのですが、体裁《ていさい》はどのようにしたらよいですか？

退院して三週間以内なら退院できたことに焦点をあて、紅白ま結びののし紙で「**御退院祝**」として贈るとよいでしょう。それ以上経《た》っていて、完全に治っているのなら、「**御全快祝**」、「**御快復祝**」、まだ完全に治っていないなら、「**御全快祈念**」、「**御回復祈念**」として贈るとよいでしょう。

退院後の贈りもの

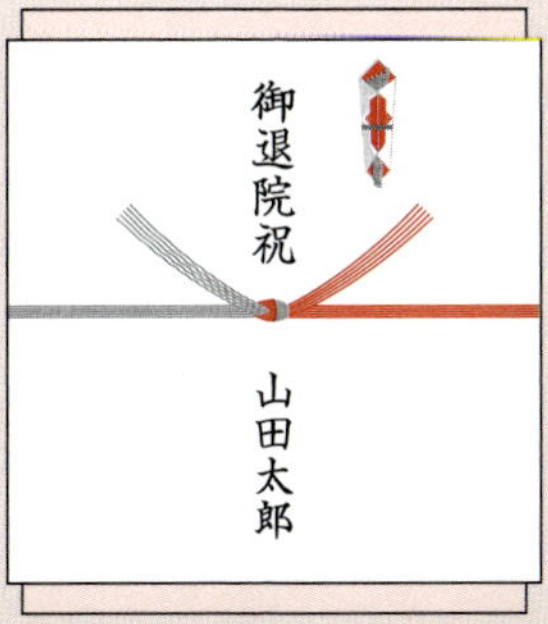

◎紅白ま結びののし紙

表書きの種類

退院して三週間以内……

御退院祝

完全に治っている場合

御全快祝／御快復祝

※〝御〟はひらがなで書く場合があります。

完全に治っていない場合

御全快祈念

御回復祈念

看護お見舞いって何ですか？

病気で入院して治療を受けている方や、自宅で療養《りょうよう》されている方へのお見舞いは「**御見舞**」として贈りますが、病人に付き添って看護をしている家族の方などへのお見舞いは、労をねぎらう意味で「**看護御見舞**」として贈ります。

看護お見舞い

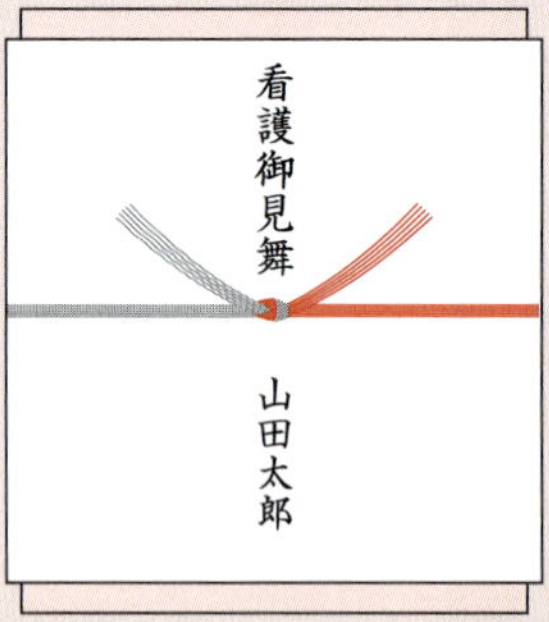

◎紅白ま結びのかけ紙（のしなし）
◎無地短冊

表書きの種類
看護御見舞
看護お見舞

病気見舞いのお礼

お見舞いの返礼は、退院をしてからいつ頃までに差しあげたらよいですか？

一般的に期間の定めがあるものではありませんが、病状にもよりますが、お元気で社会復帰が早い場合は、退院二〜三週間前後に返礼をするのがよいでしょう。

父の病気が快復したので、お見舞いのお礼をしたいと思います。どんなものがよいですか？

病気見舞いをいただいたお礼として〝快気祝い〟を贈ります。目安としては、お見舞いに対する三分の一から二分の一程度です。「病気が残らない」「洗い流して忘れる」という願いから、食品や石けんがよく使われます。

なお、もともとは重い病気やケガから快復したときに、全快の報告やお見舞いのお礼をかねた祝宴を開いたり、内祝いの品を配ったりすることが〝快気祝い〟と呼ばれていました。

病気見舞いのお礼（お返し）に適したギフト

石けん　洗剤　入浴剤　コーヒー　紅茶　ジュース　スープ　果物
菓子　米　タオル　カタログギフト

病気見舞いのお返しの体裁《ていさい》はどうなりますか？

「病気は二度としたくない」「再び病気を繰り返さないように」との願いを込めて、紅白ま結びとします。すっかり治って退院をした報告とお礼の意味で、「快氣祝」とすることが多いようです。

快気の内祝い

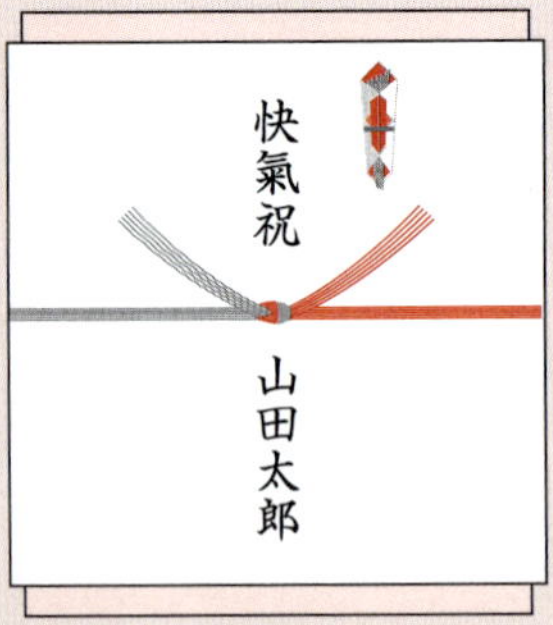

◎紅白ま結びののし紙

表書きの種類

快氣祝
全快祝
本復祝
内祝
快氣内祝
全快内祝
本復内祝

会社の規定で主人の病気見舞いをいただいたのですが、お返しはどうしたらいいですか？

会社の規模にもよりますが、総務課などに相談し、前例にならうのが無難です。

返礼する場合は、出社する前か初出勤日に皆さまで召しあがっていただける日持ちのする菓子、飲みものなどを紅白ま結びののし紙で、「御礼」、「御見舞御礼」などとして贈ります。

病気が完治《かんち》して、しばらくたってからお祝いをいただいたのですが、返礼の体裁《ていさい》はどうすればよいですか？

完全に快復した場合は、紅白ま結びののし紙に、「快氣祝」、「御礼」とします。

お見舞いをいただいたのですが、退院までしばらくかかりそうです。とりあえずお返しをしておきたいのですが、どうしたらよいですか？

「入院中でお見舞いをいただいたけれど、まだ時間がかかりそう」「退院はしたが、自宅療養でまだ床上げができそうにない」など、闘病中だがとりあえずお礼をしておきたいときは、「御見舞御礼」などとして、贈るとよいでしょう。

症状により、どうしても控《ひか》えめにしたい場合は、のしなしにすることもあります。

お見舞いのお礼

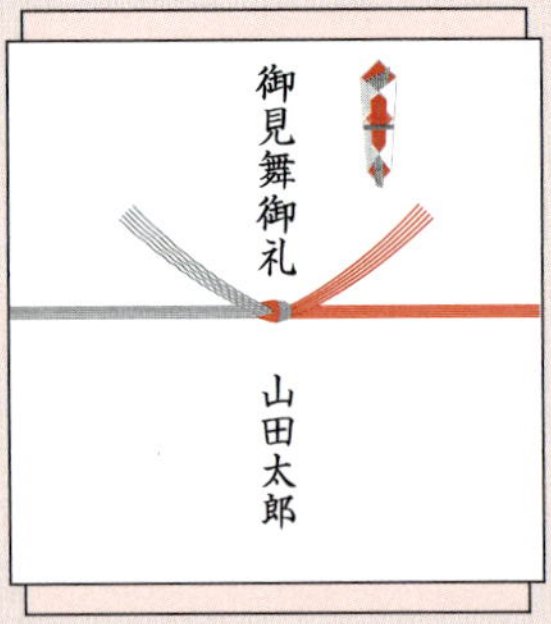

◎紅白ま結びののし紙

表書きの種類
御見舞御礼
御礼
退院内祝
（退院後二週間以内の場合）

お見舞いをいただいたものの、本人が亡くなってしまったとき、お礼はどうしたらよいですか？

お見舞いをいただきながら、お礼やお返しをしないまま亡くなられた場合、もっとも丁《てい》寧《ねい》なのは香典返しの前に、いただいたお見舞いの三分の一から二分の一程度を目安に、返礼されるのがよいでしょう。

表書きは「御見舞御礼」としますが、この場合には紅白ま結びではなく、黒白ま結びのかけ紙を用いて弔事《ちょうじ》包装とします。

お見舞いのお礼と香典返しを一緒に贈ってもよいですか？

どうしても一緒に贈りたい場合は、お香典返しには「志」、お見舞いのお礼は「御見舞御礼」として、黒白または黄白《きしろ》ま結びのかけ紙に弔事《ちょうじ》包装で同送するとよいでしょう。また、いただいたお香典とお見舞いを合算して、見合う額の香典返しをすることもあります。

亡くなられたときの返礼

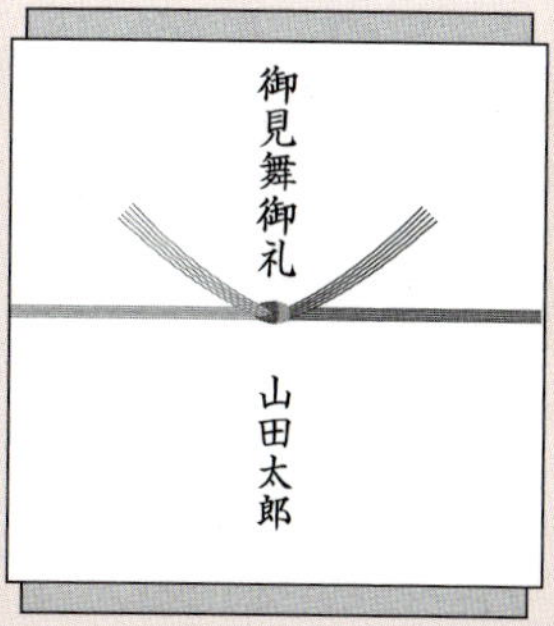

◎黒白、黄白ま結びのかけ紙
◎無地短冊
※いずれも弔事包装

表書きの種類
御見舞御礼
御礼

病院の先生や看護師にお礼をしたいときはどうしたらよいですか？

病院で長い間お世話になったり、長時間の大手術をしていただいたりしたような場合には、担当医師や看護師にお礼をしたいと希望する方もいらっしゃいます。退院時にお礼の気持ちとして、看護師長や看護師、ナースセンターに菓子折りなどを手渡してもよいですが、病院によっては謝礼等をいっさい受け取らない方針のところもあるので、事前に確認しましょう。

なお、手厚い看護の甲斐《かい》もなく亡くなってしまったときでも、医師や看護師にお礼をしたい場合があります。そうした際でも、病院の弔事《ちょうじ》ではないので、紅白もろわな結びののし紙でよいでしょう。気になる場合は、無地短冊を使うこともあります。どちらも普通包装紙で包みます。

病院関係者へのお礼

◎紅白もろわな結びののし紙

【亡くなられた際のお礼】

◎紅白もろわな結びののし紙

◎無地短冊

※いずれも普通包装

表書きの種類

御礼

御禮《おんれい》

お礼

こころばかり

災害見舞い

地震の被災地にお見舞い金やお見舞い品を送るにはどうしたらよいですか？

災害による損失は財産だけでなく、精神的にも大きな打撃です。したがって、物質的な援助はもちろん、励《はげ》ましや慰《なぐさ》めの言葉が大切です。

災害を見舞う場合には、現地と離れていることが多いので、すぐに駆けつけることが困難であったり、交通路が不通な場合もあります。そこで災害の情報が入ったら、市町村の役所、警察、新聞、ラジオ、テレビ、インターネットなどを通じて、正しい情報を収集して、その上でどのように見舞えばいいのかを判断しましょう。電話・メールは回線がパンクする恐れがあるので、なるべく避《さ》けたほうがよいでしょう。

災害のお見舞い

表書きの種類
御見舞

◎金子の場合：紅白ま結びの袋（のしなし）、左側に赤い線の入った袋（水引・のしなし）、白無地袋
◎品物の場合：紅白ま結びのかけ紙（のしなし）、無地短冊

災害のお見舞い品を選ぶポイントは何ですか？

親しい間柄なら、何が必要かを聞くのが一番です。日用雑貨、衣類、食料品・ミネラルウォーター、お金など、被害状況に合わせてすぐに役立つものを贈るとよいでしょう。

災害見舞いのお礼はどうしたらよいですか？

一般的に災害見舞いのお礼は、必要ありません。ただし、落ち着いた時点で、お礼状を忘れずに出したいものです。感謝の気持ちを表したいときには、次の通りです。

災害見舞いのお礼

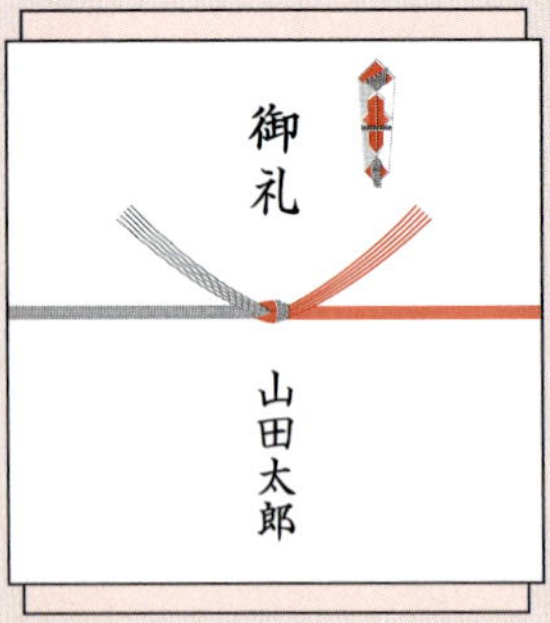

◎紅白ま結びののし紙
◎無地短冊

表書きの種類
御礼
お礼

火元になってしまったときのあいさつの方法を教えてください。

不注意、不可抗力《ふかこうりょく》、不審火《ふしんび》などによって火を出してしまったときには、まずはご近所に、お詫びをします。何か品物を持参する場合には、次の通りです。

火元の場合のあいさつ

表書きの種類
御詫び
お詫び

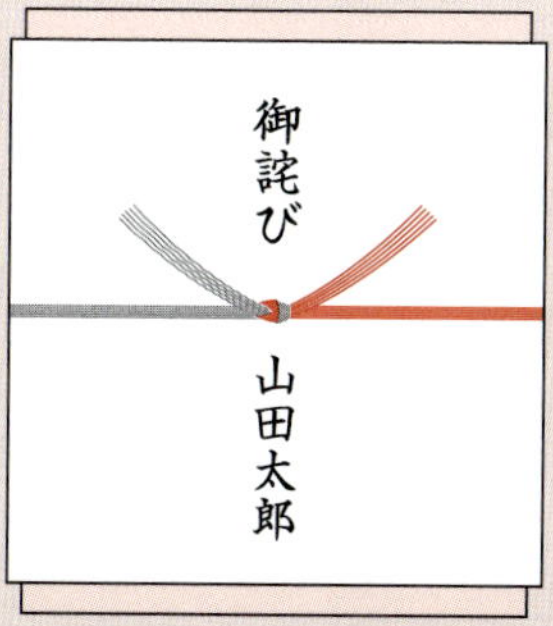

◎紅白ま結びのかけ紙（のしなし）
◎無地短冊

発表会・個展

楽屋に差し入れする品物の体裁《ていさい》はどうするのですか？

紅白もろわな結びののし紙で、「楽屋御見舞」、「御部屋見舞」、「御祝」、「寿」などとして、菓子、果物、生花、金子《きんす》などを贈るとよいでしょう。

楽屋への差し入れ

◎紅白もろわな結びののし紙
◎紅白もろわな結びの祝儀袋

表書きの種類

楽屋御見舞
御部屋見舞
御祝
寿

舞台に出られる先生に、お花を贈るときの立て札の書き方はどうなりますか？

一般的には、入山札《いりやまふだ》など立て札を立てるスタンド化は花屋さんにお願いするものなので、贈られる先さまの所属・姓名、贈る方の所属・姓名などを書き入れてもらいます。

中心から「**御出演祝**」または「**御祝**」、右下側に贈り主「○○より（与利《より》）」、左上から出演される方の所属・氏名などを「○○さん江（賛江）」というように書きます。

最近は、〝与利《より》〟〝賛江《さんえ》〟などとせずに、右下側に贈り主の所属・姓名を書き、左上側に先さまの所属・姓名を〝様〟として書く場合もあります。

入山札

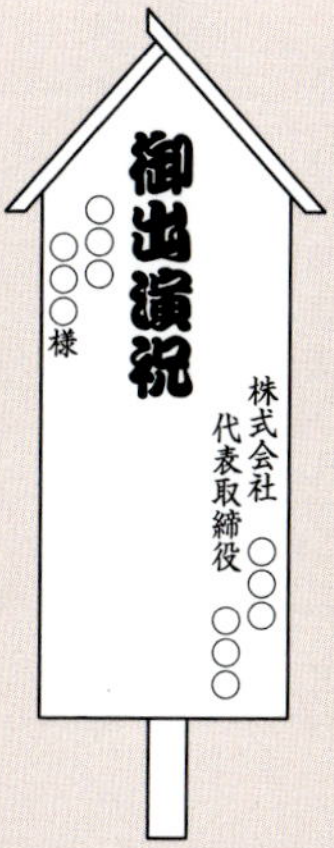

※入山札とは、そのものが“かけ紙”であり、菰樽《こもだる》などにも立てられます。

踊りの発表会に来ていただき、お祝いを頂戴《ちょうだい》した方へのお返しの体裁《ていさい》はどうなりますか？

紅白もろわな結びののし紙で、表書きは、「寿」、「松の葉」などとしてお返しをします。踊りの演目を書いて、その下に名前を入れることもあります。一般的に、外のしにすることが多いです。

習い事の場合、それぞれの流派・流儀《りゅうぎ》がありますので、周りの方へ確認されることをおすすめします。

発表会のお祝いのお返し

◎紅白もろわな結びののし紙

◎赤胴ののし紙

表書きの種類

寿

松《まつ》の葉《は》

御礼

絵画や写真の個展を開催する方へ差しあげるお祝いの品とその体裁《ていさい》はどうなりますか？

絵画や写真などの個展などを開催される方に差しあげるお祝いの品としては、開催中に控《ひか》えの部屋で休憩時に召しあがっていただけるお菓子などを贈るとよいでしょう。

体裁は紅白もろわな結びののし紙で、「**個展開催御祝**」、「**御祝**」、「**御部屋見舞**」とします。

また、相手との関係、予算、会場によっては、スタンド花などに立て札を立てて差しあげてもよいでしょう。

個展のお祝い

◎紅白もろわな結びののし紙

表書きの種類

- 個展開催御祝
- 発表会御祝
- 御入選御祝
- 御祝
- 御部屋見舞
- 寿

地元のお祭りにお金を寄付したい場合、どうしたらよいですか？

少子高齢化などにより、地元住民のお付き合いが少なくなるなか、お祭りは住民同士の結束《けっそく》を強めるとともに、大切な文化、伝統を子どもたちに引き継いでいくよい機会でもあります。

お祭りの寄付・寄贈の体裁《ていさい》は次の通りです。

お祭りに金品を寄付、品物を寄贈する場合

◎金子《きんす》：紅白もろわな結びの祝儀袋、白無地袋

◎品物：紅白もろわな結びののし紙

表書きの種類

神社へ……
奉納《ほうのう》（金子《きんす》・品物）
奉献《ほうけん》（日本酒）

お祭りの事務局などへ……
御祝（金子・品物）

※外のしになります。

また、寺院などの建て替えや修復のために金品を寄付・寄贈する場合は、次の通りです。

着物の着付け教室で師範《しはん》となった方へお祝いをしますが、表書きはどうなりますか?

師範になったり、昇段・昇級することは、ご本人にとっても大きな喜びであり、こころを込めてお祝いをしたいものです。その場合の表書きは次の通りにします。

また、お返しをする場合は、「御礼」、「内祝」、「寿」になります。

寺院などへ金品を寄付・寄贈する場合

表書きの種類
御寄進《きしん》
御寄附
御寄付

◎金子《きんす》:紅白もろわな結びの祝儀袋、白無地袋
◎品物:紅白もろわな結びののし紙

師範になったお祝い・昇段・昇級のお祝い

◎紅白もろわな結びののし紙

表書きの種類

師範取得御祝
御昇段祝
御昇級祝
御祝
寿

お茶会に来てくださった方へのお礼の品物の表書きはどうすればよいですか？

茶会には、数人のお客さまに懐石《かいせき》・濃茶《こいちゃ》・薄茶《うすちゃ》をふるまう茶会と、大勢のお客さまを同時に招待できる大寄せの茶会があります。

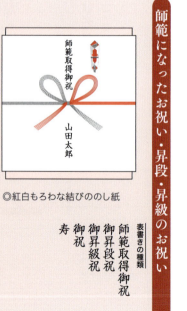

主催者側からのお礼はされないことが多いですが、個人的に茶会にお誘いしたようなときには、「わざわざ来てくださった感謝の気持ち」を表したい場合があります。

そうしたときに贈る品物の表書きには、紅白のもろわな結びののし紙に、表書きは「御礼」としてお名前を入れるのが一般的です。品物には、ささやかなお菓子やタオルが使われますが、流派によって考え方がさまざまなので、先生や先輩の方に確認されることをおすすめします。

お茶会に招かれたとき、金子《きんす》包みの表書きはどうなりますか？

お茶会に招いていただいたとき、〃会費〃または会費が決まっていない場合は〃お祝い金〃として、「御祝」の金子包みを持参することがあります。また、お茶会の主催者側の方への差し入れとして、皆さんで分けられるような菓子を持参する際は「御水屋見舞《おみずやみまい》」が用いられます。お茶会の主旨や流派、立場などによって違いますので、周りの方に確認されることをおすすめします。

なお、「御水屋料《おみずやりょう》」という似た表書きもありますが、これは月謝とは別に納める水屋の使用料などを持参するときに使います。

ちなみに〃水屋〃とは、茶室にある茶器の洗い場や、点前《てまえ》や茶事の準備、片付けをしたり茶道具を収納する、茶室に付随する場所のことです。

お茶会に招かれたとき

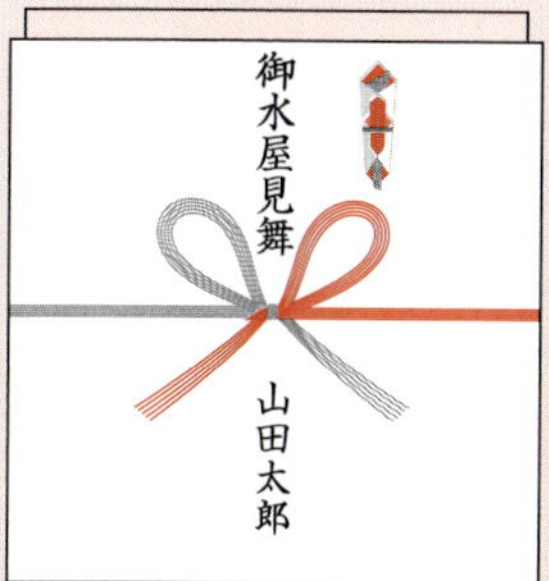

◎紅白もろわな結びののし紙

表書きの種類
御水屋見舞《おみずやみまい》
水屋御見舞
御祝

趣味でコーラスの教室に入りますが、入会金を払う場合の表書きはどうなりますか？

コーラスに限らず、何かお稽古事《けいこごと》を始める場合は、入会金を払ったり、先生にごあいさつするのが一般的です。その場合は次のような表書きがあります。

しかし、それぞれのお教室や先生によって異なる場合もありますので、あらかじめ確認されることをおすすめします。

入会をするとき

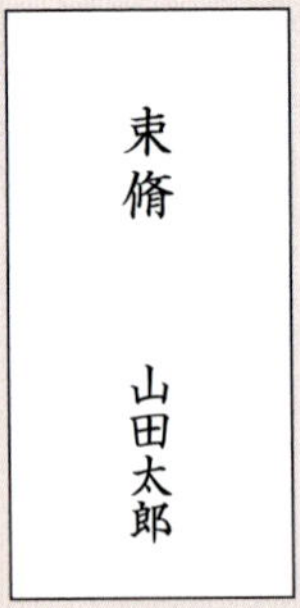

◎金子《きんす》の場合：白無地袋

表書きの種類
束脩《そくしゅう》
御膝付《おひざづけ》
入会金
入門料

先生へごあいさつをするとき

◎品物の場合：紅白もろわな結びののし紙

表書きの種類
御挨拶

友人が三味線《しゃみせん》の名取《なと》りになりました。お祝いの表書きはどうなりますか？

日本舞踊、三味線などの芸道において、一定の技術・能力を身に付けて師匠より芸名を許されることを〝名取《なと》り〟といいます。

また、歌舞伎、落語、文楽、能楽などで、親や師匠などの名前を受け継いで自らの名前にすることを〝襲名《しゅうめい》〟といいます。

それぞれのお祝いを贈る場合の体裁は、紅白もろわな結びののし紙で、表書きは次の通りです。ただし、一つの節目《ふしめ》という観点から、ま結びやあわび結びを用いても間違えではありません。

なお、お返しをする場合は、「御礼」、「内祝」、「寿」としますが、先生や先輩の方に確認するとよいでしょう。

名取り・襲名のお祝いを贈るとき

◎紅白もろわな結びののし紙

表書きの種類

名取り御祝
御襲名祝
○○○襲名披露御祝
寿

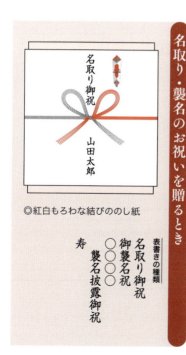

企画・制作　三越伊勢丹ギフトプロジェクト

アドバイザー　小笠原流礼法宗家
小笠原敬承斎(おがさわらけいしょうさい)

Staff
編集　富永明子
嶋崎千秋
大河原良美
撮影　森 カズシゲ
装丁・デザイン　髙橋克治
DTP　宮前智洋、飯島誉士、等々力 靖子
イラスト　大塚砂織
撮影協力　大嶋、嵩山堂はし本、高木佐、中島商店、榛原、宮井

こんなときどうする？　冠婚葬祭《かんこんそうさい》
三越伊勢丹《みつこしいせたん》の最新《さいしん》 儀式《ぎしき》110番《ばん》

2016年５月31日　発　行　NDC385
2024年12月10日　第６刷

著　者　株式会社《かぶしきがいしゃ》 三越伊勢丹《みつこしいせたん》ホールディングス

発行者　小川雄一
発行所　株式会社 誠文堂新光社
〒113-0033　東京都文京区本郷3-3-11
https://www.seibundo-shinkosha.net/
印刷・製本　株式会社 大熊整美堂

ISBN978-4-416-61665-9